FLENSBURGER HEFTE

Die neue Weltordnung

Der Irak-Krieg und seine Folgen

Aus dem Inhalt

Liebe Leserinnen und Leser!

Selten hat eine Frage die Menschen so bewegt wie der Irak-Krieg. Selten war die Hoffnung so groß, daß die Vernunft und Diplomatie diesen Krieg abwenden könnten, und selten wurden diese Hoffnungen so enttäuscht, als der Krieg schließlich begann.

Wir alle sind auf dem Boden der harten Fakten angekommen. Die Zeit der Illusionen ist vorbei. Durch den Irak-Krieg hat sich die Weltpolitik endgültig verändert. Wir leben in einer anderen Zeit. Eine neue Weltordnung beginnt. Die Hoffnungen, daß der Irak-Krieg noch vermieden werden könnte, prägten auch das Zustandekommen dieses FLENSBURGER HEFTES. Im Herbst begannen wir mit der Arbeit und führten drei Interviews mit der UNO-Inspektorin Gabriele Kraatz-Wadsack, dem Exil-Iraker Sabah Alnasseri und Peter Scholl-Latour. Zwar spitzte sich die Lage von Tag zu Tag zu, aber der Ausgang war trotzdem offen – und so legten wir unser Projekt für einige Monate auf Eis und griffen es erst nach dem Irak-Krieg wieder auf.

Nach diesem Krieg führten wir nochmals je ein Interview mit Peter Scholl-Latour und Sabah Alnasseri im Rückblick auf das Kriegsgeschehen und seine Folgen für die Weltpolitik. Lesen Sie weiterhin ein ausführliches Interview mit Michael Engelhard über den Verfall aller moralischen, menschlichen und politischen Werte, eine ganz andere Position zum Irak-Krieg im Interview mit Jeffrey Gedmin sowie einen Artikel von Dierk Lorenz über Weltordnungen des Tötens sowie die Aussagen von Peter Pilz über die Weltbeherrschungsabsichten der USA.

Die 3.000 Toten von New York und der Irak-Krieg standen jeden Tag im Mittelpunkt des Weltgeschehens und aller Pressemitteilungen. So schrecklich alles ist – wir sollten darüber hinweg nie vergessen, daß es woanders noch viel schlimmer zugeht, z.B. in Afrika. 3,3 Millionen Tote haben wir seit 1998 in den Kriegswirren des Kongos zu beklagen, und fast keiner redet darüber! Aber auch dieses Elend und seine Hintergründe gehören zur neuen Weltordnung. Deswegen sprachen wir mit Michael Bitala, Auslandskorrespondent der *Süddeutschen Zeitung* in Kenia, um Ihnen seine Erlebnisse aus der Hölle von Afrika nahezubringen.

Es grüßt Sie
Ihre
FLENSBURGER HEFTE-Redaktion

Auf dem Weg zur Weltherrschaft

Interview mit Peter Pilz

von Wolfgang Weirauch

Dr. Peter Pilz, *geb. 1954 in Kapfenberg. Studium der Volkswirtschaft und Politikwissenschaft an der Universität Wien. Danach freier Autor und Sozialwissenschaftler.*

1986: Einzug ins Parlament mit der Liste Freda Meissner-Blau. 1988 erlangte Pilz große öffentliche Wertschätzung als „Aufdecker" im parlamentarischen Untersuchungsausschuß von „Lucona" und „Noricum"; 1998 leistete er einen maßgeblichen Beitrag zur Aufarbeitung des österreichischen „Baukartells". Außerdem war Pilz 1986–1991 Mitglied des Landesverteidigungsrates im Nationalrat.

1991 zog Pilz als Spitzenkandidat der Grünen in den Wiener Landtag ein und war bis Februar 1997 Klubobmann der Grünen-Fraktion im Rathaus. 1992–1994 war er Bundessprecher der Grünen. Seit April 1998 war Peter

Pilz maßgeblich an der Aufdeckung des Baukartells beteiligt. Im Zusammenhang mit diese Affäre wurde er von der Baufirma Teerag Asdag auf 100 Millionen Schilling verklagt. Ein Verfahren ist noch anhängig. Im September 1999 erschien unter dem Titel „Das Kartell" eine präzise Darstellung in Buchform.

Im Wahlkampf 1999 startete Pilz eine Vorzugsstimmen-Initiative, die ihm rund 10.000 Stimmen einbrachte. Aufgrund des guten Ergebnisses der Grünen bei der Nationalratswahl 1999 – 7,1 % – zog er wieder ins Parlament ein.

2001 wurde Peter Pilz Mitglied des Nationalen Sicherheitsrates. 2002 wurde er wiedergewählt. Er ist Sicherheitssprecher der Grünen.

Im Februar 2003 erschien unter dem Titel „Mit Gott gegen alle – Amerikas Kampf um die Weltherrschaft" sein bisher letztes Buch.

Internet: www.peterpilz.at

Sind die USA auf dem Weg zur Weltherrschaft? Oder vertreten sie mit ihrer Militärpolitik das moralisch Gute? Vor dem Irak-Krieg schienen diese Fragen noch nicht entschieden, aber als die USA und ihre Alliierten im März 2003 gegen den Irak losschlugen, fiel es den meisten Menschen wie Schuppen von den Augen.

Seit der Machtübernahme durch die Bush-Administration weht aus den USA ein anderer Wind. Und dieser Wind ist eisig, teils sogar bombig, und er weht über die ganze Erde. Die USA verfolgen mit ihrer derzeitigen Politik einen genau kalkulierten Plan zur Beherrschung der strategisch wichtigsten Länder der Erde und ihrer Rohstoffvorkommen. Ein Baustein in diesem Weltbeherrschungsplan war der 11. September 2001 und der folgende Krieg gegen den internationalen Terrorismus, ein zweiter der Irak-Krieg.

Weitere Bausteine sind die Kündigung fast aller internationaler Abkommen zur Rüstungsbegrenzung und zum Verbot von ABC-Waffen sowie der unilaterale Aktionismus entgegen allen internationalen Abkommen. Umkleidet wird dieser neue Kurs durch eine religiöse Komponente, die die USA als die Vertreter des Guten im Kampf gegen die vermeintlich Bösen sieht, und der vorgibt, weltweit für Freiheit und Menschenrechte einzutreten.

Ich interviewte den Sicherheitsexperten der österreichischen Grünen, Peter Pilz, der äußerst scharf mit dem jetzigen Kurs der USA ins Gericht geht, über die Weltbeherrschungspläne der USA. – Das Interview wurde am 25.06.2003 geführt.

Besuch im Irak

Wolfgang Weirauch: Sie waren im Irak. Wie ist die Stimmung der schiitischen Bevölkerung gegenüber den US-amerikanischen Truppen?

Peter Pilz: An und für sich haben die Schiiten die Amerikaner als Befreier begrüßt. Andererseits war es bei den Schiiten von vornherein klar, daß sie keine Besatzer akzeptieren würden. Sie haben die Amerikaner als Befreier willkommen geheißen, wollen aber so schnell wie möglich die Verwaltung selbst übernehmen. Derzeit ist die Stimmung gegen die USA aber am Kippen.

W.W.: Merkwürdigerweise kommt der meiste Widerstand nicht von den Schiiten, sondern von den Sunniten, z.B. in Falludscha. Wie erklären Sie sich das?

P. Pilz: Bestimmte Gruppen unter den Sunniten sind die Hauptverlierer des Machtwechsels, da sie früher die Hauptstütze des alten Regimes waren. Unter ihnen haben bestimmte Gruppen und einzelne Clans sehr viel an Einfluß und Macht verloren, und sie möchten natürlich die alten Zustände wieder herstellen. Von den Schiiten habe ich dagegen nicht den Eindruck, daß sie bewaffneten Widerstand leisten werden, sondern die wichtigsten schiitischen Gruppen wollen gemeinsam mit den beiden kurdischen Parteien an die Regierung. Und wenn es Widerstand gegen die USA geben wird, so wird es eher politischer Widerstand sein. Dazu gehören auch größere Demonstrationen und Auseinandersetzungen auf der Straße.

W.W.: Werden die USA im Irak eine Demokratie fördern oder eher verhindern?

P. Pilz: Der amerikanischen Regierung ist das irakische Volk vollkommen gleichgültig. Derzeit installieren sie ein Besatzungsregime, und sie werden dieses Regime bestenfalls durch ein Statthalterregime ersetzen. Von Demokratisierung ist überhaupt keine Rede. Es gibt auch kein amerikanisches Konzept für Demokratie im Irak.

Das nützliche Monster

W.W.: Warum strich die Regierung Reagan 1982 den Irak von der Liste der Staaten, die Terroristen unterstützen?

P. Pilz: Das waren schlicht und ergreifend Geschäftsinteressen. Man kam mit Saddam Hussein ins Geschäft, hatte stärkere Erdölinteressen, denn man sah, daß die europäische Konkurrenz in diesem Raum eifriger wurde. Saddam war für die USA ein nützliches Monster, mit dem man Geschäfte machen konnte und wollte.

W.W.: Warum haben nach 1986 die USA und Großbritannien jede Resolution in der UNO gegen den Irak verhindert?

P. Pilz: Aus eben diesen Geschäftsinteressen. Auch nach dem Giftgasangriff Saddam Husseins auf die Kurden in Hallabscha 1988 haben die USA weiterhin jede Resolution gegen den Irak verhindert. Es gab stille und fast bedingungslose Solidarität mit Saddam Hussein und seinen Taten. Der Irak war eine nützliche, wenn auch verfeindete Diktatur.

W.W.: Aber der US-Senat stellte sich einige Monate nach diesem Angriff auf die Kurden in Hallabscha auf die Seite der Opfer.

P. Pilz: Das stimmt. Der Senat verhängte Sanktionen gegen den Irak. Aber die Beamten der Reagan-Administration verschoben bzw. blockierten daraufhin jegliche Entscheidung, bis der Kongreß resignierte.

W.W.: Wie ist es möglich, daß die USA dem Irak noch am 01.08.1990 militärische Kommunikationsgeräte im Wert von 695.000 Dollar lieferten und der Irak einen Tag später Kuwait überfiel?

P. Pilz: Das ist eine offene Frage, weil bis heute nicht geklärt ist, inwieweit die USA über mögliche Interventionspläne informiert waren bzw. inwieweit die irakische Regierungsspitze amerikanische Signale falsch interpretiert hat. Man weiß nicht genau, ob es eine politische Falle der USA gewesen ist oder ob die US-Administration schlicht auf zwei Gleisen gefahren ist. Diese Fragen sind bis heute nicht endgültig geklärt. Sicher ist nur, daß der Überfall auf Kuwait das entscheidende Signal für eine Intervention der USA gewesen ist. Aber damals gab es noch keine Weltherrschaftspläne der USA. Es war eine punktuelle Intervention. Es gibt zwar einige Spekulationen in dieser Frage, aber ich bin hier eher vorsichtig.

Massenmord

W.W.: Was war der Grund dafür, daß man Saddam Hussein 1991 an der Macht hielt und statt seiner die Menschen opferte?

P. Pilz: Die amerikanische Administration hatte eine ungeheure Angst vor einer schiitischen Revolution, vor einer Iranisierung des Irak. Die Meinung von Bush sen. und auch von Clinton war immer, daß Saddam Hussein eher kontrollierbar sei als ein irakischer Chomeini.

W.W.: Wie sehen Sie die UN-Sanktionen gegen den Irak? War es Völkermord, wie einige behaupten?

P. Pilz: Ja, ganz eindeutig. Es war schlicht Massenmord. Diese Sanktionen waren auch kein nützliches Mittel, um einen Regimewechsel herbeizuführen. Es war eine ungeheure Verantwortungslosigkeit gegenüber der irakischen Bevölkerung. Obendrein war es eine schwere Verletzung des Völkerrechts.

„Das Böse trägt meistens einen Bart"

W.W.: Seit wann gibt es konkrete Pläne für eine Intervention der USA im Irak?

P. Pilz: Diese Pläne gab es mit der Vorbereitung der Bush-Doktrin. Bereits Mitte der 90er Jahre begann der Nationale Sicherheitsrat, sich mit diesen Plänen zu beschäftigen. Aber die wirklichen konkreten Kriegspläne hängen mit der neuen Sicherheitsstrategie der USA zusammen, mit der neuen Militärdoktrin der USA. Das ist aber kein singulärer Akt, sondern Teil eines überraschend detailliert ausgearbeiteten politisch-strategischen Plans.

W.W.: Wie kam es zur Formel „Achse des Bösen"?

P. Pilz: Das war eine dieser Situationen, in denen in einem Flügel des Weißen Hauses herumschwadroniert wurde. Damals war David Frum Redenschreiber von George Bush, und er war im Januar 2002 damit beauftragt worden, einen Begriff zu finden, der einen Zusammenhang zwischen dem Irak und Al-Qaida suggerieren würde. Zuerst nannte man es „Achse des Hasses", später wurde dann daraus die „Achse des Bösen".

W.W.: War es eine eher unwichtige Wortspielerei, oder hatte es reale Hintergründe?

P. Pilz: Das sind zweierlei Dinge, die Entstehungsgeschichte dieses Begriffs ist eher skurril. Der politische und ideologische Hintergrund ist aber real. Das ist die manichäische Weltsicht und die Vorstellung von der amerikanischen Sendung, daß man selbst das absolut Gute verkörpert. Und deshalb sei man auserwählt, das absolut Böse zu bekämpfen. Und das Böse hat immer ein Gesicht, und meistens trägt dieses einen Bart.

W.W.: Die USA brauchten also nach dem Zerfall des Ostblocks bzw. der Sowjetunion einen neuen konkreten Feind?

P. Pilz: Das amerikanische Militär brauchte das, aber noch viel stärker der alte fossile Block der amerikanischen Wirtschaft und Politik, der im wesentlichen aus Öl-, Fahrzeug- und Rüstungsindustrie besteht. Ohne einen neuen Feind hätte diese Industrie nicht viel Zukunft gehabt. Deshalb mußte ein Feind konstruiert werden. Zuerst war das Osama bin Laden, und dann in der offensiven Phase der Umsetzung der Strategie Saddam Hussein.

W.W.: Warum hat man sich nicht China als Gegner auserkoren?

P. Pilz: Kein Land denkt ernsthaft darüber nach, China anzugreifen. Das ist nicht machbar. Auch ein Angriff auf Nordkorea ist nur schwer durchführbar. Der Angriff auf den Irak dagegen war machbar.

Die Weltherrschaft

W.W.: Gibt es in den USA, speziell in der derzeitigen Bush-Administration, konkrete Pläne zur Eroberung der Weltherrschaft?

P. Pilz: Ja, aber das ist keine Interpretation von mir. Man kann es im Internet nachlesen, wenn man die amerikanischen Regierungsdokumente studiert. In diesem Punkt ist die amerikanische Regierung sehr offen und spricht unverblümt aus, was sie plant. Allerdings darf man sich die Weltherrschaft nicht so vorstellen, daß man die gesamte Welt militärisch besetzen möchte, sondern es geht um ein Verhältnis militärischer, und damit verbunden politischer Übermacht gegenüber allen anderen Ländern. Man möchte die Welt mit einem Netz von Satelliten und Statthaltern überziehen, die man normalerweise als Verbündete bezeichnet, um an jedem Punkt der Erde schnellstmöglich und erfolgreich intervenieren zu können. Gleichzeitig will man die Ressourcen verschiedener Länder besitzen. Das bedeutet, daß eine Besatzung fast ausschließlich nur dort stattfindet, wo es um Erdölinteressen geht.

W.W.: Inwiefern spielt das PNAC (Project for the New American Century) bei diesen Plänen eine Rolle?

P. Pilz: Durch das PNAC wird der ideologische Hintergrund geliefert. Wichtiger aber noch ist, daß sich diese Leute in sehr vielen konkreten Projekten wiederfinden.

W.W.: Welchen Einfluß hat die religiöse Rechte auf die US-Administration?

P. Pilz: Die religiöse Rechte hat einen großen Einfluß auf die Stimmung in den USA, aber ihr Einfluß wird auch ein wenig überschätzt. Sie haben auch in der US-Administration Einfluß, aber letzten Endes haben andere Leute die Fäden in der Hand. Rumsfeld und auch Wolfowitz sind keine religiösen Fanatiker. Es sind aggressive, bestimmten Geschäften verpflichtete Politiker.

Dem fossilen Block verpflichtet

W.W.: Wenn es, wie Sie sagen, bei dem Irak-Krieg und bei der zukünftigen Aufstellung des Weltbeherrschungsnetzes um das Öl geht, warum hat man dann nicht schon früher Krieg gegen den Irak geführt?

P. Pilz: Weil die Clinton-Administration nicht dazu bereit war. Die Demokratische Partei ist auch nicht annähernd so wie die Republikanische Partei dem fossilen Block verpflichtet. Die Republikaner unter Bush sind die Partei dieses Blocks. Deswegen war der erschwindelte Wahlsieg für Bush für diesen Block so ungeheuer wichtig.

„Sie werden das Völkerrecht brechen"

W.W.: Diktieren die USA jetzt in Zukunft das Völkerrecht?

P. Pilz: Sie werden es nicht diktieren, sie werden es brechen. Und anschließend werden sie behaupten, daß das gebrochene Völkerrecht das neue Völkerrecht sei. Das wird in Zukunft die Realität der internationalen Politik sein, und man erwartet, daß sich alle Länder möglichst rasch daran gewöhnen werden.

W.W.: Woraus speist sich die Doktrin der USA, unilateral zu handeln, das Völkerrecht zu brechen und entgegen dem Völkerrecht allein loszuschlagen?

P. Pilz: Aus dem Bewußtsein der ungeheuren militärischen und technischen Überlegenheit und aus der vollkommenen Skrupellosigkeit der entscheidenden Politiker.

W.W.: Wie passen der Unilateralismus und die Weltherrschaftspläne der USA mit den Kriegen der USA in Bosnien und im Kosovo zusammen, bei denen es ja eindeutig um die Menschen und nicht um das Öl ging? Oder ist die Erklärung einfach nur die, daß damals die Demokratische Partei an der Regierung war?

P. Pilz: Zum einen war es die andere Regierung. Trotzdem bewegte man sich in einer Grauzone des Völkerrechts, und es ging auch um geopolitische Interessen und um die Frage, wer in Zukunft den Balkan beherrschen wird. Es ging aber um große Menschenrechtsverletzungen und um das Eingreifen in einen Krieg, der bereits in die Phase des Massenmordes übergegangen war. Man darf nicht vergessen, daß 1998, zur Zeit des Kriegseintritts der Nato, in Bihac mehr Menschen eingeschlossen waren als 1995 in Srebrenica. Insofern hatte die Intervention schon eine Rechtfertigung.

Aber eine derartige Rechtfertigungsposition kann man gegenüber dem Irak nicht einnehmen.

W.W.: Neuerdings foltert man sogar in den USA, bzw. man verfrachtet die Gefangenen in Staaten, in denen gefoltert werden darf. Werden die Menschenrechte und die zivilen Rechte in den USA weiter vor die Hunde gehen?

P. Pilz: Zum einen befürchte ich es, zum anderen wird es eine Gegenbewegung geben. Die USA sind trotz Bush, Rumsfeld und Cheney eine Demokratie, und ich hoffe, daß sich das Pendel wieder in die andere Richtung bewegen wird. Was jetzt in den Städten auf den Straßen beginnt, wird Stück für Stück die amerikanische Politik beeinflussen.

Der Tabubruch

W.W.: Wieso wurde Jose Bustani, der Generaldirektor der Organisation für das Verbot chemischer Waffen (OPCW), 2001 nicht wiedergewählt?

P. Pilz: Er wurde sogar abgesetzt und rausgedrängt, offensichtlich weil er zu erfolgreich war. Die USA wollten keine totale chemische Abrüstung, und sie wollten ganz klar zu diesem Zeitpunkt auch keine chemische Abrüstung des Irak. Deswegen mußte Bustani gehen, denn er hätte einen der entscheidenden Kriegsgründe der USA beseitigt.

W.W.: Auf welche Weise haben die USA die Kontrollgremien für die biologischen Waffen torpediert?

P. Pilz: Die Biowaffen-Konvention sollte ein Kontrollregime erhalten, ähnlich wie bei den Atom- und chemischen Waffen: die „Organization for the Prohibition of Bacteriological and Toxic Weapons“ (OPBTW), aber der US-Unterstaatssekretär John Bolton hat im Dezember 2001 dieses Kontrollregime auf einer Konferenz verhindert, indem er forderte, sämtliche Verhandlungen um fünf Jahre zu verlängern.

Darüber hinaus haben die USA die Arbeit der UN-Inspektoren im Irak immer wieder behindert. Ich selbst habe mit einigen UN-Inspektoren gesprochen, und sie haben die USA als ständigen Störfaktor empfunden. Außerdem haben sie ihre Unterlagen nicht den UN-Inspektoren zur Verfügung gestellt. Genauso haben sie die Organisation von Bustani, die Organisation für das Verbot chemischer Waffen (OPCW), obstruiert und gelähmt. Hintergrund war, daß die USA keine OPCW-Inspektionen in ihrem eigenen Land erlauben wollten. Die OPCW funktioniert jetzt nicht mehr.

W.W.: Warum haben sich die USA 2001 aus dem ABM-Vertrag herausgezogen, der eine landesweite Raketenabwehr verbot und den USA und der UdSSR nur einige 100 Abschußrampen zubilligte?

P. Pilz: Offensichtlich, weil sie Absicht haben, alle Rüstungsbeschränkungen einseitig aufzukündigen. Die USA unter Bush sind zu einem Staat geworden, der sich aller internationalen Bindungen entledigen will und der sich auf die Fahne geschrieben hat, daß lediglich das Recht des Stärkeren gilt. Zumindest ist das die logische Konsequenz. Im Hintergrund steht die Absicht, eine landesweite Raketenabwehr, die National Missile Defence (NMD), aufzubauen. Dafür war der ABM-Vertrag hinderlich.

W.W.: Sind wir bereits soweit, daß die USA die Absicht haben, in Zukunft Massenvernichtungswaffen nach ihrem Gutdünken in der Welt einzusetzen, bzw. den Tabubruch planen, Atomkriege zu führen, zumindest mit kleinen taktischen Atombomben?

P. Pilz: Es gibt bereits ein strategisches Dokument über den beschränkten Einsatz von Atomwaffen, den sogenannten bunkerbrechenden Atomwaffen. Das ist das „Nuclear Posture Review" (NPR). Darin wird die regelmäßige Bewertung des Kernwaffenbestandes der USA gefordert, und es werden Kriege mit Atomwaffen geplant. Damit ist das Tabu an der Spitze der USA bereits gebrochen, die Bereitschaft zum Einsatz von Atomwaffen ist vorhanden. Die Frage ist lediglich, wann es zum ersten Mal geschieht.

Aber man muß weiter fragen: Wie sind Waffen mit angereichertem Uran, wie sie bereits im Golfkrieg 1991 zum Einsatz kamen, zu bewerten? Sind das Massenvernichtungswaffen? Oder ist das ganz normale Munition, derer man sich einfach bedienen kann?

Neue Kriege

W.W.: Wird es in Zukunft weitere Kriege geben, z.B. gegen den Iran, Syrien oder gegen andere Länder?

P. Pilz: Einen Krieg gegen den Iran halte ich derzeit für eher unwahrscheinlich. Einen Krieg gegen Syrien für noch unwahrscheinlicher. Am wahrscheinlichsten ist ein Krieg, der von Kenia und Dschibuti aus in den Sudan getragen wird. Dafür laufen derzeit die Vorbereitungen.

W.W.: Wobei man sicherlich wieder Erdölinteressen im Hintergrund hat.

P. Pilz: Das wird ganz offen ausgesprochen. Die USA bauen seit knapp drei Jahren ihre Militärbasen in Dschibuti und Kenia aus und provozieren damit natürlich Widerstand in Form terroristischer Anschläge. Aber wie so oft, drehen sie die Geschichte um und behaupten, daß sie wegen dieser terroristischen Anschläge ihre militärische Präsenz in diesen Ländern ausbauen müssen.

W.W.: Ist die Technik mittlerweile soweit, daß man seitens der USA gezielt an jedem Punkt der Erde Krieg führen kann?

P. Pilz: Ja, absolut. Diesem Ziel wird die Organisation des amerikanischen Militärs angepaßt. Das bedeutet, daß die vier Teilstreitkräfte der USA miteinander verschmolzen werden: Marines, Navy, Army und Airforce werden zu einer einzigen global einsetzbaren Streitmacht verschmolzen. Die älteren Offiziere werden sicherlich jammern, aber Rumsfeld ist wild dazu entschlossen.

W.W.: Werden die USA bei einer derartigen Überdehnung des Verteidigungshaushalts wirtschaftlich überleben?

P. Pilz: Die Staatsverschuldung wird weiter rasant fortschreiten, und es wird wahrscheinlich zu einer Finanzkrise kommen. Bei der wachsenden Staatsverschuldung werden sich die europäischen Staaten fragen müssen, inwieweit sie über die Finanzierung der Leitwährung dazu noch aus eigenen Mitteln beitragen wollen. Die Finanzkrise in den USA wird alle Maßnahmen der Sozialpolitik beschneiden. Und drittens gibt es falsche Wachstums- und Entwicklungsimpulse. Solange das Geld in die alten Industrien, also in die Öl- und Rüstungsindustrie, fließt, entwickeln sich auch die Wirtschaft und die Technik in diese Richtung. Und das ist eine Fehlentwicklung.

„Die USA unter Bush sind unsere Gegner"

W.W.: Nach dem Irak-Krieg betont man in Europa, auch in Deutschland durch Bundespräsident Rau, gerne die gemeinsamen Werte mit den USA, Werte, die sicherlich nur noch den gleichen Namen, aber nicht mehr den gleichen Inhalt haben. Welche Rolle sollte Europa in Zukunft einnehmen?

P. Pilz: Europa muß zum Gegengewicht der USA werden. Europa muß sich aus der Satellitenhaftigkeit befreien und die Nachkriegszeit sicherheitspolitisch beenden. Und Europa muß – und nur Europa kann dies – der wichtigste Gegenspieler der USA unter Bush werden. Wir müssen erkennen, daß aus ehemaligen Freunden zwar nicht Feinde, aber Gegner geworden sind. Die USA unter Bush sind unsere Gegner.

Lügen werfen lange Schatten

Wolfgang Weirauch

Am Anfang war die Lüge. Hören wir einfach einmal in die Rede des sogenannten mächtigsten Mannes der Welt hinein, die Rede zur Lage der Nation, die Präsident Bush am 28.01.2003 angesichts der angeblichen Bedrohung durch den Irak hielt:

„Wir werden siegen!"

„Unser Land und die Welt müssen die Lehren aus der Lage auf der koreanischen Halbinsel ziehen und dürfen nicht zulassen, daß eine noch größere Bedrohung im Irak entsteht. Einem brutalen Diktator, mit einer Vergangenheit aus rücksichtsloser Aggression und Verbindungen zum Terrorismus, mit großem potentiellen Reichtum, wird es nicht erlaubt werden, eine lebenswichtige Region zu beherrschen und die Vereinigten Staaten zu bedrohen. [...]

Vor fast drei Monaten hat der UN-Sicherheitsrat Saddam Hussein seine letzte Chance gegeben abzurüsten. Er hat statt dessen völlige Verachtung für die UN und die Weltmeinung gezeigt. Die 108 Inspektoren sind nicht hingeschickt worden, um wie bei einer Schnitzeljagd in einem Land von der Größe Kaliforniens nach verborgenem Material zu suchen. Der Job der Inspektoren ist es zu verifizieren, daß das irakische Regime abrüstet. Es ist Sache des Irak, genau zu zeigen, wo er seine verbotenen Waffen versteckt, diese Waffen vor der Welt offenzulegen und sie wie angewiesen zu zerstören. Nichts davon ist geschehen. [...]

Der Diktator des Irak rüstet nicht ab. Im Gegenteil, er betrügt. Aus Geheimdienstquellen wissen wir, daß Tausende irakische Sicherheitsleute Dokumente und Material vor den UN-Inspektoren verstecken, Inspektionsorte säubern und die Inspektoren selbst überwachen. Irakische Beamte begleiten die Inspektoren, um Zeugen einzuschüchtern. [...]

Jahr für Jahr hat Saddam Hussein enorme Summen ausgegeben und ist große Risiken eingegangen, um Massenvernichtungswaffen zu bauen und zu behalten. Aber warum? Die einzig mögliche Erklärung, der einzig mögliche Nutzen dieser Waffen ist es, zu herrschen, einzuschüchtern oder anzugreifen. Mit Nuklearwaffen oder einem Arsenal chemischer und biologischer Waffen könnte Saddam Hussein seinen Ehrgeiz wiederbeleben, den Nahen Osten zu erobern und die Region ins Chaos zu stürzen.

Und dieser Kongreß und das amerikanische Volk müssen eine weitere Bedrohung erkennen. Beweise aus Geheimdienstquellen, geheime Kommunikation und Aussagen von verhafteten Personen enthüllen, daß Saddam Hussein Terroristen unterstützt und beschützt, darunter Mitglieder von Al-Qaida. Insgeheim und ohne Fingerabdrücke zu hinterlassen, könnte er eine seiner versteckten Waffen Terroristen überlassen oder ihnen helfen, ihre eigenen zu entwickeln.

Vor dem 11. September 2001 glaubten viele in der Welt, daß Saddam Hussein unter Kontrolle gehalten werden könnte. Aber chemische Waffen, tödliche Viren und schattenhafte terroristische Netzwerke können nicht leicht eingedämmt werden. [...]

Manche haben gesagt, wir dürften nicht handeln, ehe die Gefahr offensichtlich ist. Seit wann haben Terroristen und Tyrannen ihre Absichten höflich angekündigt, bevor sie zuschlagen? [...] Der Vernunft und der Zurückhaltung Saddam Husseins zu vertrauen, ist keine Strategie und keine Option. [...]

Die Welt hat zwölf Jahre darauf gewartet, daß der Irak abrüstet. Amerika wird eine gefährliche und wachsende Bedrohung unseres Landes, unserer Freunde und unserer Alliierten nicht dulden. [...]

Wir werden uns (mit dem UN-Sicherheitsrat) beraten. Aber damit kein Mißverständnis aufkommt: Wenn Saddam Hussein nicht vollständig abrüstet – im Interesse der Sicherheit unseres Volkes und des Friedens in der Welt –, werden wir eine Koalition anführen, um ihn zu entwaffnen. [...] Wir wollen Frieden. [...] Aber wenn uns der Krieg aufgezwungen wird, werden wir mit der geballten Macht des US-Militärs kämpfen – und wir werden siegen." (*Süddeutsche Zeitung,* 30.01.2003)

Die Rede ist geschickt formuliert, besonders weil sie sehr freibleibend über die Jahre hinweggleitet, was den Besitz von Massenvernichtungswaffen, die Aufrüstung und das Versteckspielen mit den UN-Inspektoren betrifft. In der Vergangenheit traf dies zu, aber Bush erweckt den Eindruck, daß es zur Zeit seiner Rede noch genauso sei oder gar noch schlimmer.

Konkreter wird er bei den angeblichen Beweisen der Unterstützung islamischer Terroristen durch Saddam Hussein und bei der Behauptung, daß der Irak eine Bedrohung für die USA und seine Alliierten darstelle.

Verbindungen zu Al-Qaida?

Aber wie steht es nun mit den angeblichen Beweisen, z.B. der Verbindung des Irak zum internationalen Terrorismus und zu Al-Qaida? Diese behauptete Verbindung wird von allen Fachleuten als reichlich abenteuerlich betrachtet, da es rein von der Ideologie her schon keine Verbindungen zwischen religiösen Fanatikern und dem laizistischen Militärregime des Irak geben konnte.

Darüber hinaus haben sich alle angeblichen Spuren zu Mohammed Atta, einem der Attentäter vom 11. September 2001, der sich mit irakischen Agenten in Prag getroffen haben soll, als falsch erwiesen. Auch die vom BND abgehörten Gespräche von Al-Qaida-Mitgliedern führten fast alle nach Pakistan oder in den Iran, aber nicht in den Irak.

Ursprünglich war die CIA beauftragt, Beweise für die Al-Qaida-Spur zu finden, vor allem auch den sogenannten „rauchenden Colt", der die Beteiligung Saddam Husseins am Anschlag vom 11. September 2001 belegen sollte. Aber diese Spur ließ sich nicht finden, sehr zum Mißbehagen der Falken im Pentagon.

Im Auftrag des stellvertretenden Verteidigungsministers Wolfowitz reiste deshalb im August 2002 Douglas Feith mit einigen Kollegen von der DIA (Defence Intelligence Agency) zur CIA nach Langley, um diese mißliche Lage zu besprechen. Und schon bald nach diesem Treffen gab es plötzlich Spuren, die Außenminister Powell am 05.02.2003 im Sicherheitsrat der UNO mit Verve präsentierte. Eine Spur führte nach Pakistan, eine andere in den Sudan, wo Osama bin Laden und Vertreter des Irak einen Waffenstillstand vereinbart hätten, und eine dritte Spur führte in den Nord-Irak, wo der jordanische Giftstoffexperte Zarqawi ein terroristisches Trainingslager eingerichtet haben sollte.

Alle diese angeblichen Beweise wurden von deutschen und auch von britischen Sicherheitsbeamten als unwahr bzw. sehr dünn bezeichnet, da es zwischen Osama bin Laden und Saddam Hussein unüberbrückbare inhaltliche Gegensätze gebe.

Blair-Papier und Massenvernichtungswaffen

Am 24.09.2002 legte der britische Premier Tony Blair ein Dossier vor, das beweisen sollte, daß Saddam Hussein noch genügend Massenvernichtungswaffen habe und sogar an der Atombombe bastele. Quellen und

Beweise für die Verifizierung wurden nicht genannt. In diesem Dossier hieß es, daß der Irak u.a. 20 Al-Hussein-Raketen besitze, die man mit chemischen und biologischen Sprengköpfen versehen könne und die in 45 Minuten einsatzbereit seien und die Reichweite von 650 km hätten. Raketen mit größerer Reichweite seien in Entwicklung.

Der Irak sei fernerhin in der Lage, Senfgas, Anthrax, VX-Gas und Botulinumtoxin herzustellen, u.a. in mobilen Labors, und er habe sich auch um Uran aus Afrika bemüht.

Tony Blair glaubte fest an die Wahrheit dieser Aussagen, zumindest tat er so, und begründete damit seine Kriegsbereitschaft. Ob er heute noch daran glaubt? Einige Monate später kam nämlich heraus, daß große Teile dieses Dossiers die Arbeit eines Studenten aus vergangenen Jahren waren, die man nahtlos in dieses Dossier eingefügt hatte, sogar inklusive aller Schreibfehler.

Die Niger-Connection

Die Verbindung nach Afrika bezog sich auf den Niger. Dabei ging es um Uran-Lieferungen in den Irak. Als Beweis diente ein Schriftstück, abgesandt im Oktober 2000, aber laut Eingangsstempel schon im September 2000 im Irak angekommen. Sozusagen eine Rolle rückwärts. Einer der dazugehörigen Briefe war vom Außenminister unterschrieben, der schon gar nicht mehr im Amt war, und auch das Ministerium hatte bereits seinen Namen leicht verändert.

Nicht viel besser waren die Beweise, die Außenminister Powell am 05.02.2003 im Sicherheitsrat der UN präsentierte, z.B. Zeichnungen von mobilen Labors.

Lügen vor dem Golfkrieg 1991

Wenn auf diese Weise gefälscht wird, kann einiges nicht mit rechten Dingen zugehen. Schon bei dem zweiten Golfkrieg 1991 war es ähnlich. Ein Film sorgte damals dafür, daß die Weltbevölkerung mehrheitlich dem Krieg gegen den Irak zustimmte. Bei der Besetzung Kuwaits – so veranschaulichte der Film – hätten die brutalen Iraker Säuglinge aus den Brutkästen gerissen und auf den Boden geworfen. Man sah die verwackelten Bilder, hörte Schreie und wurde Augenzeuge einer weinenden Mutter. Später stellte sich heraus, daß es ein in Manhattan gedrehter Film war und die weinende Frau die Tochter des kuwaitischen Botschafters in den USA war.

Symptomatisch war auch, wie sich die US-Truppen die Eintrittskarte zum heiligen Boden der Muslime in Saudi-Arabien verschafft haben. Zwischen der Besetzung Kuwaits durch den Irak Anfang August 1990 und dem Beginn des Golfkrieges im Januar 1991 sprach man seitens der US-Regierung gegenüber dem saudischen Königshaus von Satellitenbildern, die massive irakische Truppenkonzentrationen an der saudischen Grenze beweisen sollten. Bei einem Besuch des damaligen Verteidigungsministers Cheney in Saudi-Arabien wurde daraufhin für die Zukunft vereinbart, daß 250.000 US-amerikanische Soldaten Saudi-Arabien schützen sollten. Die Präsenz der Amerikaner auf dem heiligen Boden war übrigens einer der Gründe für die zunehmende Radikalisierung Osama bin Ladens. Und als die Amerikaner stationiert waren, stellte sich heraus, daß es die irakischen Truppenkonzentrationen nie gegeben hatte.

Wenn man so angelogen wird – was kann man dann eigentlich noch glauben? Wenn auf diese Weise Weltpolitik gemacht wird, dann müssen massive spezifische Interessen hinter dem ganzen Irak-Unternehmen stekken.

Project for the New American Century (PNAC)

Daß der Irak-Krieg 2003 ein von den USA gewolltes Unternehmen war – ohne Rücksicht auf die internationale Gemeinschaft –, ist mittlerweile schon ein alter Hut. Aber wie alt diese Pläne teilweise wirklich sind, weiß nicht jeder.

Seit etwa 1992 gibt es in verschiedenen sogenannten Denkfabriken in den USA Pläne für eine neue Weltordnung. Zu dieser neuen Weltordnung gehören der Zugriff auf die Rohstoffe der Welt, die Möglichkeit, mehrere Kriege gleichzeitig zu führen, einen militärischen Abschirmschild (NMD) rund um die USA zu errichten, die teilweise Entmachtung der UNO und der Nato sowie die Stärkung der wirtschaftlichen und militärischen Macht der USA.

Konkretisiert wurden diese Pläne durch das 1997 gegründete „Project for the New American Century“ (PNAC), ein lockerer Verband von konservativen Herren. Bereits am 28.01.1998 forderte man aus dem PNAC heraus den damaligen US-Präsidenten Clinton auf, Saddam Hussein zu stürzen.

Während der Clinton-Ära setzte man noch auf Internationalismus, aber seitdem Bush – mutmaßlich durch Wahlfälschung – an die Macht gekommen war, änderte sich alles. Fast alle internationalen Verträge zur Rüstungsbegrenzung wurden gekündigt bzw. gar nicht erst unterschrieben. Anfang Juli 2003 haben die USA beim Streit um den Internationalen Strafgerichtshof sogar die Militärhilfe für 35 Staaten – u.a. Bulgarien, Estland, Lettland, Litauen, Slowenien, Slowakei – ausgesetzt, weil diese Länder US-Bürgern keine Immunität in bezug auf die Verfolgung durch den Internationalen Strafgerichtshof zugestanden haben. Auf der anderen Seite haben bereits 50 Staaten bilaterale Abkommen mit den USA über die Nichtauslieferung von US-Bürgern geschlossen.

Der Befehl zum Angriff auf den Irak

Zurück zum PNAC. Wer gehört dieser Vereinigung an? Das sind u.a.: der Vizepräsident Cheney, Cheneys Stabschef Libby, Verteidigungsminister Rumsfeld, sein Stellvertreter Wolfowitz, der Staatssekretär für Rüstungskontrolle John Bolton, der stellvertretende Außenminister Armitage, der ehemalige Regierungsberater Perle, der PNAC-Vorsitzende Kristol und der ehemalige Afghanistan-Beauftragte und jetzige Kurden-Beauftragte Khalilzad.

Mit dem Regierungsantritt im Januar 2001 hat man also quasi nur die Schublade aufgezogen und mit der praktischen Umsetzung vieler PNAC-Vorschläge begonnen.

Bereits am 25.01.2001 wurde in der gerade angetretenen Bush-Administration eine Organisation gebildet, die sich um die Belange des Öls in Zentralasien kümmern sollte, und man nahm auch die durch Clinton abgebrochenen Gespräche mit der Taliban-Regierung Afghanistans wieder auf, um eine Pipeline von Turkmenistan durch Afghanistan nach Pakistan zu verlegen.

Dann kam der 11.09.2001 und wurde zum Anlaß aller weiteren Vorhaben, zum Kampf gegen den internationalen Terrorismus, aber auch zum Irak-Krieg. Am 18.09.2001 unterzeichnete Bush den Befehl zum Angriff auf die afghanische Taliban-Regierung und das Terrornetzwerk Al-Qaida. Erst später wurde bekannt, daß er am gleichen Tag auch die Erarbeitung von Szenarien zum Angriff auf den Irak unterzeichnete.

Spätestens seit diesem Tag war es für entscheidende Vertreter der USA fester Wille, Saddam Hussein zu stürzen. Hintergrund des Irak-Krieges sind u.a. die Ölvorkommen im Irak, die zweitgrößten der Welt. Man möchte die Finger am irakischen Zapfhahn haben, um den Preis gegenüber den Konkurrenten Europa, Japan, Rußland und vor allem China bestimmen zu können.

Aber nicht alle Senatoren stimmten den Plänen und Vorhaben der US-Administration zu. Der älteste Senator, der Demokrat Robert C. Byrd, warnte vor dem Präventivkrieg gegen den Irak als einem Verstoß gegen das Völkerrecht, und er brandmarkte die Bush-Politik als einen Wendepunkt in der Weltgeschichte und als Basis für wachsenden Antiamerikanismus.

Auch der ehemalige Präsident Carter meldete sich ähnlich zu Wort, nämlich daß eine Gruppe Konservativer unter dem Mantel des Krieges gegen den Terrorismus lange gehegte Ambitionen zu verwirklichen suche, die Bürgerrechte im eigenen Land einzuschränken, die Gefangenen von Guantanamo Bay als Vogelfreie zu behandeln und den Rest der Welt zu mißachten.

Folter

Stellen Sie sich vor, Sie haben einen Bauchschuß erlitten, aber man gibt Ihnen keine Schmerzmittel. Wie lange halten Sie es aus, ehe Sie Ihre intimsten Geheimnisse preisgeben? Drei Stunden, zwei Tage? – Oder stellen Sie sich alternativ vor, man sperrt Sie in einen 90 cm seitenlangen Würfel ohne Licht. Sie bekommen zwar zu essen, aber dürfen lediglich einmal am Tag kurz raus und werden dabei weiteren schmerzhaften Torturen unterzogen. Wie lange halten Sie es aus? – Wovon spreche ich? Von den ehemaligen Folterstaaten Südamerikas oder vielleicht von einem afrikanischen Staat? Nein, von den USA!

Abu Subeida, ehemals Osama bin Ladens rechte Hand, ist der Herr mit dem Bauchschuß. Im März 2002 wurde er, durch einen Bauchschuß schwer verletzt, verhaftet, und man verweigerte ihm die schmerzstillenden Mittel. Zwei Monate hielt er es aus, dann war er weichgekocht. Seitdem ist er Geheimdienstberater der USA und hört die Botschaften seiner ehemaligen Kollegen ab.

Der Mann in der dunklen Zelle (90 cm breit, 98 cm hoch) heißt Mohammed Haydar Zammar, ist Deutsch-Syrer, 1,95 m groß und wiegt 140 kg. Viele Monate sperrte man ihn in die dunkle Zelle, und wenn man ihn zum Verhör abführte, traktierte man ihn u.a. mit Kabelschlägen auf die nackten Fußsohlen. Nach einigen Monaten war auch er kooperativ.

Ähnlich ergeht es den teils willkürlich Verhafteten in Guantanamo Bay auf Kuba. Entweder sind es Kriegsgefangene, dann müßte für sie die Genfer Konvention gelten, oder es sind Untersuchungshäftlinge, dann hätten sie das Recht auf Unschuldsvermutung, das Recht auf einen Anwalt und einen fairen Prozeß. Aber für sie gilt weder das eine noch das andere. Sie sind vogelfrei.

Das sind drastische Beispiele für den eisigen Wind, der momentan in den USA weht. Die Bürgerrechte werden zunehmend eingeschränkt.

Amerika in einem Klima der Angst

Um die Stimmung in den Wochen vor dem Krieg ein wenig zu veranschaulichen, zitiere ich aus einem Brief des Schauspielers Tim Robbin, des Mannes der Schauspielerin Susan Sarandon:

„Trotz der Abscheulichkeit und der Tragik des 11. September war ich danach kurze Zeit zuversichtlich. In naiver Erwartung hielt ich mich an der Hoffnung fest, etwas Positives könnte aus der Situation hervorgehen. Ich stellte mir vor, die Führung unseres Landes würde vielleicht die Chance wahrnehmen, die sich durch diesen Moment der Einigkeit Amerikas bot – in dem keine Rede war von Gegensätzen wie ‚Demokraten und Republikanern', ‚Weiß und Schwarz' oder anderen lächerlichen Kategorien der Spaltung, die unseren öffentlichen Diskurs bestimmen.

Doch dann sagte unser Präsident: Ihr seid entweder für uns oder gegen uns. Man fing an, Bomben zu werfen. Die alten Denkmuster kehrten zurück, als der Präsident dazu aufrief, unseren Patriotismus zu zeigen, indem wir weiter einkaufen gehen und freiwillig in Gruppen mitarbeiten, die jedes verdächtige Verhalten eines Nachbarn melden.

In den 19 Monaten seit dem 11. September erlebten wir eine Schwächung unserer Demokratie durch Furcht und Haß. Unveräußerliche Grundrechte, etwa das Recht auf ein ordentliches Gerichtsverfahren oder auf die Unverletzlichkeit unserer Wohnung, gerieten in einem Klima der Angst rasch ins Wanken. Amerika durchlebte einen bitteren Spaltungsprozeß. Und bei der Weltbevölkerung, die uns mit tiefem Mitgefühl und Unterstützung begegnet war, breiteten sich allmählich Verachtung und Mißtrauen aus. Man betrachtet uns heute, wie wir früher die Sowjetunion, als Schurkenstaat.

Mein elfjähriger Neffe mußte sich von seinem Geschichtslehrer anhören, Susan Sarandon [...] gefährde durch ihre Antikriegshaltung die Truppen. In einer anderen Schule wurde unsere Nichte von einer Lehrkraft gefragt, ob wir zur Theateraufführung der Schule kämen. Wir seien dort nicht willkommen, meinte diese Frau, die für die geistige Prägung junger Menschen verantwortlich ist. Eine andere Verwandte berichtet mir von der Entscheidung einer Schulleitung, eine Versammlung abzusagen, auf der mit einer Schweigeminute der Toten des Krieges gedacht werden sollte. Grund der Absage: Die Schüler wollten auch getötete irakische Zivilisten in ihr stummes Gebet mit einschließen.

An der Schule eines weiteren Neffen wird einer Lehrerin gekündigt, weil sie ein T-Shirt mit der Aufschrift *Peace* trug. Ein Freund unserer Familie hörte in einem Südstaaten-Radiosender den Aufruf eines Moderators zur Ermordung eines prominenten Kriegsgegners. Todesdrohungen tauchten auch bei anderen bekannten Friedenskämpfern auf. Bei unserer Verwandtschaft gingen bedrohliche E-Mails und Anrufe ein. Susan und ich wurden als Verräter und als Unterstützer von Saddam betitelt und mit anderen Schimpfnamen belegt. Susans Auftritt bei einer Konferenz über die Führungsrolle der Frau wurde ebenso abgesagt wie unser gemeinsamer Auftritt in der Baseball Hall of Fame. Man ließ uns beide wissen, weder wir noch der als First Amendment bezeichnete Zusatz zur amerikanischen Verfassung, der die Redefreiheit garantiert, seien dort gern gesehen.

Ein berühmter in die Jahre gekommener Rockstar bedankte sich telefonisch bei mir für meine öffentliche Stellungnahme gegen den Krieg, meinte aber anschließend, er selbst könne sich solche Offenheit nicht leisten, weil er Konsequenzen vom Radiosender *Clear Channel* zu fürchten habe. ‚Dort wird für unsere Konzertauftritte geworben, und ihnen gehören die meisten Sender, die unsere Musik spielen', wandte er ein. Hier in Washington wird die amerikanische Journalistin Helen Thomas (im Presseraum des Weißen Hauses) in die hintersten Reihen verbannt und nicht mehr aufgerufen, nachdem sie Regierungssprecher Ari Fleischer fragte, ob es nicht gegen die Genfer Konvention verstoße, wenn Kriegsgefangene von Guantanamo Bay im Fernsehen vorgeführt werden.

Ein eisiger Wind weht zur Zeit in diesem Land. Im Weißen Haus und bei dessen Mitstreitern, zum Beispiel bei Medienunternehmen und Sportverbänden, macht derzeit die Botschaft die Runde: Wenn Ihr Euch gegen diese Regierung stellt, kann und wird das Konsequenzen für Euch haben. Täglich gehen zahlreiche Warnungen, verschleierte oder unverschleierte Drohungen über den Äther, und Schmäh- und Hetzreden gegen jede Stimme des Widerstandes werden ausgestoßen. Viele in der

Öffentlichkeit lassen dies in stummer Opposition und Furcht über sich ergehen.

Ich kann es nicht mehr hören, daß Hollywood gegen den Krieg sei. Hollywoods Schwergewichte, die wirklich Mächtigen und die Titelseiten-Stars, hüllen sich diesbezüglich größtenteils in Schweigen. Doch als Begriff war Hollywood schon immer eine beliebte Zielscheibe. Prominente Politiker, die Gewalt in Filmen anprangerten, bevollmächtigten unseren Präsidenten vor kurzem mit ihrer Stimme zur Anwendung von Gewalt im Krieg. Sie verlangen von uns das Ende fiktiver Gewalt in Filmen, haben aber gegen Gewalt in ihrer konkreten Form nichts einzuwenden.

Und wo bleibt die politische Opposition, wo bleiben die Demokraten inmitten all dieses Wahnsinns? Was wir brauchen, ist eine politische Führung, die den Sinn der Verfassung erkennt, und Kongreßabgeordnete, die in Momenten der Angst ihrer elementarsten Möglichkeit der Machtausübung nicht entsagen: dem Recht, der Exekutive den Krieg zu erklären. In dieser Zeit, in der unsere Bürger ob der Befreiung eines anderen Landes applaudieren, während sie selbst in Angst vor ihrer eigenen Freiheit leben; in der ein hoher Regierungsbeamter in aggressiven Werbeanzeigen den Patriotismus eines beinamputierten Vietnam-Veteranen anzweifelt, der für den Kongreß kandidiert; in der Menschen im ganzen Land Repressalien fürchten, wenn sie von ihrem Recht der freien Meinungsäußerung Gebrauch machen, in dieser Zeit sollte man seine Wut und seinen Zorn nicht zurückhalten. Dabei braucht es gar nicht viel, um das Blatt zu wenden.

Mein bereits erwähnter elfjähriger Neffe, ein schüchternes Kind, stellte sich vor seinen Geschichtslehrer, als dieser Susans Patriotismus anzweifelte, und sagte: ‚Sie sprechen von meiner Tante. Bitte lassen Sie das.' Der verblüffte Lehrer gab klein bei und fing an, peinlich berührt Komplimente zu stammeln. Die Journalisten in diesem Land können sich zur Wehr setzen gegen jene, die unsere Verfassung am liebsten umschreiben möchten. Journalisten können es sich verbitten, von dieser Regierung als Sprachrohr benutzt zu werden.

Jeder Versuch der Einschüchterung beim Gebrauch des Grundrechts der freien Meinungsäußerung ist zu bekämpfen. Mit Einverständnis oder Kleinmut zu reagieren führt nur zu weiterer Einschüchterung. Durch unsere Fähigkeit zu widersprechen und das angeborene Recht, unsere Führung in Frage zu stellen und ihr Handeln zu kritisieren, definieren wir, wer wir sind. Wenn wir aus Angst zulassen, daß uns diese Rechte genommen werden, daß Menschen wegen ihrer Überzeugungen bestraft werden und die Berücksichtigung abweichender Meinungen in den Medien eingeschränkt wird, erkennen wir damit die Niederlage unserer Demokratie an. Wir brauchen die Presse nötiger denn je in dieser Zeit, in der für uns alle viel auf dem Spiel steht." (*Süddeutsche Zeitung,* 26.04.2003, Übersetzung von Eva C. Koppold)

Niederlage der Demokratie?

Aber es geht noch weiter. Nach dem Anschlag auf New York wurde ein 345 Seiten starkes Gesetzespaket durch den Kongreß gejagt, das Buchhändler und Büchereien zwingt, die Buchtitel zu nennen, die ihre Kunden kaufen bzw. ausleihen. Die Kontrolle des Internets stand auch auf dem Plan, aber das war wohl ein Schritt zu viel. Mittlerweile regt sich beständig wachsender Unmut und Widerstand in den USA gegen die Einschränkung der Bürgerrechte und die sehr dünne Beweislage für den Krieg gegen das ehemalige irakische Regime.

Mit Gott gegen das Böse

Und wie wird der neue Kurs der US-Regierung von Bush und manchen seiner Kollegen begründet und eingebettet? Bush gesteht es ganz offen, daß er zwei Erweckungserlebnisse hatte. Das eine Schlüsselerlebnis war der Entschluß, seinem Alkoholismus zu entsagen: „Sie wissen ja, daß ich ein Alkoholproblem hatte. Wenn alles so weitergelaufen wäre, säße ich jetzt in einer Bar in Texas anstatt im Oval Office. Es gibt nur einen einzigen Grund, weshalb ich hier im Oval Office bin und nicht in der Bar: Ich habe zum Glauben gefunden. Ich habe Gott gefunden." (*Der Spiegel,* Nr.8, 17.02.2003, S.92)

Das zweite Schlüsselerlebnis war der 11. September 2001. Unterstützt von rechten fundamentalistischen Christen sieht sich Bush in einem Feldzug gegen das Böse, gegen den internationalen Terrorismus und glaubt in der Tat, dabei im Auftrag Gottes zu handeln – genau wie Osama bin Laden es auch glaubt, wenn auch mit umgekehrten Vorzeichen.

Hören wir zum Abschluß nochmals in eine Rede Bushs hinein, die er Anfang März 2003, kurz vor der Irak-Debatte im UN-Sicherheitsrat, hielt:

„Saddam Hussein und seine Waffen sind eine direkte Bedrohung für dieses Land, für unser Volk und für alle freien Völker. [...] Die Angriffe am

11. September 2001 haben gezeigt, was die Feinde Amerikas mit vier Flugzeugen gemacht haben. [...]

Irak ist Teil des Krieges gegen den Terror. Irak ist ein Land, das Verbindungen zu Terroristen hat. Es ist ein vermögendes Land. Es ist ein Land, das Terroristen trainiert, ein Land, das Terroristen bewaffnen könnte. [...] Dies ist die letzte Phase der Diplomatie. [...]

Mein Job ist es, das amerikanische Volk zu schützen. [...] Der 11. September sollte dem amerikanischen Volk zeigen, daß unser Land nun ein Schlachtfeld ist, daß Massenvernichtungswaffen in den Händen terroristischer Organisationen hier in unserer Heimat eingesetzt werden könnten. [...] Wir müssen diese Al-Qaida-Typen der Reihe nach ausräuchern. Genauso liegt es in unserem nationalen Interesse, mit Saddam Hussein fertig zu werden. [...]

Eines der Dinge, die wir in Amerika lieben, ist Freiheit. [...] Freiheit ist nicht Amerikas Geschenk an die Welt, es ist das Geschenk Gottes an jede einzelne Person, daran glaube ich. Ich denke, wenn wir Totalitarismus sehen, müssen wir uns darum kümmern. Wir müssen das nicht immer militärisch tun. [...]

Mein Glaube trägt mich, weil ich täglich bete. Ich bete um Beistand, Weisheit und Stärke. Wenn wir unsere Truppen ins Gefecht schicken müßten [...], würde ich für ihre Sicherheit beten, und ich würde auch für die Sicherheit unschuldiger irakischer Leben beten. Eine Sache, die an unserem Land wirklich großartig ist, ist: Es gibt Tausende von Leuten, die für mich beten. [...] Ich bete für den Frieden.“ (*Süddeutsche Zeitung,* 08.03. 2003)

Man könnte unentwegt weiterschreiben und zusätzliche Fakten benennen, die zeigen, welche Rolle die USA derzeit in der Weltpolitik spielen wollen. Trotzdem sind und bleiben die USA eine Demokratie, und man kann hoffen, daß die Politik in den USA unter einer neuen Regierung einen anderen Kurs einschlägt.

Führerschaft in Humanität?

Interview mit Michael Engelhard

von Wolfgang Weirauch

Michael Engelhard, *geb. 1936 in Hamburg. 1945 je zweimal in Hamburg und Osnabrück ausgebombt. 1956 Abitur und Aufnahme in die Studienstiftung des Deutschen Volkes, Beginn des Studiums (Germanistik, Romanistik, Anglistik) in Hamburg. 1957 Wechsel zum Jura-Studium. 1958 Jura-Studium an der Universität Lausanne/Schweiz, 1959 Universität München. 1961 Erstes Staatsexamen, 1966 Zweites Staatsexamen und Aufnahme in den Diplomatischen Dienst. 1966–2001 Auswärtiger Dienst: Zentrale, Korea, Kamerun (Botschafter), Mailand (Generalkonsul), Chicago (Generalkonsul).*

Vom 01.01.1975–30.06.1979 Redenschreiber für Bundespräsident Walter Scheel, vom 01.01.1985–31.12.1986 für Bundespräsident Richard von Weizsäcker, vom 01.01.1987–01.11.1991 für Bundesminister Hans-Dietrich Genscher. – Michael Engelhard ist seit 1961 verheiratet und hat einen Sohn.

Buchveröffentlichungen: „Giacomo Leopardi: Gesänge" (1990); „Michelangelo: Sämtliche Gedichte" (1992); „Michelangelo: Sämtliche Sonette" (1992); „Niccolò Forteguerri: Ricciardetto" (1998); „Alexander S. Puschkin: Gedichte" (1999). – Literatur: „Landschaften der Freundschaft. Zu Ehren Michael Engelhard" (1999).

Niemand wird den Irak-Krieg vergessen. Auch wenn wir ihn nur in den Medien verfolgt haben, so waren wir doch dabei. Wir waren empört, wir hofften, wir stritten, wir waren entsetzt, wir fieberten mit den Politikern mit – und dann zerbrach jegliche Hoffnung! Selten war ein Großteil der Weltbevölkerung so engagiert und so einhellig einer Meinung wie in der Stellungnahme gegen diesen Irak-Krieg.

Manche verteidigten die Kriegsvorbereitungen, weil sie auf die Befreiung der Iraker vom brutalen Regime Saddam Hussein setzten, andere glaubten an die Existenz weiterer Massenvernichtungswaffen – aber die überwiegende Mehrheit lehnte diesen Krieg entschieden ab, weil es ein von der UN nicht legitimierter Angriffskrieg war.

Die Hoffnungen auf eine friedliche Welt zerstoben mit den Bomben auf Bagdad. Die Freude über den Sturz des irakischen Regimes und den verhältnismäßig kurzen Krieg wollte nicht recht aufkommen angesichts der menschlichen Tragödien und der Zerstörungen des Landes, vor allem auch der alten Kulturgüter – auch wenn mittlerweile wieder einige von ihnen auftauchen. Die Annahme, mit den USA nicht nur einen politischen und militärischen Verbündeten zu haben, sondern auch einen, der die gleichen Werte – wie Freiheit, Demokratie und Menschenrechte – innehat, wich dem Entsetzen, daß diese Werte nur noch schale und brüchige Gefäße sind und längst neue Gefäße mit anderen Inhalten geschmiedet worden sind.

Michael Engelhard gehört zu den Menschen, die über die Maßen politisch engagiert sind und gleichzeitig an den Menschen und die von ihm nach dem Zweiten Weltkrieg errungenen Werte glauben. Aber auch sein Glauben an eine gerechte Welt brach mit den Aktionen der USA im Irak zusammen. Ich interviewte Michael Engelhard Ende Mai und sprach mit ihm über die von langer Hand getroffenen Vorbereitungen der Bush-Administration zum Irak-Krieg, die neue Rolle der USA als Weltmacht, die Situation Europas, den Wiedereintritt der Religion in die Politik, die taktischen Lügen der kriegsführenden Mächte sowie über den Verlust der Menschlichkeit und der menschlichen und politischen Werte im Zusammenspiel der Weltpolitik.

Wolfgang Weirauch: Wie haben Sie die Monate vor dem Irak-Krieg erlebt? Hatten Sie noch Hoffnungen, daß der Krieg vermieden werden könnte, oder gingen Sie immer davon aus, daß die USA ihn führen würden?

Michael Engelhard: Zur Zeit der Wahl von George W. Bush war ich ein diplomatischer Vertreter der Bundesrepublik Deutschland in den USA, nämlich Generalkonsul in Chicago. So habe ich die ersten Reden von Bush sowie sein Auftreten genau verfolgt, vor allem seine Ablehnung des Kyoto-Protokolls, seine Ablehnung des Internationalen Strafgerichtshofs, und ich habe den totalen Stimmungsumschwung in dem Land erlebt. Das Kyoto-Protokoll wurde von allen Parteien im Senat und im Repräsentantenhaus abgelehnt, und zwar mit der erstaunlichen Begründung, daß es der dümmste Vertrag sei, den es jemals gegeben habe.

W.W.: Warum hielten die Senatoren und Abgeordneten diesen Vertrag für so dumm?

M. Engelhard: Das hat sich meiner Kenntnis entzogen. 139 Staaten der Welt finden ihn gut, richtig und wichtig, und diese Staaten erkennen nicht – nach Meinung der USA –, wie dumm dieser Vertrag ist! Fast die gesamte Welt wird also für dumm erklärt.

In bezug auf den Internationalen Strafgerichtshof hat die internationale Staatengemeinschaft den USA angeboten, daß US-Bürger dort lediglich angeklagt, sie dann aber einem US-Gericht überstellt werden sollten. Aber auch das wurde abgelehnt. Nach dem Irak-Krieg wird klarer, warum. Denn selbst unter amerikanischen Richtern könnte es möglicherweise zwei oder drei geben, für die das Völkerrecht etwas mehr und etwas anderes ist als eine Manipuliermasse der amerikanischen Regierung. So ist es zwar unwahrscheinlich, aber doch nicht gänzlich auszuschließen, daß dieser seit langem geplante Irak-Krieg auch von einem amerikanischen Richter als Kriegsverbrechen verurteilt würde. Und dieser Gefahr wollte man entgehen.

Das Doppelantlitz des Afghanistan-Krieges

W.W.: Wie veränderte sich die Stimmung in den USA nach dem 11. September?

M. Engelhard: Als der 11. September kam, waren die Anschläge so etwas wie der Reichstagsbrand für die amerikanische Regierung. Das Steuer wurde jetzt herumgerissen. Der „Krieg gegen den Terrorismus" wurde ausgerufen. Das Wort „Krieg" wurde von Anfang an systematisch benutzt, um die Bevölkerung auf den richtigen Krieg gegen Staaten einzustimmen.

Als bei einem Besuch in Washington Präsident Chirac sich weigerte, dieses Wort für den Kampf gegen den Terrorismus zu benutzen, wurde er von den amerikanischen Medien heftig angegriffen. Alles, was diesen amerikanischen „Krieg“ nicht bedingungslos unterstützte, wurde in die Ecke des Terrorismus geschoben. Und alles, was in dieser Ecke stand, wurde als Feind betrachtet, der zu bekämpfen war. „Wer nicht für uns ist, ist gegen uns.“

W.W.: War der Krieg gegen den Terrorismus ein vorgeschobener Grund für den Krieg in und gegen Afghanistan?

M. Engelhard: Unter dem Deckmantel des „Krieges gegen den Terrorismus“ wurde der Krieg gegen den Irak vorbereitet. Afghanistan war das ideale Zwischenglied. Hier hatte Osama bin Laden Unterschlupf bei einem ihm geneigten Regime, den Taliban, gefunden. Die Taliban unterstützten also eindeutig den gefährlichsten Terroristen der Welt. Folglich durfte man sie als Terroristen behandeln. Der Afghanistan-Krieg hatte also ein Doppelgesicht: Er war ein Krieg gegen eine nichtstaatliche Terrororganisation *und* ein Krieg gegen den Taliban-Staat Afghanistan. Für die Bush-Regierung ein idealer Glücksfall: Der amerikanischen Bevölkerung wurde vorgeführt, daß man, um den Terrorismus zu bekämpfen, auch Krieg gegen Staaten führen könne und müsse. Die Welt-Koalition gegen den Terrorismus aber stimmte dem Krieg gegen das Taliban-Regime nur deshalb zu, weil er, für jedermann einsichtig, zwingend notwendig war, um Osama bin Laden zu bekämpfen. Keineswegs bedeutete diese Zustimmung, daß man den Amerikanern gestatten wollte, auch Staaten, die den Amerikanern auf ihrem Marsch in die unumschränkte Weltherrschaft als Stolpersteine im Wege standen, unter dem Vorwand der Terrorismus-Bekämpfung mit Krieg zu überziehen.

Der gewollte Krieg

Genau das aber war im Fall Irak beabsichtigt. Es gab ja zwei Begründungen für den Krieg: einmal – für die internationale Gemeinschaft bestimmt – die Behauptung, der Irak verfüge über die Welt und insbesondere die USA bedrohende Massenvernichtungswaffen; und zweitens – für den inneren Gebrauch –, Saddam habe Osama bin Laden unterstützt und unterstütze ihn weiterhin, sei also an der Tragödie des 11. September mitschuldig. Beide Begründungen waren massive, aber gleichwohl sehr erfolgreiche Lügen. Die Mehrheit der Amerikaner jedenfalls glaubte ihrem Präsidenten, weil die Amerikaner platterdings ihrem Präsidenten alles glauben, wenn sie sich bedroht fühlen. Und sie fühlten sich seit dem 11. September bedroht.

Es gibt nun auch nicht die Andeutung eines Beweises oder auch nur eines Hinweises, daß Saddam Al-Qaida unterstützt hätte. Ein Vertreter des irakischen Geheimdienstes soll einen Al-Qaida-Vertreter in Prag einmal getroffen haben. Das bezweifle ich auch nicht. Solche Treffen sind die die Öffentlichkeit scheuende Aufgabe von Geheimdiensten. Wenn solche Treffen einen Krieg legitimieren könnten, dann dürfte man ohne weiteres auch Berlin, Mekka, Kairo und sogar Washington in Schutt und Asche legen.

Zusammenfassend: Sowohl die amerikanische Bevölkerung als auch die Welt wurden von der amerikanischen Regierung dreist und massiv belogen, um diesen von Anfang an gewollten Krieg durchzusetzen.

W.W.: Rechnen Sie noch damit, daß im Irak Massenvernichtungswaffen gefunden werden?

M. Engelhard: Kaum. Eben wird bekannt, daß der militärische Geheimdienst der USA schon im September 2002 die Regierung in Washington darauf aufmerksam gemacht hat, daß es im Irak höchstwahrscheinlich keine Massenvernichtungswaffen gebe. Gleichwohl wurde mit der Behauptung von „Beweisen" im Hinblick auf solche Waffen der Krieg vom Zaun gebrochen. Wer liefert aber solche „Beweise"? Der dafür zuständige militärische Geheimdienst hat sie ganz offensichtlich *nicht* geliefert. Wer aber dann?

Seit nunmehr vielen Wochen beherrschen die Amerikaner den Irak. Kein Mensch braucht vor Saddam mehr Angst zu haben. Die Ergebnisse der Blix-Kommission wurden von den Amerikanern angezweifelt, weil alle Zeugen aus Todesangst vor Saddam nicht die Wahrheit sagten. Nun können sie die „Wahrheit" sagen. Und sie sagen genau dasselbe, was sie unter der Herrschaft Saddams sagten: Es gibt keine Massenvernichtungswaffen. Diese Waffen werden nicht mehr versteckt – wer sollte sie auch und aus welchem Grund verstecken? Erwartet doch reiche amerikanische Belohnung alle jene, die den USA auch nur einen klitzekleinen Hinweis auf irgendein winziges Massenvernichtungswäfflein beibringen könnten. Ergebnis aller bisherigen amerikanischen Suche nach Massenvernichtungswaffen, die unter unendlich viel günstigeren Bedingungen als jenen der Blix-Kommission stattfindet: null, zero, nothing.

Die Legitimationsgründe für diesen Krieg waren vorgeschobene Gründe. Der einzige Grund für diesen Krieg war, daß Präsident Bush diesen Krieg wollte und vom ersten Tag seiner Regierung an plante.

Das wurde mir spätestens klar, als ich seine Rede am Ground Zero hörte, wo er nicht nur gegen den internationalen Terrorismus, sondern – und das ist das Entscheidende – auch gegen die Staaten, die ihn unterstützen, Stellung bezog. In dem Moment wußte ich, auf was das Ganze hinauslaufen würde. Und diese ganze Stimmung steigerte sich von Tag zu Tag. Die Sprache der Politik und der Medien wurde immer „patriotischer", d.h. martialischer. Und diese Sprache eines jede Gegenmeinung brutal niederwalzenden Nationalismus, die mich furchtbar an Schlimmstes erinnerte, hat mich auf das Tiefste erschreckt.

Der Krieg war seit langem fest geplant

W.W.: Seit wann war Ihnen das klar?

M. Engelhard: Als ich dann erfuhr, daß der jetzige Verteidigungsminister Rumsfeld vor fünf Jahren einen Brief an Präsident Clinton mitunterzeichnet hatte, in dem die Vernichtung und Beseitigung des Saddam Hussein-Regimes als die wichtigste Aufgabe der amerikanischen Außenpolitik bezeichnet wurde, konnte ich kaum davon ausgehen, daß er diese Forderung mit seiner Ernennung zum Verteidigungsminister vergessen haben könnte. Ich bin fest davon überzeugt, daß dieser Krieg schon vor den Präsidentschaftswahlen von vielen Mitgliedern der jetzigen US-Administration fest geplant war und daß alle weiteren Aktivitäten seit der Machtübernahme darauf hinsteuerten. Das entsetzliche Verbrechen vom 11. September lieferte paradoxerweise dafür einen wunderbaren Vorwand, denn nun stand nichts mehr im Wege, die Pläne dieser Herren umzusetzen.

Ich sah den Krieg also kommen. Natürlich habe ich gehofft, daß sich die Weltgemeinschaft gegen diesen Krieg auflehnt. Aber angesichts der Machtverhältnisse war mir klar, daß hier wenig zu machen war. Die USA würden losschlagen, gleich was die Welt, die UNO, der Sicherheitsrat, der Papst oder wer auch immer dazu denken und sagen würden. Man führte die Politik geradewegs auf diesen Krieg zu, denn man wollte ihn! Und da ich nun einmal jedes einzelne Menschenleben auf dieser Welt höher bewerte als jedweden Kriegsgrund, ärgerte mich diese Vorgehensweise enorm und trieb mich oft bis zur Verzweiflung.

Die Entscheidung gegen den Krieg war die einzig richtige

Die Ereignisse kamen näher und näher. Dann wurde ich am 1. November 2001 pensioniert und verfolgte daraufhin die Diskussion in Deutschland. Alle wichtigen Fragen wurden auch hier nicht diskutiert. Und das steigerte meine Verzweiflung noch einmal. Natürlich war ich darüber froh, daß die deutsche Bundesregierung die aus meiner Sicht einzig mögliche Entscheidung getroffen hat. Man kann dem Bundeskanzler eine ganze Menge vorwerfen, aber nicht, daß er eine Entscheidung gegen den Krieg getroffen hat.

W.W.: Warum haben sich die USA – vor allem Außenminister Powell – auf das Spiel mit der UNO überhaupt eingelassen?

M. Engelhard: Sie haben es getan, um ihr Gesicht zu wahren, in der Hoffnung, daß sie durch Versprechen, Erpressung, Druck oder Kauf die Mehrheit der Länder des Sicherheitsrats auf ihre Seite bringen würden.

W.W.: Haben sie wirklich an einen derartigen Erfolg geglaubt?

M. Engelhard: Das nehme ich stark an. Die diplomatischen Bemühungen und der Druck, der von ihnen auf die Sicherheitsrats-Mitglieder ausging, waren enorm. Kleinere Staaten sind ihnen ja auch erlegen. Die anderen – und das war die Mehrheit – hielten aber, Gott sei Dank, stand. Die Amerikaner verfielen hier in den Fehler, in den alle Weltherrschafts-Aspiranten regelmäßig verfallen: Sie überschätzten ihre Macht. Dieses Land ist gegenwärtig völlig besoffen von der eigenen Macht. Und es gibt ja auch nichts, was den Verstand so außer Funktion setzt, wie eben die Macht. Jede Äußerung von Bush, Rumsfeld, Wolfowitz, Rice bestätigt mir diese Einschätzung.

Ich habe mir die beiden Sicherheitsratssitzungen mit Powell angeschaut. Es war doch absurd zu erwarten, daß ernsthafte Menschen diese Kümmerlichkeiten als Legitimation eines Angriffskrieges akzeptieren könnten. Man muß wirklich machttrunken sein, um dergleichen anzunehmen. Sie halten ihre Macht für so groß, daß sie die Möglichkeit gar nicht erwägen, jemand könne es in Betracht ziehen, sich ihr nicht willenlos zu beugen. Sie haben doch die mächtigste Militärmaschinerie der Welt. Wer kann es da wagen, ihnen zu widersprechen?

Nun, im Sicherheitsrat sind sie auf die Nase gefallen. Sie haben erfahren müssen, daß es auf dieser Welt doch noch einige Staaten gibt, die nicht bedingungslos nach ihrer Pfeife tanzen. – Das ist natürlich „Verrat", „Antiamerikanismus", „Verfolgung schnöder Partikular-Interessen", „Undankbarkeit" etc. Und entsprechend werden die Standhaften abgestraft, wie das lächerliche Verhalten der amerikanischen Regierung gegenüber Deutschland und seinem frei gewählten Kanzler deutlich belegt.

Inzwischen haben die Amerikaner übrigens selbst herausgefunden, daß an 50 der 68 Orte, die die CIA vor dem Krieg als Produktionsstätten von Massenvernichtungswaffen bezeichnet hatte, nichts zu finden war. Warum löst man diesen kuriosen Verein, der mit seinen Falschmeldungen die Sicherheit prinzipiell aller Völker bedroht, eigentlich nicht auf?

Dem Bundeskanzler hat man nun in den USA – aber auch in Europa, nicht zuletzt bei unserer gloriosen Opposition – besonders übelgenommen, daß er eine Beteiligung Deutschlands an diesem Krieg auch für den Fall abgelehnt hat, daß der Sicherheitsrat der Vereinten Nationen ihn gutgeheißen hätte. Aber ich halte diese Entscheidung für die einzig sittlich vertretbare. (In Parenthese: Es ist wirklich erstaunlich zu sehen, wie wenig die sittliche Problematik eines Krieges in der Politik diskutiert wird. Ethische Fragen scheinen bei der politischen Entscheidungsfindung überhaupt keine Rolle mehr zu spielen.)

Denn hätte die Mehrheit des Sicherheitsrates für diesen Krieg gestimmt, dann wäre diese Entscheidung nur auf amerikanischen Druck gefallen. Damit aber wäre die sittliche und moralische Integrität der Vereinten Nationen dermaßen untergraben worden, daß einer solchen Entscheidung überhaupt keine Legitimität zuzusprechen gewesen wäre. Insofern hatte der Bundeskanzler vollkommen recht, sich auch nicht einem Sicherheitsratsbeschluß zu beugen, der die UN zu einem reinen Machtmittel der USA gemacht hätte. Diese Entscheidung gegen diesen Krieg halte ich für die einzig richtige und vertretbare.

„Real war nur die Macht der Raketen"

W.W.: Brach für Sie eine Welt zusammen, als der Krieg begann, oder geschah das, was Sie ganz klar voraussahen?

M. Engelhard: Beides. Je mehr die Zeit vorrückte, desto klarer wurde, daß die USA eine machiavellistische Macht- und Militärpolitik betrieben, gegründet auf der Macht ihrer Wirtschaft, ihres Dollars und ihrer gewaltigen Militärmaschinerie. Die Wolke zog sich immer dichter zusammen, und dann brach das Gewitter los. Zeitgleich brach alles zusammen, wofür der vernünftige Teil der Menschheit seit dem Zweiten Weltkrieg gekämpft hatte: die Verantwortung der Vereinten Nationen, die Idee des Gewaltverzichts und der Kooperation, die Idee des Völkerrechts, die Idee einer gerechten Welt. Alle bisherigen Vereinbarungen und Ideale stellten sich als irreal heraus. Real war nur die Macht der Raketen. Das, wofür ich ein Leben lang beruflich und als Privatperson gekämpft und gearbeitet habe, hat sich über Nacht in Rauch aufgelöst. Ich bin in den Auswärtigen Dienst gegangen, um meinen winzigen Teil zum Frieden in der Welt beizutragen.

Ich habe dafür gekämpft, daß Menschen nicht mehr mit idiotischen Begründungen von Staaten umgebracht werden. Das hielt ich für ein sinnvolles Lebensziel. Und da stehe ich nun und muß mit anhören, wie Tony Blair für eine unipolare Welt eintritt, in der die USA jeden anderen Staat, den sie nicht leiden können, zusammenbomben dürfen. In einer solchen Welt ist Friede fast unmöglich geworden.

Intellektueller Unsinn

W.W.: Wieso vertreten die verschiedensten Politiker nach wie vor die Ansicht, daß der Irak-Krieg kein Angriffskrieg gewesen sei?

M. Engelhard: Friedbert Pflüger von der CDU hat in einem Fernseh-Interview dazu die abenteuerliche These aufgestellt, daß der Irak-Krieg überhaupt kein Angriffskrieg sein könne, weil dann der Abflug amerikanischer Flugzeuge vom deutschen Boden durch das Grundgesetz verboten gewesen wäre. Das ist reinster Morgenstern: Weil nicht sein kann, was nicht sein darf. Was einem in diesen Tagen an gedanklichen Kapriolen zugemutet wird, ist wirklich kaum noch zu ertragen. Frau Rice hat vor einigen Tagen gesagt, daß Deutschland und Frankreich die übrigen Nato-Mitglieder, die auch gegen einen Krieg waren, in Geiselhaft genommen hätten. Sie sind also gewissermaßen terroristisch tätig geworden. Das ist eine Beleidigung Deutschlands und Frankreichs, aber auch all der europäischen Regierungen und Länder, die gegen diesen Krieg votiert haben. Bemerkungen dieser Art hören wir doch täglich aus Washington. Der Rausch der Macht. Wer widerspricht, wird beleidigt. Wer will etwas dagegen machen oder sagen? Wir, die mächtigen Amerikaner, können beleidigen, wen wir wollen. Seit Stalin hat kein Großmachtelefant soviel Scherben im internationalen Porzellanladen hinterlassen wie – in nur zwei Regierungsjahren – die Regierung Bush.

Gestern las ich, daß ein amerikanischer Militärberater in bezug auf die noch nicht gefundenen Massenvernichtungswaffen geäußert hat, daß es überhaupt keine Rolle spiele, ob Saddam Hussein Massenvernichtungswaffen besessen habe. Denn entscheidend sei, daß er sich so gebärdet habe, als ob er welche gehabt hätte. Ich habe alle Sicherheitsrats-Sitzungen von Anfang bis Ende mitverfolgt. Der irakische Vertreter, Tarik Asis, hat nie etwas anderes gesagt, als daß der Irak keine Massenvernichtungswaffen habe und daß die „Beweise" der Amerikaner Lügen seien. Das war, wie sich inzwischen herausgestellt hat, die reine Wahrheit. Die Amerikaner waren es, die gelogen haben. Und jetzt wirft der Lügner dem Gegner vor, daß er nicht auf die richtige Weise die Wahrheit gesagt habe. Und deswegen darf der Lügner den, der die Wahrheit gesagt hat, zusammenbomben. Das ist die amerikanische Logik, der alle Völker in einer unilateralen Welt in Zukunft ausgesetzt sein werden.

Das bedeutet, daß es für kein Land der Erde irgendeinen Schutz mehr gegen einen Angriff durch die Vereinigten Staaten geben wird. Ob es einen wirklichen Kriegsgrund gibt, spielt keine Rolle mehr. Man interpretiert das Verhalten einer Regierung, wie es in den eigenen amerikanischen Kram paßt, und dann schreitet man zur Tat. Man darf gespannt sein, wie sich in der näheren Zukunft das Sicherheitsrisiko aus Sicht der USA in bezug auf die Länder Iran, Syrien und Nordkorea darstellt. Schlimmste Befürchtungen sind angebracht. Der Beschluß der G8 wurde von amerikanischer Seite schon so interpretiert – ebenso wie die Sicherheitsrats-Resolution 1441 im Falle Irak –, daß damit auch ein militärisches Vorgehen gegen den Iran abgedeckt sei. Die übrigen armen sieben haben das zwar heftig dementiert. Aber es wird ihnen nichts nützen: Sie werden die Erfahrung machen müssen, daß ihre Interpretation die Amerikaner einfach nicht interessiert. Recht hat, wer die Macht hat.

Die furchtbarste Barbarei seit Dschingis Khan

W.W.: Die USA haben – wie schon erwähnt – schamlos Lügenpropaganda betrieben, um ihre Kriegsabsichten mit vermeintlichen Realitäten zu untermauern: fahrende Biolabors, angebliche Beweise von noch vorhandenen Massenvernichtungswaffen, Verbindungen des Irak zu Al-Qaida, Uranlieferungen aus dem Niger an Saddam Hussein. Wie ist eine Weltmacht zu beurteilen, die mit derartigen Fälschungen den Rest der Welt belügt?

M. Engelhard: Für alle diese Dinge gibt es nicht einen einzigen Beweis. Ich habe mir gestern die Rede von Johannes Rau angehört, in der er gesagt hat, daß wir mit den USA zusammenarbeiten müssen, um diese Welt in Ordnung zu bringen. Wir gründeten auf den gleichen Werten. Wenn ich diese Formel angesichts dessen höre, was geschehen ist, dann fällt mir nichts mehr ein. Denkt denn niemand mehr darüber nach, ob die Werte einer Weltmacht, die sich so gebärdet hat, wie die USA jüngst gegenüber dem Irak, überhaupt noch unsere Werte sind? Entspricht diese Politik der USA unseren Werten? Ich finde es unglaublich, angesichts dieser Tatsachen noch von gemeinsamen Werten zu sprechen! Unsere Werte sind die Freiheit der Völker, das Leben der Menschen, Frieden, Demokratie, Zusammenarbeit, Völkerrecht, Gewaltverzicht, Vertrauensbildung. Aber all diese Werte spielen doch in der derzeitigen US-Administration keine Rolle mehr.

Man braucht sich nur zu vergegenwärtigen, was in Bagdad mit dem Nationalmuseum, dem Nationalarchiv, der Nationalbibliothek und dem Koran-Institut geschehen ist. Das ist seit Dschingis Khan die furchtbarste Barbarei, die dem Kulturgut der Menschheit angetan worden ist. Ich erinnere mich noch gut der amerikanischen Reaktionen, als die Buddha-Statuen von Bamyan von den Taliban in die Luft gesprengt worden sind. Welch ein Theater damals! Und heute schauen sie bei den Plünderungen in Bagdad zu und geben ihren Truppen den Befehl, nicht einzugreifen.

Dabei hätten sie natürlich eingreifen können. Sie haben ja auch eingegriffen. Das Ölministerium und das Innenministerium wurden sehr wohl von den Plünderungen verschont, weil sie von amerikanischen Truppen geschützt wurden. Das eine wurde beschützt, weil sie sich des irakischen Öls bemächtigen wollten, und das andere, weil dort die Unterlagen der irakischen Geheimdienste lagerten. Es ging ihnen also um Raub und Rache. Alles andere interessierte sie nicht. Vielleicht liegt das ja daran, daß Herr Bush möglicherweise gar nicht weiß, daß es im Altertum ein Zweistromland mit Namen Mesopotamien gegeben hat und daß dieses Mesopotamien geographisch mit dem heutigen Irak weitgehend identisch ist. Er ist ja so stolz darauf, daß er seit vielen Jahren vor lauter Arbeit nicht dazu gekommen ist, ein einziges Buch zu lesen.

Nein, die Werte, die die USA der Welt in diesem Krieg vorexerziert haben, sind nicht meine Werte! Ich lege sehr großen Wert auf diese Feststellung, denn ich möchte, aus Selbstachtung, auf gar keinen Fall mit diesen amerikanischen Werten identifiziert werden. Wenn nach den Werten, nach denen ich zu leben und zu denken versuche, entschieden worden wäre, dann wären als erstes die der ganzen Menschheit gehörenden Kulturgüter dieser Wiege auch meiner Kultur geschützt worden.

W.W.: Also gibt es in der derzeitigen US-Administration nicht den geringsten kulturschaffenden Impuls?

M. Engelhard: Der Befehl an die amerikanischen Truppen, bei diesen unersetzliche Kulturschätze vernichtenden Plündereien nicht einzugreifen, beweist, daß diese amerikanische Administration gar nicht weiß, was Kultur ist, und daß die Schätze der geistigen Überlieferung der Menschheit für sie ein Dreck sind. Wenn es auf der Welt ein so herrliches Land wie die

Vereinigten Staaten von Amerika gibt und man einen Präsidenten George W. Bush hat, dann sind das alte Zweistromland und Hammurabi einfach überflüssig.

Aber die Amerikaner haben nicht nur zugelassen, daß die kulturelle Identität des irakischen Volkes zerstört wurde, sie haben auch das irakische Wasserministerium plündern lassen, das die 5.000jährigen Erfahrungen der Wasserwirtschaft des Zweistromlandes verwaltete, auf der unsere Kultur – auch die amerikanische Kultur – beruht. All das ist von einer solchen entsetzlichen Barbarei, daß mir davor schaudert. Und ich bedaure meinen Sohn, der in einer Welt leben muß, in der solche Barbaren das Sagen haben. Für mich kann menschliche Gemeinschaft, Frieden, Freiheit nicht auf die Macht, sondern nur auf die Kultur aufgebaut sein. Allein der Befehl an die amerikanischen Truppen, bei der Zerstörung des gewaltigen kulturellen Erbes eines großen Volkes tatenlos zuzuschauen, *beweist* mir – ich bedarf keines anderen Beweises –, daß die Regierung Bush eine Regierung allerschlimmster Barbarei ist.

Und Kultur und Barbarei sind nun einmal, Gott sei Dank, ewig geschieden. Es gibt keine „gemeinsamen Werte" zwischen Kultur und Barbarei. Und ein Kompromiß zwischen Kultur und Barbarei ist *immer* ein sehr fauler Kompromiß. Bush und seine Regierung stellen uns leider vor das existentielle Problem, uns zwischen Kultur und Barbarei zu entscheiden. Ich habe mich entschieden. Und so können Sie sich meine Verzweiflung über die aktuelle amerikanische Politik gar nicht groß genug vorstellen.

Wenn Willy Brandt noch Kanzler wäre

W.W.: Wie beurteilen Sie die deutsche Außenpolitik in der Irak-Frage? War es zuerst Wahlkampfgetöse, und wurde es dann zu einem Nein aus voller Überzeugung?

M. Engelhard: Ich sagte Ihnen schon, daß ich die Entscheidung der Bundesregierung – auch wenn die Vereinten Nationen einem Krieg zugestimmt hätten –, sich nicht an einem Krieg zu beteiligen, als die einzig sittlich richtige empfinde. Eine große Schwäche der Bundesregierung war es allerdings, daß dieses Thema im Laufe des Wahlkampfes – und die Wahl schien schon verloren –, aufgrund von Meinungsumfragen entdeckt wurde.

Ich möchte einmal das gedankliche Experiment anstellen, daß ein Bundeskanzler wie Willy Brandt vor diese Frage gestellt worden wäre und daß er die Politik vertreten hätte, auf gar keinen Fall an einem solchen Krieg teilzunehmen. Dann hätte die Welt ganz anders reagiert! Auch Europa hätte ganz anders reagiert. Man hätte diese Politik nicht als Wahlkampfmanöver beiseiteschieben können. Denn hinter Willy Brandt stand ein Leben für die Freiheit und für die Demokratie. Einen Friedensnobelpreisträger Willy Brandt hätte man nicht einfach abkanzeln können. Gerhard Schröder konnte man dagegen abkanzeln, und das war seine Schwäche. Seine Politik dagegen war richtig.

Daß er einige politische Schlenker gemacht hat, ist nur darauf zurückzuführen, daß er unter unsäglichem politischen Druck stand. Natürlich hat er sich geweigert, daß die Frage, ob amerikanische Flugzeuge vom deutschen Boden aus in den Krieg starten dürfen, vor das Verfassungsgericht kommt; denn ein Angriffskrieg vom deutschen Boden aus ist grundgesetzlich verboten. Das Verfassungsgericht hätte überhaupt gar keine andere Wahl gehabt, als den Abflug amerikanischer Flugzeuge als verfassungswidrig zu beurteilen. In so einem Fall wäre es mit den deutsch-amerikanischen Beziehungen und mit der Stellung Deutschlands in Europa endgültig aus gewesen. Das endgültige Aus Deutschlands in Europa und in den USA hat die CDU in Kauf genommen, um machttaktische Vorteile gegenüber der Regierung zu erspielen, als sie den Gang nach Karlsruhe erwog. Dadurch wäre die außenpolitische Existenz unseres Landes aufs Spiel gesetzt worden, und darin kommt eine Gewissenlosigkeit zum Ausdruck, die mir den Atem verschlägt.

„Ich lasse mich gerne zum Frieden zwingen"

W.W.: Wie stark ist das deutsch-amerikanische Verhältnis gestört, und wie wird es sich in Zukunft weiterentwickeln?

M. Engelhard: Zunächst einmal möchte ich betonen, daß das deutsch-amerikanische Verhältnis nicht von den Deutschen, sondern von den USA gestört worden ist. Wir Deutschen haben uns, auch gegenüber den Amerikanern, verpflichtet, daß vom deutschen Boden kein Krieg mehr ausgehen soll. Dazu haben uns die Amerikaner gewissermaßen gezwungen. Und das ist auch wunderschön, denn ich lasse mich gerne zum Frieden zwingen. Ich finde es ausgezeichnet, daß dieses Land auf Gewalt verzichtet hat. Schließlich haben die Deutschen genügend Verbrechen in der Welt begangen. Aber nun sollen wir, verrückterweise, in der Welt isoliert werden, weil wir nicht aufjubeln, wenn in anderen Ländern die Granaten krachen.

Das Problem ist, daß George W. Bush alles persönlich nimmt und Widerspruch fast als todeswürdige Beleidigung auffaßt. Das ist ein merkwürdiges Demokratie- und Rechtsverständnis. Ich finde das Verhalten der US-amerikanischen Regierung gegenüber der deutschen Regierung – wenn es denn nicht so ernst wäre und so schlimme Konsequenzen hätte – einfach lächerlich, arrogant und albern. Sie verhält sich so wie der Muskelprotz in der Proletenstraße, der jedem, der nicht sofort pariert, einen Faustschlag ins Gesicht versetzt. Das ist die Mentalität der Hinterhöfe.

Das deutsch-amerikanische Verhältnis ist selbstverständlich stark gestört. Zeitgleich mit dem Powell-Besuch in Deutschland im Mai traf sich Roland Koch von der CDU fast wie zufällig mit Bush. Aber auch die USA werden relativ bald feststellen, daß man Deutschland, immerhin die drittgrößte Volkswirtschaft der Welt, hie und da doch braucht.

W.W.: Man braucht sie für die Zukunft genauso wie die UN, z.B. für den Wiederaufbau des Irak.

M. Engelhard: Genau. Man braucht Deutschland auch in Afghanistan. Und bei vielen anderen Projekten braucht man ebenfalls die Unterstützung der Deutschen, auch wenn sie, wie ich innig hoffe, es auch weiterhin ablehnen, sich an amerikanischen Machtkriegen zu beteiligen. Deutschland ist ein Land, das in der Welt durchaus Ansehen genießt und das durch seine Irak-Politik – das vergessen die Kommentatoren oft – bei den meisten Ländern weiter an Ansehen gewonnen hat. Es ist keineswegs so, daß die Weltbevölkerung diesen Irak-Krieg für wunderbar gehalten hätte. Die Mehrheit fast aller Völker war gegen diesen Krieg. Und man hat in der Welt sehr wohl registriert, daß das einzige Land, das sich konsequent gegen diesen Krieg gestellt hat, Deutschland gewesen ist. Wir haben durch die Antikriegshaltung der Bundesregierung Schwierigkeiten mit den USA, teilweise auch in Europa und leider auch im eigenen Land – aber in der Welt hat uns diese Haltung keineswegs „isoliert", im Gegenteil!

Die Spaltung Europas

W.W.: Inwiefern spielten bei Frankreichs und Rußlands Nein zum Krieg ehrliche Gründe gegen den Krieg bzw. egoistische Wirtschaftsinteressen eine Rolle?

M. Engelhard: In diesen Zusammenhängen gibt es keine monokausalen Entscheidungen, denn jedes Land hat seine eigenen Interessen und steht unter besonderen Bedingungen. In Frankreich gibt es einen antiamerikanischen Affekt. Das liegt daran, daß Frankreich seit langem von den USA nicht so richtig ernstgenommen wird. Frankreich ist nun einmal eine Nation, die zumindest nach außen hin ernstgenommen werden will. Und die Irak-Frage war für die Franzosen eine wunderbare Gelegenheit, den USA zu zeigen, daß man ein Partner mit eigener Meinung ist. Und das haben Chirac und Villepin mit großer Rhetorik vorgetragen. Und es hat ihnen ganz offensichtlich auch Spaß gemacht!

Abgesehen davon ist man sich in Frankreich der Auswirkung eines solchen Krieges sehr wohl bewußt, mehr als in den USA, denn in Frankreich leben sehr viele Muslime aus Nordafrika, insbesondere Algerien. Insofern sind innen- und außenpolitische Erwägungen zusammengekommen – nicht zuletzt die rationale Überlegung, daß der Irak-Krieg Folgen haben wird, die überhaupt noch kein Mensch übersehen kann. Und diese Folgen sieht man nun in Algerien, Saudi-Arabien und Marokko. Die Sprengstoffanschläge der letzten Tage sind eine direkte Folge des Krieges. Solche Anschläge hat man ungern im eigenen Land. Deswegen war es eine vollkommen rationale Entscheidung der Franzosen, den Krieg abzulehnen.

W.W.: Und wie steht es mit Rußland?

M. Engelhard: Ich respektiere die Haltung Putins in der Irak-Frage außerordentlich. Die außenpolitischen Schranken, die Rußland gesetzt sind, gegen die USA Stellung zu nehmen, sind ziemlich eng. Man darf auch nicht vergessen, daß die für Rußland wichtigste Existenzgefahr von China ausgeht. Darüber hinaus glaube ich ohnehin, daß die derzeitigen weltweiten Konflikte mehr und mehr auf eine Auseinandersetzung zwischen den Vereinigten Staaten und China hinauslaufen. Putin kann dem Druck der USA nur bedingt standhalten: Er muß, um seine Wirtschaft aufzubauen und seine staatliche Existenz und territoriale Integrität zu sichern, mit den Vereinigten Staaten zusammenarbeiten. Unter diesen Umständen war die Haltung Putins das Optimum dessen, was er zur Wahrung des Friedens und zur Verhinderung des Krieges beitragen konnte.

W.W.: Wie stark ist Europa beschädigt, weil es in der Irak-Frage nicht mit einer Stimme gesprochen hat?

M. Engelhard: Sehr! Die Spaltung Europas ist nicht von Deutschland ausgegangen, sondern von Großbritannien. Hier stellt sich die Frage, warum England diese Politik betrieben hat. Voraussichtlich aus antieuropäischen Ressentiments. Tony Blair glaubt, daß seine unbedingte Vasallentreue zu den USA eine Vergrößerung seines europapolitischen Spielraums zur Folge hat.

W.W.: Sind das die einzigen Gründe?

M. Engelhard: Ich halte das für die wesentlichsten Gründe. Man möchte in Europa eine eigene, von der EU nicht beeinflußbare Rolle spielen. Und genau das haben die Engländer in ihrer Haltung zum Irak-Krieg getan. Und wenn ich höre, daß Tony Blair nach dem Krieg für eine unipolare Welt eintritt, in der ausschließlich die Vereinigten Staaten zu bestimmen haben, so ist das eine für mich vollkommen uneuropäische Einstellung. Denn Europa sollte das Ziel haben, sich als gleichgewichtiger und gleichrangiger selbständiger Partner den USA an die Seite zu stellen.

Darüber hinaus hat die Vasallentreue Tony Blairs den für Großbritannien hübschen Nebeneffekt, daß Großbritannien bei der Verteilung des irakischen Öls mit Sicherheit bevorzugt behandelt werden wird.

W.W.: Aber sie wollen doch über kurz oder lang in die Europäische Währungsunion, auch wenn sie gerade mal wieder die Euro-Einführung verschoben haben.

M. Engelhard: Aber doch nicht, weil sie Europa lieben, sondern weil es für die eigene Wirtschaft Folgen haben wird, wenn man sich weiterhin von Europa wirtschaftlich isoliert. Aber diese wirtschaftlich-rationalen Gründe haben mit der Außenpolitik wenig zu tun. Wenn Großbritannien nicht von Anfang an so prononciert die amerikanische Außenpolitik unterstützt hätte, dann wären auch nicht die Spanier und Polen in das gleiche Boot gestiegen. Die Spaltung Europas ging von England aus.

Normalerweise nimmt eine Regierung die Grundeinstellung der Menschen ernst und führt keinen Krieg, wenn mindestens 80 % der Bevölkerung dagegen sind. Deshalb müssen erhebliche Zusagen an José María Aznar gemacht worden sein, daß er gegen den überwiegenden Teil der spanischen Bevölkerung Krieg geführt hat. Und er hat im Grunde keinen einzigen Spanier von seiner Haltung überzeugen können.

„Wenn der Löwe brüllt, dann kuschen die Mäuse"

W.W.: Wie beurteilen Sie solche Länder wie Polen und Dänemark, die als Kriegsmächte in den Krieg eingetreten sind und jetzt als Siegermächte daherschreiten?

M. Engelhard: Wenn der Löwe brüllt, dann kuschen die Mäuse. Sie sind auf den fahrenden Machtzug aufgesprungen, weil sie sich davon Vorteile versprachen. Dabei mag jedoch auch Verärgerung über die mit den kleineren Mitgliedsländern der EU nicht abgesprochenen Erklärungen

Deutschlands und Frankreichs eine Rolle gespielt haben. So richtig ich die Entscheidung der Bundesregierung ihrer Substanz nach halte, so laienhaft und unprofessionell ist sie inszeniert worden.

Der militärische Sieg der USA zeigt jetzt schon – wen wundert's? – Wirkung. Schauen Sie sich an, wie demütig der Iran die Unterstützung der Schiiten im Irak leugnet und wie eifrig man dort und in Syrien jetzt jeden Tag versichert, den Kampf gegen den Terrorismus zu unterstützen. Wenn man Hunderttausende von US-Amerikanern mit den mächtigsten Waffen der Erde vor der eigenen Haustür stehen hat, bleibt einem gar nichts anderes übrig. Das aber ist kein Erfolg der amerikanischen Politik. Es gibt nichts, was sich ein Volk mehr merkt, als wenn es erpreßt wird. Und sie werden die erste Gelegenheit wahrnehmen, sich dafür zu rächen. Zur Zeit ist es allerdings nicht absehbar, wann diese Gelegenheit sich bietet. Aber irgendwann wird sie sich ergeben.

W.W.: Aber Polen und Dänemark sind freiwillig in die Koalition der kriegsführenden Mächte eingetreten.

M. Engelhard: Natürlich, denn sie haben sich davon Vorteile versprochen. Gerade bei den Polen ist es mir vollkommen unverständlich. Während der Nazizeit mußte die angebliche Besetzung des Senders Gleiwitz, die von der SS inszeniert wurde, als Rechtfertigung für den Einmarsch der Deutschen in Polen herhalten. Es gibt kein Volk auf der Welt, das unter den Folgen des Aggressionskrieges der Deutschen so gelitten hat wie die Polen. Deshalb ist es für mich ganz und gar unverständlich, wie die Polen das so vollkommen vergessen haben. Das ist psychologisch sehr erstaunlich und befremdend. Wenn ein Volk wissen muß, was ein Angriffskrieg ist und was ein Vorwand für einen Angriffskrieg ist, dann sind es die Polen. Mein Leben lang war ich ein tiefer Freund Polens. Vor kurzem noch habe ich die herrlichen Krim-Sonette von Adam Mickiewicz übersetzt. Aber der Kriegseintritt Polens hat eine kalte Dusche über meine Polenfreundschaft gegossen.

Die gesamte Welt ist schwächer als die USA

W.W.: Unternehmen wir einen Rückblick bis zur Jahreswende 2002/03. Hätte der Krieg in dieser Phase noch von der Weltgemeinschaft verhindert werden können?

M. Engelhard: Nein. Das merkte man bereits daran, daß die USA von Tag zu Tag deutlicher gemacht haben, daß sie die Meinung des Weltsicherheitsrats und der übrigen Welt nicht interessiert. Von Anfang an haben sie proklamiert, daß sie gerne mit den Vereinten Nationen zusammenarbeiten würden, aber nur, wenn sie parieren. Und wenn sie nicht parieren, dann handeln sie ohne sie. Darüber haben sie eigentlich nie den geringsten Zweifel gelassen. Es gibt nicht eine einzige Äußerung aus den USA, daß man sich dem Votum der Vereinten Nationen fügen würde, wenn der Weltsicherheitsrat sich gegen den Krieg aussprechen würde. Die Rolle, die die USA den Vereinten Nationen zuweisen wollen, ist die Absegnung ihrer Machtpolitik.

Der Krieg war also nicht zu verhindern. Die Welt ist – das muß man klar erkennen – wegen ihrer in alle Himmelsrichtungen divergierenden Interessen schwächer als die Vereinigten Staaten. Das ist die hauptsächliche historische Lehre für die nächsten 20 Jahre.

Freiheit und Demokratie für das irakische Volk

W.W.: Viele Exil-Iraker begrüßen den Militärschlag und betonen, ein solch brutales Regime wie das von Saddam Hussein müsse beseitigt werden. Können Sie sie verstehen?

M. Engelhard: Im Irak selbst werden die Vereinigten Staaten voraussichtlich ein Puppensystem von habgierigen und von den USA abhängigen Exil-Irakern errichten. Diese werden sich unter den wohlwollenden Blikken Washingtons auf Kosten des irakischen Volkes unermeßlich bereichern. Und sie werden, unter der Maske einer schäbigen Demokratie, den USA alle Ölrechte einräumen, die diese nur haben wollen. Mit Demokratie und Freiheit hat das alles überhaupt nichts zu tun. Mich überkommt einfach Ekel, wenn ich die Worte „Freiheit und Demokratie" aus dem Munde der amerikanischen Regierungsvertreter gegen das halte, was sie tun bzw. nicht tun. Man braucht sich nur vor Augen zu halten, wie die Grundlagen der kulturellen Identität des irakischen Volkes unter den Augen der amerikanischen Truppen vernichtet worden sind. Denn die Freiheit eines Volkes ist zunächst und wesentlich doch nichts anderes als die Freiheit zur eigenen kulturellen Identität. Wird diese vernichtet, dann bringe ich keine Freiheit, sondern Knechtschaft. Das Verhalten der Amerikaner vor dem Nationalmuseum in Bagdad beweist, daß sie kein wirklich freies irakisches Volk wünschen und anstreben, sondern ein Volk, das sklavisch auf die absurdesten Wünsche der amerikanischen Regierung mit „Jawoll, Herr Präsident!" reagiert.

Donald Rumsfeld hat freimütig bekannt, daß Washington einen theokratischen irakischen Staat nicht zulassen werde. Nun sind aber 65–70 % der Iraker fromme Schiiten. Und was passiert, wenn nun, sagen wir mal, 55 % der irakischen Bevölkerung, eben die Mehrheit dieser frommen Schiiten, einen theokratischen Staat wünschen und für ihn votieren? Dann wird sich Rumsfeld mit seinen Panzern und Flugzeugträgern, seinen zielgenauen Raketen und Kampfbombern, seinen Panzern und Granaten einen Dreck darum scheren. In dieser Ankündigung Rumsfelds kommt also sein Demokratieverständnis, sein tiefer Respekt vor anderen Kulturen und Religionen vollendet zum Ausdruck. Ein theokratischer Staat entspricht nicht amerikanischen Vorstellungen von Freiheit, und folglich wird er unterbunden. Was irakische Freiheit ist, wird in Washington bestimmt und entschieden. Die Iraker haben darüber nicht zu befinden.

W.W.: Wie stellt sich diese Haltung aus Sicht der Muslime dar?

M. Engelhard: Für einen gläubigen und frommen Schiiten sieht das aber ganz anders aus. Für ihn ist Freiheit, ungehindert nach den Geboten, die der Prophet im Koran verkündet hat, in einer Gesellschaft leben zu können, wie sie der Prophet für richtig und gottgefällig hielt. Und der Prophet Mohammed war nun, das vergessen wir im Westen meistens, nicht nur der Gründer einer der großen Weltreligionen, sondern auch der Gründer und das weltliche Oberhaupt eines mächtigen Weltreiches. Und dieses vom Propheten gegründete Weltreich war ein theokratischer Staat. Nun hält ein gläubiger Muslim alles, was der Prophet gesagt und getan hat, für absolut richtig, weil es ihm, so glaubt der fromme Muslim, direkt von Gott höchstpersönlich eingegeben worden ist. Eben darin besteht sein Glaube. Alle Übel der Welt, und so auch die USA und der gesamte Westen, kommen für ihn daher, daß die Welt eben nicht so eingerichtet ist, wie es der Prophet gewollt hat. Also muß man dafür sorgen, daß die Welt wieder so eingerichtet wird, wie der Prophet sie seinerzeit eingerichtet hat, als der Islam einen großen Teil der Welt beherrschte.

Mit dieser Sicht der Dinge ist Washington aber nicht einverstanden. Ich bin damit auch nicht einverstanden. Aber ich gestehe, als Demokrat, einem frommen Muslim zu, so zu denken und alle seine geistigen, wirtschaftlichen und menschlichen Kräfte für dieses Ziel einzusetzen, genau so, wie ich für mich das Recht in Anspruch nehme, alle meine Kräfte dafür einzusetzen, daß die Welt so eingerichtet ist, wie ich es für richtig halte. Und das unterscheidet mich eben von Herrn Bush.

Gut gegen Böse und Gut gegen Böse

W.W.: Inwiefern gleichen sich die politischen Positionen und Wirkensrichtungen von George W. Bush und Osama bin Laden?

M. Engelhard: George W. Bush spricht Auffassungen, die den seinen widersprechen, das Recht ab zu existieren. Genau wie Osama bin Laden. Die beiden gleichen sich ideologisch wie ein Ei dem anderen. Die Welt beider ist phantastisch einfach in jeweils zwei Hälften eingeteilt: Die eigene Hälfte ist die gute, und die andere Hälfte ist die böse. Und die jeweils gute Hälfte hat die verdammte Pflicht und Schuldigkeit, die jeweils böse andere Hälfte zu vernichten. Das ist zwar putzig, bestimmt aber, leider, den gegenwärtigen höchst gefährlichen Zustand der Welt. George W. Bush und Osama bin Laden sind noch nie auf die Idee gekommen, daß es außer ihrer Sicht der Dinge auch noch eine ganze Menge anderer Sichten gibt, die nicht besser und nicht schlechter, sondern nur eben anders sind und die, genau wie die eigene Sicht, das gleiche Recht haben zu existieren. Und das kommt halt daher, daß sie ihre Sicht der Dinge für die *einzig wahre* halten. Und deswegen ist sie allen anderen *überlegen.* Und weil sie allen anderen überlegen ist, spüren George W. Bush und Osama bin Laden vor dem Weltgeist die dringende Verpflichtung, die ganze Welt mit ihrer Sicht der Dinge zu beglücken. Und wenn die übrige Welt sich nicht freiwillig beglücken läßt, dann muß sie eben mit Gewalt beglückt werden.

Tiefschlaf für die kreative Phantasie

Diese Fehlschlüsse beruhen auf zwei elementaren Defiziten: einem Mangel an Wissen um die Welt, wie sie ist und geworden ist, und einem Mangel an Phantasie. Und diese Defizite sprießen aus einer gemeinsamen Wurzel: einer maßlosen Selbstüberschätzung. Da man davon überzeugt ist, als einziger zu wissen, was die Welt wirklich beglücken kann, braucht man sich um andere Glücksvorstellungen nicht zu kümmern – und kümmert sich auch nicht darum. Folge: Ignoranz der sehr vielfarbigen Welt. Und da man die richtige Sicht der Dinge ja schon hat, ist es unnötig, über andere Lösungsmöglichkeiten der Weltprobleme nachzudenken. Folge: Tiefschlaf der für die Organisation des Friedens in der Welt unerläßlichen kreativen Phantasie.

Prallen nun zwei solcher entsetzlich simplen und dummen Weltbilder aufeinander, dann müssen sich natürlich die Leichenberge häufen. Und das ist genau das Schauspiel, das gegenwärtig vor unseren Augen abrollt. Osama bin Laden: 11. September 2001. George W. Bush: Irak-Krieg. Wobei allerdings nicht vergessen werden sollte, daß der Kampf gegen den Terrorismus überschlägig 20mal mehr unschuldigen Menschen das Leben gekostet hat als der 11. September; „Kollateralschäden", wie das freiheitliche Wort dafür lautet.

W.W.: Was müssen wir statt dessen tun?

M. Engelhard: Wir werden den Frieden nur gewinnen, wenn wir begreifen, daß andere Denkweisen das gleiche Existenzrecht haben wie unsere eigenen. Selbstverständlich erkenne ich an, daß der amerikanische „Way of life" der beste der Welt ist – für die Amerikaner, aber *nur* für die Amerikaner. Für niemanden sonst. Und so ist die europäische Sichtweise der Welt sicherlich die allerbeste – für die Europäer, *nur* für die Europäer.

Natürlich wird im Westen jeden Tag 100mal erklärt, daß wir andere Kulturen respektieren. Aber wenn wir das täten, dann würden wir über andere Kulturen auch wirklich nachdenken. Aber das tun wir nicht.

Der Wiedereintritt der Religion in die Weltpolitik

Haben wir z.B. jemals ernsthaft über die demokratische Legitimität des Chomeini-Regimes im Iran nachgedacht? Ich habe nicht den Eindruck. Das hätten wir aber tun müssen. Die Vertreibung des Schahs und die Errichtung des iranischen Gottesstaates bezeichnen ein neues und eminent wichtiges Faktum der neueren Geschichte: den Wiedereintritt der Religion in die Weltpolitik. Und damit hätten wir uns geistig auseinandersetzen müssen.

In den westlichen Medien wurde der iranische Gottesstaat Chomeinis durchweg als eine bösartige Diktatur dargestellt. Denn so erschien er uns aus unserer westlichen Sicht. Aber er war keine „Diktatur" in der Sicht der übergroßen Mehrheit des iranischen Volkes. Doch der Westen konnte sich einfach nicht vorstellen, daß ein solches Regime tatsächlich dem Willen des Volkes entsprach. Man glaubte, wenn es von außen angegriffen wird, würde es wie ein Kartenhaus zusammenbrechen, weil alle Menschen ja insgeheim die „Freiheit" (im westlichen Sinne, versteht sich) lieben. Also inszenierten die Amerikaner den Iran-Irak-Krieg. Aber das Chomeini-Regime brach nicht zusammen – im Gegenteil: Das ganze iranische Volk, jung und alt, schloß sich in der Stunde der Gefahr um seinen höchstverehrten geistlichen und politischen Führer Chomeini zusammen, genau so, wie sich die Amerikaner heutzutage um Präsident Bush scharen. Es erwies sich: Kaum ein Regime in der Welt ruhte so sicher auf dem Willen der übergroßen Mehrheit des iranischen Volkes wie das Chomeini-Regime, d.h. es war „demokratisch legitimiert", obwohl etwas fundamental anderes dabei herauskam als das, was wir im Westen unter Demokratie verstehen. Das hätte für jeden Demokraten ein Anlaß zum Nachdenken sein müssen. Denn der Wille jedes Volkes verdient Respekt und Achtung, zumal, wenn er auf so ehrwürdigen Grundlagen wie dem Koran des Propheten Mohammed beruht.

Goethe sprach einmal davon, daß „er jene heilige Nacht zu feiern gedenke, in der der Koran dem Propheten von oben her gebracht wurde." Das ist die Haltung der Kultur, eine Haltung, zu der ich mich als der einzigen, die Frieden möglich macht, bekenne. Rumsfeld aber sagt, daß er einen theokratischen Staat im Irak nicht zulassen werde. Das ist die Haltung der Barbarei, die notwendig zu Blut und Morden führt.

„Klüger als der liebe Gott"

Unter der Macht der Kanonen, Granaten und Flugzeugträger der USA wird im Irak demgemäß wahrscheinlich eine Scheindemokratie eingerichtet werden, die den Willen des Volkes beiseiteschiebt. Die Religion dieser Menschen wird einfach als störend empfunden. Eigentlich bräuchten sie aus Sicht der USA jetzt nur noch den Koran zu vergessen. Denn George W. Bush ist ja klüger als der Prophet Mohammed. Aber Mohammed hat seinen Koran durch den Erzengel Gabriel auf Befehl Gottes erhalten. Insofern ist Bush auch klüger als der liebe Gott. Und das müssen die Iraker jetzt endlich begreifen.

Die Befreiung des Volkes als willkommener Nebeneffekt

W.W.: Ich denke jetzt aber auch an die Exil-Iraker, die nicht in einem zukünftigen irakischen Regime an die Macht kommen werden, sondern die sich hier in Deutschland in der Presse äußern. Auch sie argumentieren, es sei wunderbar von den USA gewesen, daß man den Irak auf diese Weise gewaltsam befreit habe, und alle diejenigen, die den Krieg verhindern wollten oder sich zu Friedensdemonstrationen getroffen haben, werden als Unterstützer Saddam Husseins tituliert. Warum argumentieren diese Leute so?

M. Engelhard: Objektiv ist es natürlich so, daß diese Menschen nicht mehr um das Leben ihrer Angehörigen im Irak fürchten müssen. Daß das Saddam-Regime entsetzlich war, wußte man seit langem und sieht es jetzt wieder, wenn die Schiiten ihre Tausende von toten Angehörigen ausgraben, die Saddam, unter den Augen der amerikanischen Truppen, hat hinmorden lassen. Ich möchte nicht so mißverstanden werden, daß ich Saddam Hussein in irgendeiner Weise verteidige. Es ist nur zu verständlich, daß die geflüchteten Exil-Iraker über die Beseitigung Saddams und seines furchtbaren Regimes erfreut sind.

Aber was sie scheinbar ignorieren, ist die Tatsache, daß dieser Krieg nicht geführt wurde, um das irakische Volk zu befreien. Das ist nichts als Volksverdummung. Auch der Vorwand der Massenvernichtungswaffen war nur ein vorgeschobener Kriegsgrund. Die Befreiung des irakischen Volkes ist ein höchst willkommener Nebeneffekt, war aber nicht das Ziel. Das hat man auch schon 1991 gesehen, als man die Schiiten zum Aufstand gegen Saddam Hussein aufrief, sie dann aber fallen ließ, so daß sich Saddam Hussein blutig an ihnen rächen konnte. Es sind die Leichen dieser Schiiten, die in diesen Tagen aus den Gräbern im Irak ausgegraben werden.

W.W.: Wenn man der Argumentation der USA in bezug auf die Kriegsgründe gegen den Irak folgen würde, müßte man dann nicht mit gleichem Recht auch gegen Nordkorea, Usbekistan, China, fast ganz Afrika und andere Diktaturen vorgehen?

M. Engelhard: Natürlich. Wenn es um die Beseitigung blutiger und brutaler Diktaturen ginge, dann hätten die USA in der Vergangenheit unendlich viel Gelegenheit dazu gehabt. Man hätte z.B. Batista auf Kuba zur Ordnung rufen können oder Noriega in Panama, Somoza in Nicaragua, Pinochet in Chile, Suharto in Indonesien usw. usw. Diktatoren und furchtbarste Massenmorde, Folterungen und all die Schrecknisse der Geheimdienste übelster Diktatoren störten die USA jedoch solange nicht im geringsten, wie die Profite amerikanischer Shareholder davon nicht berührt wurden. Und Batista z.B. war klug genug, reichen Amerikanern in Havanna die schönsten Luxushotels mit den dazugehörenden Tänzerinnen zu überlassen. Nein, die Beseitigung des furchtbaren Saddam-Regimes und damit das Ende seiner Grausamkeiten gegen das eigene Volk ist ein höchst erwünschter Nebeneffekt, mit dem man die rücksichtslose Verfolgung eigener Machtinteressen hübsch bemänteln kann.

Man denke doch nur an die Tatsache, daß die USA jahrelang die Somoza-Anhänger mit Waffen und Geld unterstützten, um die Sandinisten, die diesen entsetzlichen Verbrecher endlich vertrieben hatten, zu bekämpfen. Also daß es den jeweiligen US-Regierungen um die Menschenrechte oder gar die Freiheit der Völker geht, ist nun wirklich eine Mär, die die Geschichte der letzten 50 Jahre schon lange widerlegt hat.

Kein Geld, um 50 Millionen Menschen vor dem Tode zu bewahren

Gestern habe ich nochmals Zahlen gehört. 50 % der Menschen in der sogenannten Dritten Welt sterben an drei Krankheiten: Aids, Tuberkulose, Malaria. Um diese Krankheiten aufzuhalten, fehlen in der Dritten Welt Medikamente – Kofi Annan hat die Mittel gerade beantragt – von 10 Milliarden Dollar pro Jahr. Mit diesen 10 Milliarden könnte man alle diese Menschen medizinisch versorgen. In der industrialisierten Welt stirbt an diesen drei Krankheiten lediglich ein Prozent. Die Dritte Welt kann die benötigten Pharmazeutika nicht zahlen. Dort ist für die Pharma-Konzerne kein Markt. Infolgedessen läßt die reiche Erste Welt diese Menschen krepieren. Auf den Aufruf Kofi Annans gegen ganz elementare und bekämpfbare Krankheiten – Tuberkulose und Malaria sind weitgehend heilbar, Aids ist in der Zwischenzeit zumindest therapeutisch zu behandeln – sind lediglich 3 Milliarden Dollar zusammengekommen.

Der Zusatzhaushalt der USA für den Irak-Krieg betrug dagegen 750 Milliarden Dollar. Es kann sein, daß der gesamte Krieg 2–3 Billionen Dollar kosten wird. Das ist das 200–300fache dessen, was nötig wäre, um 50 Millionen Menschen vor dem Tode zu bewahren. So sieht die Freiheit aus, die der Westen der Menschheit bringt! Meines Erachtens ist die Demokratie, verbunden mit ihrer Wirtschaftsideologie, geistig derzeit gar nicht in der Lage, derartige Probleme in der Welt zu lösen. Wenn ich mir diese ungeheuren Disproportionen anschaue: 10 Milliarden Dollar, die auf der einen Seite fehlen, um 50 Millionen Menschenleben zu retten; auf der anderen Seite 2 Billionen Dollar, um ein paar 1.000 Menschen zu töten – dann kann da wirklich etwas nicht stimmen. Das ist ein System, das unsinnig und idiotisch ist.

(Anmerkung: In der Zwischenzeit hat die amerikanische Regierung verkündet, daß sie 12 Milliarden Dollar für die Bekämpfung von Aids, insbesondere in Afrika, zur Verfügung stellen wolle. Ich vermute, daß Colin Powell hinter diesem geschickten Schachzug steckt. Die USA haben es aus Image-Gründen zur Zeit sehr nötig, als Menschenfreunde zu erscheinen. Welche Mentalität in Wirklichkeit dahintersteckt, erkennt man, wenn man sich daran erinnert, daß die USA ihre Aids-Hilfe für Afrika gestrichen haben, weil die Verteilung von Kondomen angeblich sittlich nicht zu rechtfertigen sei. Jetzt auf einmal!)

Die lautlose Politik Chinas

W.W.: Haben die USA durch diesen Krieg die Atomwaffenaufrüstung vieler Länder gefördert, die nun auch mit einem Angriff rechnen müssen?

M. Engelhard: Hier ist zu unterscheiden zwischen den Ländern, die gegenwärtig einen Angriff der USA befürchten müssen, wie Iran, Libyen, Syrien, also den „Schurkenstaaten" und anderen, die dieser Gefahr noch nicht ausgesetzt sind, wie z.B. China, das sich selbstverständlich auch atomar auf die mit Sicherheit kommende Auseinandersetzung mit den USA vorbereitet. Die „Schurkenstaaten" werden sich jedoch, wie ich glaube, zunächst mit ihrer atomaren Aufrüstung zurückhalten, da sie den Vorwand für einen amerikanischen Überfall bilden würde.

W.W.: Aber die atomaren Waffen würden eventuell vor einem Angriff schützen.

M. Engelhard: Das stimmt allerdings. Aber was diese Länder momentan hauptsächlich bewegt, ist die Angst vor der amerikanischen Ungnade. Alle diese Länder bemühen sich momentan darum, einen amerikanischen Angriff zu vermeiden oder zumindest hinauszuschieben. Und so verhalten sie sich ganz gehorsam. Die Nordkoreaner? Man fragt sich ja in letzter Zeit ständig, warum die USA nicht in Nordkorea eingreifen, da man dort ganz offiziell zugegeben hat, Atombomben und Atomraketen zu besitzen und zu entwickeln. Warum wird mit diesem Land verhandelt und nicht Krieg geführt? Ich bin fest davon überzeugt, daß die lautlose und weise Führung Chinas gegenwärtig den Vereinigten Staaten alle Eskapaden und Kapriolen durchgehen läßt – bis auf eine Ausnahme: einen amerikanischen Krieg an den chinesischen Grenzen.

So etwas wird natürlich nicht nach außen hin gesagt, man hält sich vornehm zurück, weil die Amerikaner nicht ihr Gesicht verlieren sollen. Die Chinesen brauchen sie noch für absehbare Zeit, um ihre Wirtschaft und deren moderne wissenschaftliche und technologische Voraussetzungen zu entwickeln. Aber das Veto Chinas ist sicher der wichtigste Grund, warum gegen Nordkorea nichts geschieht. Das bringt die amerikanische Regierung in nahezu komische Argumentationsschwierigkeiten, die niemand so richtig ernst nehmen kann. Sicher ist, daß jede Regierung, die die

Frage, warum gegen Nordkorea nicht militärisch vorgegangen wird, allzu laut stellt, ihre Beziehungen zu Washington radikal verschlechtert.

Die Welt fürchtet die USA

W.W.: Werden sich in Zukunft andere Länder auch über die UN hinwegsetzen, sich auf den US-Feldzug gegen den Irak berufen und andere Staaten widerrechtlich angreifen, z.B. China Taiwan?

M. Engelhard: Das glaube ich eigentlich nicht. Dieser Krieg hat enorme Auswirkungen auf das Ansehen der USA in der Welt. Die USA, Bush und seine Regierung sind durch diesen Krieg in eine Position gekommen, die vor einem Jahr noch vollkommen undenkbar war. Vor einem Jahr waren die USA vielleicht noch die respektierteste Demokratie der Welt. Und die einzigen Gefühle, die man heute gegenüber den USA hat, sind die der Ohnmacht, der Angst und der Wut. Die Wut darf man zudem nicht zeigen, und sie wird deshalb ständig steigen. Der außenpolitische Schaden, den dieser Krieg den USA zugefügt hat, ist immens; aber darüber redet kaum ein Mensch. Denn die USA haben gesiegt, und die anderen haben Angst. Die Welt fürchtet jetzt die USA. Und es wird sehr lange dauern, bis man wieder Vertrauen in irgendein Wort einer amerikanischen Regierung setzen wird. Man glaubt ihr einfach nicht mehr.

Ich denke, daß es die Politik der meisten Länder der Welt – insbesondere Chinas – sein wird, sich strengstens an die Regeln der Vereinten Nationen zu halten, allein schon deswegen, um die USA in ihrem Dilemma stehenzulassen. Das ist die wirksamste Waffe. Wenn ich heute höre, daß wir neues Vertrauen in die USA fassen sollten, wie Johannes Rau es ausgedrückt hat, dann kann ich nur sagen: Mein Vertrauen ist vollkommen verschwunden.

„Eine alte Kultur wurde barbarisch zerstört“

W.W.: Die USA haben die Genfer Konvention unterschrieben. Haben sie während des Krieges gegen diese verstoßen?

M. Engelhard: Selbstverständlich. Sie waren völkerrechtlich verpflichtet, die Kulturgüter des Irak zu schützen.

W.W.: Warum haben Sie es nicht gemacht?

M. Engelhard: Man kann mit einem islamisch geprägten Irak nichts anfangen. Und nun wird den Irakern eine Freiheit aufoktroyiert, die für den gläubigen Muslim die Freiheit zu Pornofilmen, Schweinefleisch und Whiskey, alles Teufelswerk, bedeutet.

W.W.: Aber die Kulturgüter des Irak sind doch zu großen Teilen keine islamischen.

M. Engelhard: Die alten mesopotamischen, chaldäischen, persischen, römischen etc. Kulturgüter gehören auch zur Identität des derzeitigen islamischen Landes, auch wenn sie aus einer Zeit vor dem Islam stammen. Die gesamte vieltausendjährige Geschichte des Landes gehört zur Prägung des heutigen irakischen Volkes. Das Land wird nun zu einem Werkzeug der amerikanischen Politik gemacht. Dazu ist es notwendig, in den USA gedruckte und gekaufte Schulbücher in den Irak zu liefern, damit die Iraker lernen, Thomas Jefferson als ihren neuen Propheten anzubeten. Und dabei stört das Koran-Institut mit den Handschriften aus dem 8. und 9. Jahrhundert. Das ist die Barbarei selbst.

Mir ist auch in der Neuzeit, also in den letzten 500 Jahren, kein Akt einer solcher Barbarei bekannt wie die Plünderungen des irakischen Nationalmuseums, des Nationalarchivs, der Nationalbibliothek und des Koran-Instituts unter den Augen der amerikanischen Truppen. Selbst die scheußliche Bücherverbrennung der Nazis in Berlin war lediglich ein ekelhafter symbolischer Akt. Zwar wurden die Bücher von Heinrich Mann u.a. verbrannt, aber sie waren schließlich auf der ganzen Welt verbreitet. Sein Werk konnte man nicht zerstören. Aber in Bagdad wurden die unersetzbaren Originalhandschriften des Koran-Instituts verbrannt. 80 % der Schätze des Nationalmuseums sind auf Nimmerwiedersehen verschwunden. Alle Kataloge in Karteien und Computern sind vernichtet. Man kann noch nicht einmal mehr rekonstruieren, was vorhanden war. Die wichtigsten Grundlagen zur Erforschung der Geschichte des Zweistromlandes, einer Wiege unserer eigenen Kultur – übrigens auch der amerikanischen – sind endgültig zerstört.

W.W.: Das Bild, welches mir aus dem Irak-Krieg am nachhaltigsten im Bewußtsein haften geblieben ist – mehr noch als alle Greuel –, ist ein weinender Mann, ein Aufseher des Nationalmuseums, der angesichts der Plünderungen und Zerstörungen erklärte, daß er sich für seine Landsleute so furchtbar schäme und daß er ohnmächtig gewesen sei und nichts gegen die vielen Plünderungen und Zerstörungen unternehmen konnte.

M. Engelhard: Ja, das ist erschütternd. Es gibt auch von einem schwedischen Archäologen, der sich als menschliches Schutzschild vor die Zerstörungen gestellt hat, überaus deutliche Berichte über das, was dort passiert ist. Sie sind im *Dagens Nyheter* erschienen. Auch die *Washington Post* hat außerordentlich klar berichtet. Die drei führenden Berater der US-amerikanischen Regierung in Kulturfragen sind wegen dieser Zerstörungen aus Protest zurückgetreten.

W.W.: Was ist genau geschehen?

M. Engelhard: Die amerikanischen Soldaten sind mit Panzern durch die Straßen gefahren und haben auf Arabisch ausrufen lassen, daß die Menschen jetzt überall plündern könnten. Dann haben sie mit ihren Panzern die Tore der Universitäten, Schulen, Krankenhäuser und Verwaltungsbauten eingerammt, und hinterher strömte die plündernde Menge. Und die ehrbaren Iraker standen weinend und voller Scham daneben. Sicherlich wird es auch viele amerikanische Millionäre geben, die verschiedene dieser Kulturschätze erworben haben oder es noch tun werden, nicht weil sie etwas von Kultur verstehen, sondern weil sie auf die Wertsteigerung spekulieren. In diesen unsicheren Zeiten ist es womöglich sicherer, eine Statue von Hammurabi als eine Aktie zu besitzen. Dieser Kreis von reichen Privatanlegern kämpft seit Jahren in den USA dafür, daß das Gesetz, das den Ankauf gestohlener Kulturgüter aus anderen Ländern verbietet, aufgehoben wird. Die völlig richtige Politik des Saddam Hussein-Regimes, keinerlei Kulturgüter aus dem Land zu lassen, wurde von ihnen als barbarisch verurteilt. Und das sind die Menschen, mit denen Bush Tee trinkt. Aber in diesem Falle war Saddam wohl ein bißchen kultivierter als seine amerikanischen Kritiker.

„Noch nie habe ich mich so angelogen gefühlt"

W.W.: Es gibt gewisse Parallelen des Irak-Krieges 2003 zu dem zweiten Golfkrieg 1991. Auch damals wurde die Weltöffentlichkeit mit Fälschungen getäuscht ...

M. Engelhard: Die weinende Tochter des kuwaitischen Botschafters ...

W.W.: ... in dem Film über die angeblich in der kuwaitischen Säuglingsstation wütenden Iraker sowie Satellitenbilder von angeblichen Truppenkonzentrationen im Herbst 1990 vor der saudischen Grenze, aufgrund derer die USA sich als Schutzmacht Saudi-Arabiens etablieren konnten. Sind derzeit Fälschungen ein gängiges Mittel der Politik?

M. Engelhard: Ganz offensichtlich. Ich habe mich noch nie in meinem Leben so massiv und so oft angelogen gefühlt wie in diesem letzten halben Jahr. Vorgestern habe ich z.B. in den Nachrichten gesehen, wie die Israelis ein Haus der Palästinenser zerstört haben, wobei ein palästinensischer Junge zu Tode kam. Die deutschen Nachrichten brachten als Kommentar, daß Scharon bzw. die israelische Regierung behaupte, daß in diesem Haus auf Israel abgeschossene Raketen produziert worden seien. Haben Sie schon einmal etwas von palästinensischen Raketen gehört?

W.W.: Nein.

M. Engelhard: Können Sie sich vorstellen, welchen Aufschrei es in der Welt gäbe, wenn die Palästinenser Raketen hätten, die sie auf Israel abschießen? Und so eine Nachricht wird unkommentiert von unseren Fernsehsendern verbreitet. Dem fernsehenden Publikum soll subkutan untergejubelt werden, daß die Israelis schon ganz recht haben, wenn sie Kinder töten. Denn Raketen in den Händen von Palästinensern, das wäre ja das Ende der Welt. Aber sie haben ja überhaupt keine Raketen. Raketen hat nur Israel, das sie denn ja auch höchst wirksam zur Bekämpfung der bösen Terroristen einsetzt. Und dabei gehen halt auch Kinder drauf.

W.W.: Warum gibt es in Palästina Selbstmordattentäter?

M. Engelhard: Aus dem ganz einfachen Grunde, weil die Palästinenser eben keine Raketen haben. Neulich las ich, daß bei der Intifada 700 Israelis, aber über 2.000 Palästinenser getötet worden sind. Und kein Mensch stellt die Frage nach diesen Proportionen. Ganz offensichtlich ist das Leben eines Israeli dreimal so viel wert wie das eines Palästinensers. Die Feigheit, derart auf der Hand liegende elementare Fragen nicht zu stellen – wie stehen wir zu dem Faktum, daß über 2.000 Palästinenser gegenüber 700 Israelis getötet werden? –, ist enorm.

Was Soldaten in Uniform mit Panzern, Raketen und Flugzeugen tun, ist rechtens und verteidigt die Menschenrechte. Die Menschen, die sich gegen die Soldaten nur mit Selbstmordanschlägen wehren können, weil sie keine Panzer, Raketen und Flugzeuge haben, sind die „Terroristen". Nicht, daß ich die Selbstmordanschläge gegen unschuldige Israelis gutheiße. Sie sind aus Verzweiflung geborene furchtbare Verbrechen, genauso wie die Ermordung von Tausenden unschuldiger Palästinenser durch die israelische Armee. Die Frage nach diesen merkwürdigen Zahlenverhältnissen 2.000 zu 700 wird einfach nicht gestellt. Es sind immer die palästinensischen Selbstmordattentäter, die den Frieden verhindern, nicht aber die Vergeltungsmaßnahmen der Israelis.

Vergeltungsmaßnahmen! Wie ordnet sich dieser Begriff in unser ethisches Wertebewußtsein ein? Was ist das für eine christliche Sittlichkeit, Vergeltungsschläge als normale Reaktion eines freiheitlichen Staates hinzunehmen? Was ist Vergeltung für eine politische Kategorie? Vergeltung ist Rache, aber doch kein Recht. Schon Nietzsche sagte, wenn gewisse Menschen sagten: Wir sind gerecht, dann klänge es immer wie: Wir sind gerächt. Derart simple Fragen – sind „Vergeltungsschläge", bei denen unschuldige Menschen zu Hunderten getötet werden, mit dem Recht oder mit der Sittlichkeit zu vereinbaren? – werden überhaupt nicht mehr gestellt. Das Unrecht wird einfach hingenommen. Und die ständige Propaganda dieser Verdrehungen macht die Menschen sittlich so krank, daß sie Mord nicht mehr von Notwehr unterscheiden können.

Mord im Namen der Menschenrechte

W.W.: Ging es 1991 beim Krieg gegen den Irak nur um das Völkerrecht, weil der Irak einen souveränen Staat überfallen hatte, oder auch um Öl bzw. schon um geostrategische Interessen der USA?

M. Engelhard: Der Überfall auf Kuwait war ein Anlaß, der benutzt wurde, um einen Fuß im Nahen Osten zu haben. Um die Freiheit der Iraker ging es jedenfalls damals nicht, denn zuerst wurden sie zum Aufstand gegen Saddam Hussein aufgestachelt, dann fallengelassen. Und das Gas, mit dem Saddam Hussein die Kurden umbrachte, war ihm aus den USA geliefert worden. So tief lag dem Westen die Freiheit des irakischen Volkes am Herzen. Um die Freiheit des kuwaitischen Volkes ging es den Amerikanern ebensowenig. Zwölf Jahre nach der „Befreiung" Kuwaits sind die Verhältnisse dort so undemokratisch wie eh und je.

W.W.: Warum ließ man Saddam Hussein an der Macht?

M. Engelhard: Die USA erlebten seinerzeit die tiefste Demütigung ihrer Geschichte durch die Gefangennahme der amerikanischen Geiseln in der Botschaft in Teheran. Es richtete sich ein so ungeheurer Haß des amerikanischen Volkes und der US-Administration auf das Regime im Iran, daß man über jedes Gegengewicht im Nahen Osten froh war. Und was auch immer gern verschwiegen wird – es sei denn Scholl-Latour sagt es –, ist die Herkunft der Massenvernichtungswaffen, wegen derer jetzt angeblich Krieg geführt worden ist: Während des iranisch-irakischen Krieges wurden sie dem Irak aus den USA und anderen westlichen Staaten geliefert. Man hat sogar beiden Seiten Waffen geliefert, damit sie sich gegenseitig umbringen können. Und alles geschah angeblich, um der herrlichen Freiheit zum Sieg zu verhelfen und die Menschenrechte zu wahren. Alles, was der Westen und insbesondere die USA tun, dient ja den Menschenrechten. Im Namen der Menschenrechte wird 1.000fach gemordet. Es lohnt sich, vor allem wirtschafts- und machtpolitisch, für die Menschenrechte zu kämpfen.

Das Rechtsempfinden geht zum Teufel

W.W.: Wie beurteilen Sie die UN-Sanktionen gegen den Irak, durch die ca. 1,5 Millionen Menschen gestorben sein sollen?

M. Engelhard: Als die Außenministerin der Clinton-Administration, Madeleine Albright, dazu befragt wurde, sagte sie: „That's the price." Da kann man sich jeden Kommentar ersparen. Doch ich frage mich: Was habe ich mit dem Wertesystem eines Landes zu schaffen, dessen Repräsentanten den Tod von 1,5 Millionen unschuldiger Menschen als einen akzeptablen Preis einer völlig wirkungslosen Machtdemonstration betrachten? Denn die einzige Wirkung dieses Boykotts waren diese unsäglich vielen Toten. Andere Wirkungen sind bis jetzt unbekannt geblieben.

W.W.: Warum hat dieser Satz Albrights kaum Empörung in der Welt hervorgerufen?

M. Engelhard: Das ist eine sehr interessante Frage. Der Kieler Philosoph Hermann Schmitz ist der Auffassung, daß das Rechtsgefühl durch die Gefühle der Empörung und der Scham konstituiert wird: Alles, was im Menschen Empörung auslöst, wird als Unrecht empfunden; alles was im Subjekt Scham verursacht, wird als Schuld empfunden. Nun können wir in unserer Zeit, insbesondere in der Politik und der Wirtschaft, eine rapide Abnahme der Gefühle der Empörung und der Scham allüberall feststellen. Man braucht nur irgendeine Zeitung aufzuschlagen, um dafür täglich viele Beispiele zu finden. Das aber heißt, daß – wenn Hermann Schmitz recht hat – auch das Rechtsempfinden in unserer Zeit zum Teufel geht. Insofern hängen der Völkerrechtsbruch Bushs und die Schamlosigkeit, mit der die amerikanische Regierung ihre eigene Bevölkerung und die Welt angelogen hat, aufs Engste miteinander zusammen. Und so kann man heutzutage auch die ungeheuerlichsten und menschenverachtendsten Sachen sagen, ohne bei einem einzigen Journalisten Empörung auszulösen. Ein Satz wie Madeleine Albrights „That's the price", ein Satz, der nun wirklich zum Himmel schreit, wird kommentarlos „zur Kenntnis genommen" oder gar als Ausdruck einer „harten und konsequenten Haltung" gelobt. Das heißt nun nicht, daß es keine Empörung mehr gibt. O nein, man ist heutzutage aufs Tiefste empört, wenn der eigene Geldbeutel oder die eigene Machtsphäre auch nur ein bißchen angekratzt werden. So können Sie sicher sein, daß just die Leute, die Frau Albrights Äußerung als Ausdruck starker, konsequenter Politik qualifizieren, z.B. über dieses Interview außerordentlich empört sein werden, wenn sie es denn, wie ich hoffe, zu Gesicht bekommen. All das sind Zeichen einer grauenvollen sittlichen Verluderung der Jetztzeit.

W.W.: Wie müßte ein funktionierendes Gewissen auf den Irak-Krieg reagiert haben?

M. Engelhard: Diese Frage ist leicht zu beantworten. Alles, was dazu zu sagen ist, steht in dem „Kriegslied" des wunderbar reinen deutschen Dichters Matthias Claudius:

Kriegslied

's ist Krieg! 's ist Krieg! O Gottes Engel wehre,
Und rede Du darein!
's ist leider Krieg – und ich begehre,
Nicht schuld daran zu sein!

Was sollt ich machen, wenn im Schlaf mit Grämen
Und blutig, bleich und blaß
Die Geister der Erschlagnen zu mir kämen
Und vor mir weinten, was?

Wenn wackre Männer, die sich Ehre suchten,
Verstümmelt und halb tot
Im Staub sich vor mir wälzten und mir fluchten
In ihrer Todesnot?

Wenn tausend, tausend Väter, Mütter, Bräute,
So glücklich vor dem Krieg,
Nun alle elend, alle arme Leute,
Wehklagten über mich?

Wenn Hunger, böse Seuch und ihre Nöten
Freund, Freund und Feind ins Grab
Versammleten und mir zu Ehren krähten
Von einer Leich' herab?

Was hülf mir Kron und Land und Gold und Ehre?
Die könnten mich nicht freun!
‚s ist leider Krieg – und ich begehre,
Nicht schuld daran zu sein!

Das Wichtigste ist der Mensch

Wenn ich von der amerikanischen Regierung oder der deutschen Opposition wenigstens einmal eine Abwägung der Vorteile des Krieges gegen die damit verbundenen Leiden der Menschen gehört hätte, dann wären diese Politiker vielleicht ein wenig glaubwürdiger. Aber das ist nie vorgekommen. Die Menschen spielten in ihren Äußerungen keine Rolle. Statt dessen sehe ich ein Fernsehbild, das mich aufs Tiefste empört hat: Da stehen fünf amerikanische Soldaten vor einem 80 cm^2 großen Blechstück und sagen, daß dies der Teil einer Scud-Rakete sei. Dieses Blechstück sollte beweisen, daß der Krieg gerechtfertigt sei. Zu gleicher Zeit flogen Tausende hochmoderner und angeblich zielgenauer Raketen auf Bagdad.

Diese unsägliche Disproportion, die niemand mehr wahrnimmt und die keiner ausspricht, macht mich ganz krank. Ich frage mich, ob die Menschen überhaupt noch Augen im Kopf haben. Man nimmt die Proportionen nicht mehr wahr. Der Tod von Tausenden von Menschen durch Raketen, Plünderungen einer der ältesten Kulturen der Menschheit werden überhaupt nicht zu den sogenannten Kriegszielen in Relation gesetzt.

Das Wichtigste ist aber der Mensch und nicht ein Blechstück. Das müssen unsere Politiker begreifen. Und ich möchte Antworten auf die Frage haben, wieso das Leiden von Menschen in ihren Überlegungen keine Rolle mehr spielt.

„Wer große Kriege führen will, braucht viel Energie“

W.W.: Welche neue Weltordnung wird durch die USA angestrebt?

M. Engelhard: Die USA streben eine Weltordnung an, in der jeder Staat – sowohl wirtschaftlich, politisch und militärisch – dem Willen der USA zu folgen hat. Die USA haben das Sagen, und die gesamte übrige Welt wird weitgehend ausgeschaltet. Das Mittel dazu ist Angst. Der Welt wird der Schrecken vor der gewaltigen amerikanischen Militärmacht eingejagt. Und wenn ich dieses Wort ins Lateinische übersetze, so kommt das schöne Wort „Terror“ dabei heraus. Zusammen mit ihrem mächtigen

Waffenarsenal, das sie anderen vor die Nase setzen, werden jetzt die menschheitsbeglückenden Glaubenssätze von Herrn Bush der Welt kundgetan. Und die Welt weiß, was sie zu erwarten hat, wenn sie nicht so tut, als ob sie an diese Sätze wie an das Evangelium oder den Koran glaubt. Denn dafür hat Bush überhaupt kein Verständnis. Daß der phantastische Erfolg dieses Krieges – militärisch betrachtet – anderen Staaten Angst macht, ist kein Wunder. Und so wird diese neue Weltordnung natürlich im Namen der Freiheit, der Demokratie und der Menschenrechte verkündet.

Um die einzige Superweltmacht zu bleiben, reicht selbst das von der übrigen Welt durch zwei Ozeane getrennte riesige Territorium der USA nicht aus. Dieses Ziel ist nur zu erreichen, wenn man im Nahen Osten, wo die größten Energievorräte der Welt lagern, übermächtig präsent ist. Dieses Ziel wurde von der Regierung Bush systematisch verfolgt. Israel war von Anfang an, weltpolitisch gesehen, ein Außenposten Amerikas im Nahen Osten. Jetzt befinden sich Afghanistan, Pakistan und der Irak unter amerikanischem Kuratel. Die übrigen islamischen Staaten dort sind wirtschaftlich von den USA abhängig, mit der einen Ausnahme des Iran. Der Iran stört. Früher oder später wird dieses Land angegriffen werden, wenn es sich nicht vorher unterwirft, was nicht anzunehmen ist. Sehr stolze, auf ihre Unabhängigkeit bedachte Leute, diese Iraner.

Die Besetzung des Irak hat nun die Position der USA im Nahen Osten unermeßlich gestärkt. Es geht nicht nur um das Öl. Im 19. Jahrhundert, als England die Weltmacht war, wurden alle Länder, die auf dem „Seeweg nach Indien" lagen, kolonisiert. Die Besetzung des Irak hat den Sinn, den USA für die mit Sicherheit eintretenden Auseinandersetzungen mit der kommenden Weltmacht China eine günstige Ausgangsposition zu verschaffen. China wird durch die amerikanische Westküste, Japan, Korea im Osten und vom Nahen Osten im Westen und von Rußland im Norden eingekreist. Und dabei trifft es sich natürlich gut, daß just der Nahe Osten über die größten Ölvorräte der Welt verfügt. Wer große Kriege führen will, braucht halt viel Energie.

Die USA verhalten sich hier eigentlich nur, wie sich Weltmächte und Möchtegern-Weltmächte immer verhalten haben. Freiheit, Demokratie und Menschenrechte sind nur die Masken, hinter denen sich die Machtphysiognomie dieses Staates, die nicht allzuviel Sympathie erregen dürfte, verbirgt.

Die waffentechnische Überlegenheit der Europäer hatte im 19. Jahrhundert den Imperialismus und Kolonialismus zur Folge, der unzählige

Völker versklavte. Natürlich geschah das im Namen der „Zivilisation". – Heute verfügen die USA über eine übermächtige waffentechnische Überlegenheit. Und daraus ziehen sie, wie historisch üblich, auch den Schluß, daß sie die Welt beherrschen müssen. Selbstverständlich nur und ausschließlich zu dem Zweck, die Menschheit glücklich zu machen.

Adolf Hitler glaubte, daß die deutsche Rasse so unsäglich edel sei, daß sie nicht nur das Recht, sondern die welthistorische Pflicht hätte, die Welt zu beherrschen. Ich will Bush nicht mit Hitler vergleichen, aber er denkt und redet strukturell erschreckend ähnlich: Die Welt ist dumm und wird entsprechend behandelt, die Ziele der USA dagegen werden zu den einzig richtigen erklärt.

In den USA habe ich fast jeden Tag den Satz gehört, daß die Amerikaner „das freieste Volk der Welt" seien. Daß dieser Satz eine Beleidigung der deutschen und aller anderen Demokratien enthält, kam dort niemandem in den Sinn. Diese andere, beleidigende Freiheit bringen die USA jetzt der Welt.

Denen der liebe Gott kein Menschenrecht verliehen hat

W.W.: Wie steht es mit den Menschrechten der inhaftierten Taliban auf Kuba?

M. Engelhard: Als Rumsfeld auf die Barbarei der Plünderungen in Bagdad angesprochen wurde, verharmloste er diese. Und dann sagte er, man hätte dem Irak die Freiheit gebracht, und zu der Freiheit gehöre nun einmal, daß Menschen mitunter auch Verbrechen begehen. Das ist das geistige, demokratische und freiheitliche Niveau, mit dem wir uns künftig auseinanderzusetzen haben. Leider.

Ich erinnere mich noch an eine Rede von George W. Bush vor einigen Wochen, in der er sagte, daß die Menschenrechte nicht von den Menschen, sondern jedem einzelnen Menschen direkt von Gott gegeben seien.

Und zu gleicher Zeit werden Tausende von Häftlingen in Guantanamo Bay auf Kuba gegen jedes Menschenrecht unter menschenunwürdigen Bedingungen festgehalten. Man begründet dies damit, daß sie nicht auf dem Boden der Vereinigten Staaten inhaftiert seien; deswegen könnten dort die herrlichen amerikanischen Gesetze keine Anwendung finden. Aber wer hat denn die Taliban nach Guantanamo gebracht? Und warum hat man sie dahin gebracht? Weil in den Vereinigten Staaten die Folter verboten ist?

Diesen Menschen hat der liebe Gott offenbar kein Menschenrecht verliehen. Aber Fragen dieser Art werden in der „freien" Presse des Westens nicht gestellt. Und wenn man sie stellen würde, würde man wohl nicht mehr zur Pressekonferenz im Weißen Haus zugelassen. Warum fragt niemand, warum die Taliban kein Menschenrecht haben, obwohl es ihnen doch nach den Worten des US-Präsidenten von Gott verliehen worden ist? Schließlich kämpften die US-Amerikaner in Afghanistan angeblich für dieses Menschenrecht.

Die USA müssen sich auch mit der Frage auseinandersetzen – und zwar das höchste Gericht der Vereinigten Staaten – ob ein 14jähriger geistig behinderter Junge hingerichtet werden darf. Das ist das Menschenrechtsniveau der Vereinigten Staaten. Sind das die gleichen Werte, wie wir sie vertreten? Nach meiner Meinung ist das das reinste Mittelalter! Wir haben zwar die Worte für die gemeinsamen Werte, aber wenn wir hinter die Worte schauen und die Inhalte betrachten, dann sind es grundlegend verschiedene Dinge. Ich selbst möchte mit den Werten, für die Bush, Rumsfeld, Rice und Cheney kämpfen, absolut nichts zu tun haben.

Den Teufel bekämpfen

W.W.: Was ist Bush eigentlich für ein Mensch, und woher kommt seine religiöse Verwandlung? Ist sie echt?

M. Engelhard: Die ist mit Sicherheit echt. Er glaubt, daß er im Auftrag Gottes handelt. Hitler glaubte ja auch, von der „Vorsehung" gesandt zu sein. Das haben diese Weltbeherrscher so an sich. Unterm lieben Gott tun sie es nicht.

W.W.: Genauso sprechen Osama bin Laden und andere Islamisten, nur mit anderen Vorzeichen.

M. Engelhard: So ist es, ich sagte es schon. Das Verrückte an der ganzen Geschichte ist, daß beide sich mit den gleichen Argumenten bekämpfen. Der jeweils andere ist ein Repräsentant des Teufels. Und den Teufel muß man bekämpfen, wenn man den lieben Gott liebt.

Die Arroganz gegenüber dem Menschen

In den letzten Jahren habe ich die Gedichte von Vittoria Colonna, der großen und verehrungswürdigen Freundin Michelangelos, übersetzt, Gedichte die mehr zur Erkenntnis dessen, was heute geschieht, beitragen als das unsägliche Geschwätz vieler Politiker. Sie schaute auf ihre Zeit, auf die ununterbrochenen europäischen Kriege, und sie fragte sich, wie es eigentlich zu diesen Kriegen komme. Und dieses eine Sonett, das ich jetzt zitiere, hat mich getroffen wie ein Schlag:

Für Siege auf der Erde sind vernichtet
Die Tugenden, weil die hochmütigen Scharen,
Die von den Engeln schon geschlagen waren,
Auf diese Erde Zorn und Wut gerichtet.

Kein Funke fliegt, in dem die Liebe lichtet,
Der Demut Ehren sind dahingefahren;
Der Himmel scheint sie nicht mehr zu gewahren,
Weil jeden Streit nur Blut und Morden schlichtet.

Jedoch im Herrn, der Welt- und Höllentrug,
Als er uns schuf, besiegte, stehn im Glanze
Die Tugenden, die Er uns mitgegeben.

Demut entblößte Ihn, und Liebe schlug
Ihm Wunden und, mit Nägeln, Dorn und Lanze,
Gab Ihm den Tod und allen andern Leben.

In diesem Gedicht wird also über die Tugend der Demut geredet, die vielleicht die christlichste ist. Und „weil jeden Streit nur Blut und Morden schlichtet“ – so wie heute –, erlebte Vittoria Colonna eben darin die Arroganz des Menschen gegenüber dem Menschen. Ich brauche nur mal wieder an die Anzahl der Menschen zu erinnern, die in der Dritten Welt an Infektionskrankheiten sterben. Wir kümmern uns nicht um die 50 % der Mehrheit der Menschheit, weil jährlich keine 10 Milliarden Dollar dafür zur Verfügung stehen. Das ist eine Arroganz gegenüber dem Menschen als Idee Gottes, die mich auf das Tiefste erschreckt. Und sie stimmt mich verzweifelt!

Alles wird immer gerechtfertigt, meistens dadurch, daß man es als nichtexistent verdrängt und so überhaupt nicht erwähnt. Und diese Haltung vieler Menschen ist böse. Wenn wir uns so verhalten, dann sind wir böse. Und dann wundern wir uns, daß uns die anderen hassen. Aber wir spiegeln uns ständig vor, daß wir im Westen gut seien. Wir sind aber nicht gut, sondern es geht uns nur gut, zu gut. – Auch zu diesem Dualismus von Gold und Gott hat Vittoria Colonna ein Sonett geschrieben:

Ich hör, daß ihr die beste Zeit des Lebens
Vertut, die eitle Frage zu behandeln:
Wie kann Metalle man in Gold verwandeln
Mit jenem Stein der Weisen? Doch vergebens

Ist alle Mühe eures leeren Strebens,
Mit Mars, Merkur und andern zu verhandeln,
Weil sie des Geistes Ehre euch verschandeln:
Ihr glaubt an Gold, glaubt, falsche Götter geben's.

Rennt, rennt zu Christus, denn Sein wahrer Stein
Macht unsres Irrtums Blei zu ewigem Gold
Durch Seine Gnade, die uns überweht.

Blast in Sein Feuer, dessen Glut allein
Das harte Eis des Irrtums taut, und geht
Zu Seinem Schatze, wenn ihr Reichtum wollt.

Man halte solche in edelstem Sinne christlichen und humanen Worte in die heutige Zeit, um zu erkennen, wie weit wir vom rechten Wege, den Christus uns gewiesen, abgekommen sind.

Respekt vor der anderen Kultur

Es geht nicht an, daß die einzige Lösung von Problemen in „Blut und Morden" besteht. Es geht nicht an, daß immer nur der andere der Teufel ist. Wir im Westen sollten mit gebührendem Respekt begreifen, daß ein islamischer Geistlicher in seinem Land keine Ordnung haben will, in der Pornofilme gezeigt, Schweinefleisch gegessen und Whiskey getrunken werden. Das verlangt der Respekt vor der islamischen Kultur. Ich habe auch Respekt vor der großen amerikanischen Kultur, obwohl dort die meisten Pornofilme hergestellt werden; denn es gibt dort sehr viel anderes, das durchaus verehrungswürdig ist. Aber auch die islamische Kultur ist respektabel und legitim. Es ist legitim und keineswegs „mittelalterlich", gegen Pornofilme zu sein, und es ist menschlich, gegen Alkoholgenuß zu sein.

Und es ist menschlich, den Lehren des Propheten zu folgen und kein Schweinefleisch zu essen. Das kann ich aber nur erkennen, wenn ich gelernt habe, die Grenzen meiner eigenen Kultur wahrzunehmen, wenn ich einsehe, daß ich sie nicht anderen aufdrängen darf. Denn andere Menschen haben andere Vorstellungen von der Welt, Vorstellungen, die den gleichen Anspruch auf Respekt haben wie meine eigenen.

Die Angst wird permanent aufrechterhalten

W.W.: Warum unterstützt der überwiegende Teil der US-amerikanischen Bevölkerung die Bush-Politik, und wieso glaubt sie seinen Worten?

M. Engelhard: Das ist eine Propagandaleistung, auf die Joseph Goebbels stolz gewesen wäre. Über 50 % der US-Bürger glauben, daß die Attentäter vom 11. September Iraker gewesen seien. Aber es war nicht ein einziger Iraker dabei. Wenn man derartige Falschmeldungen dem Volk unterjubelt, dann ist es nicht verwunderlich, wenn viele US-Bürger die Rache am Irak als legitimes Recht ansehen. In jeder Rede von Bush kommt es vor, daß dieser Krieg durchgeführt wird, damit es nicht zu einem zweiten 11. September kommt. Das bedeutet: Es wurde den Leuten vorgespiegelt, daß es die Iraker waren, die auf Befehl Saddams die ca. 3.000 Menschen im World Trade Center und im Pentagon gemordet haben. Bush hat es nie direkt gesagt, aber er hat es dem Volk untergejubelt.

Außerdem gibt es etwa alle vier Wochen Anthraxübungen in den USA. Die Angst der Bevölkerung vor einem zweiten 11. September wird permanent aufrechterhalten. Und Angst äußert sich oft in Aggression. Die Terrorismusangst ist eines der Fieber, die die USA etwa alle zehn Jahre befallen. Früher waren es McCarthy, Prohibition, Monica Lewinsky und vieles mehr. In regelmäßigen Abständen gibt es diese Fieberschübe, die das ganze Land durchschütteln und alles nüchterne und selbstkritische Denken unmöglich machen.

Bush tut alles, damit die amerikanische Bevölkerung sich ständig bedroht fühlt. Denn wenn sie sich bedroht fühlt, steht sie wie ein Mann zusammen und unterstützt die Regierung. Vieles tut auch der Fernsehkanal *Fox* dazu. Neulich sah ich einen Fernsehbeitrag über die Militärakademie von Westpoint. Dort werden die Soldaten unter Ausschaltung des eigenen Denkens gedrillt. Sie lernen ausschließlich zu gehorchen. Nachdenken, Fragen stellen, etwas problematisieren kommt nicht in Frage. Diese Haltung findet sich bei den meisten Soldaten wieder. Der Präsident hat entschieden, und wir tun, was der Präsident sagt. Dergleichen erscheint uns Deutschen schrecklich bekannt. Die Ausbildungstechnik, der diese Soldaten unterzogen werden, gleicht völlig der auf den „Napolas" fürchterlichen Angedenkens. Man braucht sich nur diesen Heroenquatsch zu vergegenwärtigen: die Pressekonferenz auf dem Flugzeugträger, Fahnen, Trompeten, Siegesaufmärsche, die Uniformen usw. All das weckt verheerende Erinnerungen.

Das Verrückte ist, daß es in den USA sehr viele Menschen gibt, die diese Zustände und Zusammenhänge klar durchschauen und die das auch aussprechen. Aber es ist ohne die geringste Wirkung.

Während der Unabhängigkeitskriege gehörte Boston zu dem unbeliebtesten Teil Amerikas. Aber als die Engländer Boston angriffen, standen alle Amerikaner wie ein Mann gegen sie. Nach Pearl Harbour war es genauso. Und diesen Mechanismus werden Sie immer wieder finden. Das amerikanische Volk hält in einer Weise zusammen, die wir uns kaum vorstellen können. Das ist in Deutschland anders.

Denken wir an die Diskussion in Deutschland für und wider den Irak-Krieg. Statt daß sich alle Parteien um die sittlich einzig vertretbare Haltung der eigenen Regierung scharen, wird uns das klägliche Schauspiel geboten, wie Angela Merkel in Washington auf den Knien herumrutscht. Es ist ja schon kläglich genug, wie sich die Mitglieder der Europäischen Union in diesen Monaten benommen haben. Aber was in Deutschland geschah, ist an Kläglichkeit nicht mehr zu überbieten. Das Gefühl für die Würde des eigenen Staates hat sich offensichtlich in Rauch aufgelöst. Was mich an meinem geliebten Volk am meisten stört, ist dieses lakaienhafte Kuschen vor der Macht, der offenbar unausrottbare Untertanengeist. Männer- (oder Frauen-)Stolz vor Königsthronen war der Deutschen Sache leider nur selten.

„Der Nationalismus muß überwunden werden"

W.W.: Warum hat die Türkei eine derart panische Angst vor einem autonomen Kurdenstaat im Irak?

M. Engelhard: In Europa, und ganz besonders in Deutschland, haben wir im Laufe der letzten Jahrzehnte zu dem Nationalstaat ein Verhältnis gewonnen wie zum Christentum. Es gibt es noch, aber es nimmt keiner mehr richtig ernst. Die Idee des Nationalstaates stirbt hier langsam ab. Die Deutschen haben ihren wahnsinnigen nationalen Fieberausbruch in den zwölf Jahren des Dritten Reiches gehabt, und nun ist es vorbei. Aber diese Idee bzw. dieses Fieber ist in der übrigen Welt noch nicht vorbei. Den Nationalismus in übelster Form konnte man in den vergangenen Jahren in Serbien beobachten, und er lebt auch noch in der Türkei. Wir glauben, daß der Nationalismus, weil er bei uns nicht mehr vorhanden ist, in der Welt verschwunden sei. Aber das ist ein Irrtum. Ansätze einer Weltfriedensordnung werden voraussichtlich erst dann kommen, wenn in allen Ländern der Welt diese Gehirnkrankheit des Nationalismus – wahrscheinlich durch entsetzliche Leiden – überwunden ist.

Das verhinderte Selbstbestimmungsrecht der Kurden

Ich vermute, daß in der Kaukasus-Gegend, wo jedes Volk glaubt, dem Nachbarvolk überlegen zu sein, noch große Auseinandersetzungen anstehen. Denn irgendwann in der Geschichte hat fast jedes dieser Völker die umliegenden anderen besiegt und beherrscht. Und sie werden aufeinander losschlagen, vor allem deshalb, weil gewaltige wirtschaftliche Interessen dahinterstehen. Nebenbei werden es Stellvertreter-Kriege für die entsprechenden Großmächte sein.

In der Türkei herrscht das Nationalgefühl ähnlich wie bei uns Deutschen in der Zeit um 1933. Das Problem der Türken sind die Kurden. In den letzten Monaten habe ich zigmal von den 5.000 von Saddam Hussein vergasten Kurden in der nordirakischen Stadt Hallabscha gehört, aber was die Türkei seit Jahrzehnten mit den Kurden im eigenen Land macht, darüber wurde kaum ein Wort verloren. Darüber hinaus haben die US-Amerikaner Verträge mit der Türkei geschlossen, daß die Kurden im Irak nicht in den Besitz ihrer eigenen Städte gelangen, z.B. von Kirkuk. Das ist eine ursprünglich rein kurdische Stadt. Aber um Kirkuk liegen die reichsten Ölquellen des Irak. Sie sind den Eigentümern von Saddam geraubt worden. Und dieses Unrecht des bösen Saddam an den Kurden wird durch Abmachungen zwischen den USA und der Türkei bestätigt. Natürlich ohne die Kurden zu fragen. Das sogenannte Selbstbestimmungsrecht der Völker spielt dabei keine Rolle.

Dergleichen völkerrechtliche Grundsätze holt man hervor, wenn sie einem gerade in den Kram passen. Passen sie einem nicht in den Kram, werden sie schlicht vergessen. Die Amerikaner verhandeln mit den Türken über das Schicksal der Kurden! Daß das ungeheuerlich ist, sagt kaum ein Journalist. Es entspricht zwar den Machtverhältnissen, aber nicht dem

Recht der Völker. Wieso gibt es keinen Advokaten des Rechts der Völker bei uns? Warum läßt man geschehen, daß die Türken, Iraker, Syrer und Iraner den Kurden die Autonomie und einen eigenen Staat verweigern? Gerade die Deutschen, die sich 40 Jahre wegen der Teilung Deutschlands auf das Selbstbestimmungsrecht der Völker berufen haben, sollten nicht schweigen.

W.W.: Wäre es historisch gerecht, allen Kurden einen eigenen Staat zu geben?

M. Engelhard: Ja natürlich! Es ist ein Volk mit einer eigenen Sprache, mit einer eigenen Kultur, mit einer eigenen Geschichte; ein großes Volk! Die kurdischen Gebiete sind irgendwann von den Türken besetzt worden, einige von ihnen liegen in der heutigen Ost-Türkei, und die Gewalt der Türken gegenüber den Kurden dauert bis heute an. Natürlich sind auch viele Türken in den kurdischen Teil des Landes gezogen, wo sie eigentlich nicht hingehören, genauso wie viele Engländer nach Nordirland gezogen sind, wo sie ebenfalls nicht hingehören.

Das sind alles Erbstücke des unseligen Nationalismus und des Imperialismus, mit denen wir uns auch in Zukunft auseinandersetzen müssen. Aber ich finde schon, daß das Selbstbestimmungsrecht der Völker eine Leitlinie bei der Regelung solcher Fragen sein sollte.

Friedensschalmeien in naher Zukunft

W.W.: Werden von den USA weitere Kriege ausgehen, z.B. in Syrien, im Iran, gegenüber Libyen oder Nordkorea?

M. Engelhard: Zunächst nicht. Mittlerweile ist auch gescheiten Leuten wie Colin Powell klargeworden, was man dem Ansehen der USA in der Welt angetan hat. Von den Falken kamen die Nachrichten, daß die Schiiten des Irak vom Iran unterstützt, daß die Massenvernichtungswaffen nach Syrien verschoben worden seien usw. Das klang alles schon wie Kriegsankündigungen, und obendrein stehen diese Staaten auch auf der Schurkenliste.

Aber zunächst erwarte ich Friedensschalmeien, um wieder ein bißchen Vertrauen in der Welt zu gewinnen. Die USA werden jetzt erst einmal wieder kürzer treten, nicht zuletzt deswegen, weil sie das Problem des Irak vor enorme Zukunftsaufgaben stellen wird. Und es wird von der Welt sehr aufmerksam beobachtet und beurteilt werden, wie sie diese Aufgaben lösen. Man wird genau konstatieren, wie die Freiheit aussieht, die sie den

Irakern gebracht haben. Im Hintergrund werden die USA natürlich weiter aufrüsten. Und wenn es dann wieder soweit ist, wird wahrscheinlich wieder mit der Peitsche geknallt werden.

Es wird auch wieder zu einer europäisch-amerikanischen Annäherung kommen, weil man wieder die „gemeinsamen Werte" entdeckt. Diese unsäglich brüchige – oder, wie ich meine, gar nicht mehr vorhandene – Grundlage der transatlantischen Beziehungen wird immer wieder beschworen werden. Denn es geht um wirtschaftliche und machtpolitische Interessen beider Gruppierungen.

Zusammenarbeit, aber kein Krieg

W.W.: Welche Rolle in diesem Geschehen wünschen Sie sich für Europa, speziell für Deutschland?

M. Engelhard: Daß wir auf jedem Gebiet bereit sind, auf der Grundlage des Völkerrechts und im Rahmen der Vereinten Nationen mit jedem Staat, also auch mit den USA, an jedem Projekt nach dem Maß unserer Kräfte mitzuarbeiten, das dem Frieden und der Gerechtigkeit in der Welt und der Wohlfahrt der Völker dient. Dabei sollten wir immer wieder betonen, daß sich Deutschland auch in Zukunft niemals an einem völkerrechtswidrigen Angriffskrieg beteiligen wird.

Weiterhin sollte sich die Europäische Union, speziell auch Deutschland, endlich einmal mit den Ursachen des Terrorismus weltweit beschäftigen und sichtbare Anstrengungen unternehmen, diese Ursachen zu beseitigen. Es wird solange Terrorismus geben, solange in jedem Jahr Millionen Menschen Hungers sterben. Eine 10%ige Kürzung der Militärausgaben des Westens würde ausreichen, um die dafür nötigen Geldmittel beizuschaffen. Und es würde mich von Herzen freuen, wenn Deutschland dabei mit gutem Beispiel voranginge. Unser Land hat der Welt sehr viele Wunden geschlagen. Der Tod war ein Meister aus Deutschland, wie es Paul Celan einmal ausgedrückt hat. Wir sollten uns jetzt darum kümmern, Leben zu retten und zu bewahren. „Wer beschützet und erhält, hat das schönste Los gewonnen", meinte Goethe einmal sehr richtig. Machen wir die wunderbare Humanität und Welthaltigkeit der Edelsten unseres Volkes zur Leitlinie unserer Politik. Seien wir großzügig und großherzig. Geiz ist nicht geil, sondern dumm und böse. Das ist übrigens eine der Kernlehren des Koran. Ich zitiere aus den „Nachahmungen des Koran" von Alexander Puschkin:

Sieh, dein Gewissen soll nicht handeln mit dem Armen,
Du sollst die Gabe nicht berechnen – hab Erbarmen:
Auf reicher Gabe ruht des Himmels Gnadenblick.
Am Tage des Gerichts gibt, wie die Flur im Regen,
O Sämann, mit Glück und Segen
Der Himmel hundertfach die Gabe dir zurück.

Jedoch, ist es dir leid um die erraffte Habe,
Und gibst dem Armen du nur geizig deine Gabe,
Verkrampft sich voller Neid beim Geben deine Hand –
Dann wisse: was du gabst, es wird dereinst verschwinden
Wie Staub vor Regenguß und Winden –
Denn Gott hat sich davon mit Zürnen abgewandt.

Die Armen und Hungernden würden uns achten

Ich bekenne freimütig, daß ich mich der Humanität dieser in tiefster Ehrfurcht vor dem Koran gedichteten Verse des großen russischen Dichters sehr viel mehr verbunden fühle als den „gemeinsamen Werten", die zur löcherigen Hülle nackter Machtpolitik verkommen sind. Warum sollte es denn nicht möglich sein, sich gegenüber den Armen dieser Welt in der Weise zu verhalten, wie es der Prophet Mohammed die Welt gelehrt hat? Dann würden die Armen und Hungernden uns nicht mehr hassen, sondern achten und respektieren. Dann würden sie erkennen, daß ihnen aus den reichen Ländern nicht nur die Fratze der Gier entgegengrinst; dann würden sie wahrnehmen, daß auch wir Menschen, d.h. Brüder sind. Die Französische Revolution gründete die Demokratie nicht nur auf Freiheit und Gleichheit, sondern auch auf die Brüderlichkeit. Daran haben wir es gegenüber der großen Mehrheit der Menschheit allzu lange allzu sehr fehlen lassen.

Heute bieten die reichen Industrieländer den Ländern der Dritten Welt ein abscheuliches Bild. Aber dieses Bild kann man korrigieren. Wir haben durchaus die Freiheit, uns menschlich gegenüber unseren Mitmenschen zu verhalten. Niemand hindert uns daran, außer wir selbst. Springen wir also über unseren Schatten. Das kostet zwar sehr viel mehr, als wir bisher für die sogenannte Entwicklungshilfe auszugeben bereit sind, aber wir werden ganz sicher nicht arm dabei werden. Europa könnte z.B. die Milliardenbeträge, die es für unsinnige Agrarsubventionen ausgibt, die ihrerseits die

Agrarexportchancen der Entwicklungsländer und damit die wirtschaftliche Existenz von vielen Millionen Menschen vernichten, den Entwicklungsländern zum Aufbau ihres Gesundheits- und Bildungssystems zur Verfügung stellen. Und zugleich könnten wir unsere Märkte für die Agrarprodukte der Entwicklungsländer öffnen. So wäre ihnen gleich zweifach wirksam geholfen.

Aber das geht nicht, sagt man uns. Und warum geht es nicht? Weil wir mit den Armen feilschen und „handeln", weil wir unsere Entwicklungshilfe „berechnen", weil wir kein „Erbarmen" haben, weil es uns „leid ist um die erraffte Habe", weil sich unsere Hand beim Geben „verkrampft". Ist es nicht so? Und da wundern wir uns, daß auf unserer Entwicklungshilfe kein rechter Segen ruht.

Der Prophet Mohammed war schon ein sehr kluger Mann, klüger als Herr Bush. Die großen Dichter Goethe und Puschkin haben das erkannt und ihn darob verehrt. Bush und die Politiker des Westens haben das noch nicht erkannt. Und das hat Folgen. Eine dieser Folgen ist der Irak-Krieg.

Wir sollten beginnen, unseren Dünkel, unsere Superioritäts-Komplexe gegenüber anderen Kulturen, insbesondere gegenüber der islamischen Kultur, abzulegen. Denn wir könnten sogar eine ganze Menge von ihr lernen. Goethe und Puschkin – und das waren ja nun nicht gerade hohle Köpfe – haben es jedenfalls getan. Tja, so ist das nun mal. Wir wissen es nur nicht, weil wir uns für so unendlich überlegen halten. Aber das sind wir nicht, wir sind nur anders.

„Ist es verrückt, brüderlich zu sein?"

Die deutsche Rolle in dieser Zeit. Meine Antwort ist: Führerschaft in Humanität! Warum denn nicht? Was hindert uns daran? Trauen wir uns nicht, weil uns um die Profite amerikanischer Shareholder besorgte US-Ökonomen vielleicht sagen, wir seien verrückt geworden? Ist es verrückt, brüderlich zu sein, ist es verrückt, Menschenleben zu retten?

Ich bin auch der Überzeugung, daß die überwiegende Mehrheit des deutschen Volkes einer solchen politischen Zielsetzung zustimmen wird, wenn man sie ihr nur klar genug darstellt. Und das sollte in unseren Wahlkämpfen eine zentrale Rolle spielen. Wenn wir diese Führungsrolle in Humanität übernähmen, würde das Ansehen unseres Landes in der Welt sehr gehoben. Und die Deutschen könnten, mit Recht, stolz auf die Politik ihres Landes sein. Albernheiten eines weltfremden Idealisten? Willy Brandt hatte genau diese Vision, als er von einer Reise nach Algerien und Ägypten nach Bonn zurückkehrte. Auf dem Flugplatz teilte ihm Genscher mit, daß sich ein DDR-Spion im Kanzlerbüro eingenistet hätte. Aus der Traum.

Menschen in Gewissenskonflikte zu bringen ist ein Kennzeichen der Tyrannei

Das Oberhaupt der katholischen Kirche, Papst Johannes Paul II., hat diesen Irak-Krieg eindeutig verurteilt. Das gleiche haben die geistlichen Führer der protestantischen Kirche Deutschlands getan. Ein Katholik glaubt, daß der Papst in den zentralen Fragen der Glaubens- und Sittenlehre vom Heiligen Geist geführt wird und deshalb unfehlbar ist. Und ein solcher Papst verkündet nun, daß ein Angriffskrieg Sünde sei. Und eine christliche Partei in Deutschland vertritt eine Meinung gegen diesen in Glaubens- und Sittenfragen unfehlbaren Papst. Das bedeutet, daß die CDU einen gläubigen Katholiken in schwere Gewissenskonflikte bringt.

Es ist nun ein typisches Kennzeichen jeder Tyrannei, Menschen in Gewissenskonflikte zu bringen. Diese Partei will angeblich christliche Werte verwirklichen. Und Angela Merkel weiß über christliche Werte offensichtlich besser Bescheid als der Papst und die geistlichen Führer des Protestantismus. Ein wenig geistliche Demut im Sinne der großen Vittoria Colonna wäre dieser christlichen Dame durchaus anzuwünschen. Denn hier erstrahlt unverhüllt die gleiche Arroganz gegenüber der christlichen Sittenlehre, wie sie George W. Bush gegenüber dem Islam an den Tag legt. Verwandte Seelen halt.

W.W.: Wird sich die Stimmung in der arabischen Welt weiter zuungunsten der USA hochschaukeln? Wird es zu weiteren Terroranschlägen kommen?

M. Engelhard: Aber ganz sicherlich. Der Irak-Krieg hat mit Sicherheit neue Horden von Terroristen kreiert. Diesen Menschen hat man deutlich gezeigt, daß Verhandlungen auf gleicher Ebene nicht mehr an der Tagesordnung sind. Wer nicht pariert, wird angegriffen. Das ist die Lehre, die die arabische Welt aus dem Irak-Krieg gezogen hat. Aber die Araber sind ein stolzes Volk. Und selbst ein großer Teil der Gutwilligen wird jetzt der Meinung sein, daß mit dem Irak-Krieg der Bogen überspannt worden ist.

Der eigentliche Schaden wird voraussichtlich dann eintreten, wenn man genau weiß, wie die Ölkonzessionen im Irak vergeben werden. Es ist doch geradezu absurd, daß die USA gerade in diesen Tagen für die Aufhebung der Sanktionen eintreten, damit sie das Öl verteilen können. Die Menschen, die vorher durch die Sanktionen gestorben sind, spielten bisher keine Rolle. Und jetzt wird man wahrscheinlich auch die Aufhebung der Sanktionen, bei der es ausschließlich um die rattenhafte Ölgier der Amerikaner geht, als humanitäre Maßnahme verkaufen.

Einbruch der Konjunktur

W.W.: Wie wird sich dieses Geschehen – Irak-Krieg und seine Folgen weltweit – auf die Weltkonjunktur auswirken? Werden es die USA wirtschaftlich überleben, die Folgen des Irak-Krieges und die weiterer Kriege zu tragen?

M. Engelhard: Die gesamte Weltwirtschaft wird geschwächt werden. Schauen Sie sich einfach an, was nach den Terroranschlägen in Casablanca geschehen ist. Die Menschen reisen nicht mehr so häufig wie früher. Und das wird sich so fortsetzen. Überall wird die Konjunktur einbrechen, wenn die Terroranschläge so weiter gehen. Und Osama bin Laden und seine Konsorten wissen das. Sie brauchen bloß alle paar Wochen derartige Terroranschläge auf sogenannte weiche Ziele auszuüben, und die westliche Wirtschaft wird sich nicht mehr erholen. Die Börsenkurse werden permanent nach unten tendieren, auch wenn es in der nächsten Zeit vielleicht nicht so aussieht. Aber sie werden sinken, weil die Menschen Angst haben. Und wenn die Menschen Angst haben, werden sie nicht mehr investieren. Wenn man nicht mehr investiert, beginnt die Flucht in die Sachwerte, und die Börsen brechen ein. Das ist eine Schraube ohne Ende.

Noch nie wurde so viel Kapital in der Weltgeschichte vernichtet wie am 11.09.2001. Seine Initiatoren haben längst mitbekommen, daß sie durch ihre Anschläge nicht nur Menschen und Gebäude treffen, sondern die gesamte Weltwirtschaft in der Hand haben. Die Hoffnung, daß Terroristen durch den Irak-Krieg Angst bekommen haben, ist vollkommen unsinnig, denn durch diesen Krieg wurden gleichzeitig Hunderte neuer Terroristenhöhlen eröffnet. Immer wenn sich ein kleines Zeichen der Erholung der westlichen Wirtschaft zeigen wird, werden sie erneut zuschlagen.

Das ist ein Kampf, den man sicherlich nicht mit Waffen allein gewinnen kann. Insofern sind die Folgen dieses Krieges noch gar nicht absehbar. Es ist noch nicht zu berechnen, was dieser Krieg für das internationale Gefüge bedeutet. Die Negativwirkungen auf das, was wir Völkerrecht, Freiheit, Stabilität der internationalen Beziehungen nennen, sind schon jetzt verheerend. Wie ich einem gescheiten Chinesen nach dieser Barbarei von der Überlegenheit der amerikanischen Kultur überzeugen soll, ist mir schleierhaft. Diese Menschen bleiben von diesem Krieg an lieber in chinesischen Zusammenhängen.

Ich bin einfach wütend über die Entwicklung der Politik in den letzten Monaten, und ich kann mich von dieser Wut nur durch klare, einfache Worte befreien! Deswegen gebe ich dieses Interview.

Es geht um die Menschenwürde

Es gibt einen Brief, der mich, als ich ihn zum ersten Mal las, tief erschreckt hat, ein Brief von Claus von Stauffenberg an einen Freund, kurz nach der Röhm-Affäre im Jahre 1934 geschrieben. In diesem Brief hat dieser großartige Mann, der 1944 sein eigenes Leben eingesetzt und verloren hat, um Hitler zu beseitigen, geäußert, er sei froh, daß der Führer diese Eiterbeule aufgestochen habe. Das bedeutet, daß ein Mensch, der 1944 nachweisbar ein feines, auf politische Ereignisse sensibel reagierendes Gewissen hatte, zehn Jahre vorher über ein derart pervertiertes Gewissen verfügte, daß er schlichten Mord von dem Aufstechen einer Eiterbeule nicht unterscheiden konnte.

So etwas ist möglich, und das muß man in die Realität des Menschen mit einbeziehen. Und heute sind wir wieder in einem Stadium, in dem wir Mord nicht mehr von der Verteidigung der Menschenrechte unterscheiden können. Das ist eine Perversion des Gewissens! Wir sind wieder in einer Situation, in der der simple Satz, „Du sollst nicht töten“, seine Bedeutung verliert und man nur noch von „Kollateralschäden“ spricht. Der einfache Bürger glaubt, daß das normale Gewissen der Menschen immer in gleicher Weise auf Mord reagiere, und deshalb fühlt er sich sicher. Aber diese Zeit ist vorbei. Wir reagieren nicht mehr auf Mord.

Das ist mir deutlich geworden, als Kinder in Palästina mit Steinen auf israelische Panzer warfen. Die Israelis haben die Kinder aus ihren Panzern heraus erschossen. Diese Soldaten wurden nicht bedroht, aber sie haben das Steinewerfen zum Anlaß genommen, die Kinder zu erschießen. Anschließend haben die Israelis von der Bestialität der palästinensischen Eltern gesprochen, die ihre Kinder zum Steinewerfen animierten. Und dadurch seien die palästinensischen Kinder zu Tode gekommen. Aber, wer zwang die israelischen Soldaten eigentlich, auf die Jungen zu schießen? Das können nur die bestialischen Eltern dieser Jungen gewesen sein.

Die Umkehrung der Schuld kann also, wie dieses Beispiel zeigt, die absurdesten Ausmaße annehmen. Und wir nehmen diese permanente Perversion der Sittlichkeit ungestört hin. Wir gewöhnen uns zunehmend an das Unrecht. Ich sehe die Werte des christlichen Abendlandes genauso in Staub und Asche vor mir liegen wie die verbrannten Bücher der irakischen Nationalbibliothek. Wir müssen uns in Zukunft in einer Welt einrichten, in der das Unrecht regiert, und in einer solchen Welt ist es sehr schwer, seine menschliche Würde zu bewahren. Aber das ist die Aufgabe, die in Zukunft jedem einzelnen gestellt wird. Es geht um die Menschenwürde, und nicht darum, daß man zum Lakaien irgendeiner Machtpolitik wird. Aber das erfordert heute, leider, wieder Mut, den Mut, für die elementarsten, in den zehn Geboten aufgeführten Werte einzutreten, deren höchster, nach Gott, das Leben jedes Menschen sein sollte.

Ehrgeizige Ziele

Interview mit Jeffrey Gedmin

von Wolfgang Weirauch

Dr. Jeffrey Gedmin *ist der Direktor des Aspen Institute Berlin. Das Aspen Institute Berlin wurde 1974 als privates, gemeinnütziges, überparteiliches Institut gegründet. Es ist eine einzigartige transatlantische Institution mit einem ausgedehnten internationalen und transatlantischem Netzwerk. Eng verknüpft mit dem wirtschaftlichen und geistigen Leben Deutschlands und Berlins, ist es eines der wichtigsten Zentren des globalen Aspen Netzwerks mit Hauptsitz in Washington und weiteren Zentren in Frankreich, Italien und Japan.*

Der Direktor überblickt und dirigiert alle Tätigkeiten innerhalb des Instituts und akquiriert und verwaltet ein jährliches Budget von ca. 3 Millionen Dollar. Er strukturiert die Programme, hält Vorträge und schreibt regelmäßig Artikel in einer großen und vielfältigen Auswahl von Zeitungen und anderen Publikationen in Deutschland und Übersee.

Jeffrey Gedmins Artikel zu Fragen der Außen- und Verteidigungspolitik – einschließlich Nato, US-EU-Beziehungen, Raketenabwehr und Sicherheit auf dem Balkan – sind u.a. in folgenden Zeitungen erschienen: The New York Times, The Washington Post, The Wall Street Journal, The Weekly Standard, Frankfurter Allgemeine Zeitung, Süddeutsche Zeitung, Die Zeit *und* Die Welt. *Er ist Autor des Buches: The Hidden Hand: Gorbachev and the Collapse of East Germany (1992), und der Herausgeber von: European Integration and the American Interest (AEI Press, 1997). Er war der alleinige Herausgeber und Produzent des mit einer Auszeichnung versehenen PBS-Fernsehprogramms „The Germans, Portrait of a New Nation" („Die Deutschen: Portrait einer neuen Nation").*

Vorangegangene Tätigkeiten: Vor seiner Wahl zum Direktor des Aspen Institute Berlin war Jeffrey Gedmin zunächst ein „Resident Scholar" am American Enterprise Institute for Public Policy Research in Washington, D.C., mit Hauptgewichtung auf dessen außenpolitischem Programm. Umfassende Tätigkeit als Autor und Vortragsredner. – Anschließend war er der Executive Director der Organisation „The New Atlantic Initiative", einer Koalition von internationalen Instituten, Politikern, leitenden Journalisten und führenden Geschäftsleuten, die es sich zur Aufgabe gemacht hat, die atlantische Gesellschaft der Demokratien wiederzubeleben und zu erweitern.

Das deutsch-amerikanische Verhältnis ist nicht mehr das, was es seit über fünf Jahrzehnten war. Die unterschiedlichen Positionen zum Irak-Krieg – hier ein entschiedenes Nein, dort der Wille zum Krieg – haben das Klima gefrieren lassen. Auf der einen Seite steht der Vorwurf, die USA hätten ihre Politik geändert, die internationale Staatengemeinschaft ignoriert und einen interessegelenkten Angriffskrieg geführt, auf der anderen Seite wurde dieses Thema für Wahlkämpfe ausgeschlachtet und durch einzelne ungeschickte Äußerungen deutscher Politiker zusätzlich vergiftet. Seit Monaten herrscht zwischen Präsident und Kanzler eisiges Schweigen; und auch der G8-Gipfel in Evian hat das Eis nicht schmelzen lassen.

Jeffrey Gedmin vom Aspen-Institut, das sich um die Stärkung der transatlantischen Beziehungen bemüht, hat eine entschieden andere Meinung zum Irak-Krieg und der Position der USA als die meisten Europäer. Gerade weil die europäische Position nicht die unilaterale, sondern die multilaterale ist, sollten wir uns um ein pluralistisches Meinungsbild bemühen und die Argumente Gedmins durchdenken. Denn nur das Gespräch, nicht das Schweigen oder gar das Schießen verbindet die Menschen.

Wolfgang Weirauch: Was ist das Aspen-Institut, welche Aufgaben hat es?

Jeffrey Gedmin: Aspen versucht, den transatlantischen Dialog zu fördern. Wir organisieren Veranstaltungen u.a. in Berlin, Paris, London, Rom, Prag, Istanbul. Die Themen: Außenpolitik und Handelsbeziehungen. Wir haben uns natürlich auch mit der Irak-Frage intensiv beschäftigt.

W.W.: Sie kommen gerade aus den USA; wie ist die Stimmung der Bevölkerung und der Regierung gegenüber den Regierungen in Deutschland und Frankreich?

J. Gedmin: Viele sind von Frankreich und Deutschland enttäuscht. Die Amerikaner haben den Fall Irak sehr ernst genommen. Es ging darum, eine Bedrohung zu beseitigen, ein Volk zu befreien. Um dieses Ziel zu erreichen, waren wir bereit, das Leben unserer Kinder zu opfern. Viele sind zum Schluß gekommen, es ging Jacques Chirac und Gerhard Schröder nicht darum, Saddam Hussein einzudämmen, sondern George W. Bush und die Amerikaner einzudämmen.

Übrigens: Denken Sie an ein fundamentales deutsches Interesse – an die deutsche Einheit. Stellen Sie sich z.B. vor, die Amerikaner hätten sich aktiv und energisch mit den Maggie Thatchers und Mitterands verbündet, um den Prozeß zu stoppen. Wie hätten die Deutschen darauf reagiert?

„Dann haben Bush und Blair ein Problem“

W.W.: War der Irak-Krieg Ihrer Meinung nach gerechtfertigt?

J. Gedmin: Ja. Die Bedrohung, die von dem Regime ausging, ist beseitigt worden; die Bevölkerung wurde in der Tat befreit. Zum ersten Mal seit 1968, als die faschistische Baath-Partei an die Macht kam, haben Iraker echte, ernste Möglichkeiten, ein normales, friedliches Leben zu führen.

W.W.: Hauptgründe für den Irak-Krieg waren die Massenvernichtungswaffen. Bis heute hat man keine Waffen gefunden und wird wohl auch keine mehr finden. War es also ein Krieg, der aufgrund gefälschter Beweise geführt wurde?

J. Gedmin: Es bestehen gute Chancen, noch Massenvernichtungsmittel zu finden. Der Irak ist ein großes Land, fast ungefähr so groß wie Frankreich. Saddam Hussein und seine beide Söhne haben wir auch bis jetzt nicht finden können. Vor dem ersten Golfkrieg schaffte es Saddam Hussein, ein illegales Nuklearprogramm direkt vor der Nase der Internationalen Atomenergie-Behörde und deren Inspektoren zu entwickeln. Es kann also noch etwas dauern.

W.W.: Und wenn nichts gefunden wird?

J. Gedmin: Wenn wir wirklich nichts finden, werden Bush und Blair gewiß ein Problem haben. Massenvernichtungswaffen waren der wichtigste Kriegsgrund. Wobei man nicht vergessen darf: Die Debatte, so wurde häufig versichert, drehte sich nicht um die Bedrohung durch diese Waffen, sondern wie damit umzugehen sei. Der BND, die Franzosen und Al Gore und Bill Clinton bei uns, sie alle glaubten, daß es Massenvernichtungswaffen und -programme gab. Hans Blix ging ebenfalls davon aus, als er stets fragte: Wo sind die Belege für die Abrüstung?

W.W.: Waren die Beweise, die Powell in der UNO Anfang des Jahres vorgelegt hat – z.B. fahrende Chemielabors – aussagekräftig genug, um eine zweite Abstimmung in der UN nichtig zu machen?

J. Gedmin: Die zynische Haltung der Regierungen in Paris und Deutschland ist inzwischen bekannt. Es ging den beiden Ländern darum, die Amerikaner zu stoppen, die amerikanische Position zu untergraben. Ich mußte jedesmal lachen, als ich hörte: mehr Zeit für das Inspektionsteam! Die Franzosen? Als UNMOVIC 1999 gegründet wurde, hat Frankreich sich der Stimme im Sicherheitsrat enthalten. Natürlich spielte Öl damals eine große Rolle. Im Falle der Bundesregierung ging es zu Hause um den neuen Nationalpazifismus und im Sicherheitsrat um ein kleines Stück Einfluß und Mitspracherecht. Um den Irak ging es sicherlich nicht. Wie oft hätte Gerhard Schröder das Wort „Irak" in den letzten zwölf Monaten erwähnt, wenn die USA oder Großbritannien den Irak nicht auf die Tagesordnung gesetzt hätten?

W.W.: Warum haben die USA keine zweite Abstimmung in der UN abgewartet?

J. Gedmin: Eine zweite Abstimmung erübrigte sich.

„Wir wollten das Völkerrecht durchsetzen"

W.W.: Die USA waren nie durch den Irak bedroht, insofern war es kein Verteidigungskrieg. Es war auch kein Krieg gegen den Terrorismus, denn Verbindungen zur Al-Qaida konnten nicht verifiziert werden. War der Irak-Krieg somit ein Angriffskrieg?

J. Gedmin: Unsere Lehre aus Srebrenica und Afghanistan war die folgende: In beiden Fällen haben wir zu lange gewartet und zu spät darauf reagiert. In Srebrenica wurden 7.000 Jungen und Männer abgeschlachtet. Es stimmt. Eine Intervention der USA wäre unilateral und völkerrechtswidrig gewesen. Am 10. September haben wir alle gewußt: In Afghanistan gibt es Killer, die gut ausgerüstet sind und die planten, wieder anzugreifen. Wir haben aber nicht gehandelt. Unsere Strategie hieß immer: abwarten und Tee trinken. Ich halte das für unverantwortlich und gefährlich.

Der Irak? Saddam Hussein hat Israel, den Iran, Saudi-Arabien und Kuwait attackiert. Er hat Massenvernichtungswaffen gegen die eigene Bevölkerung eingesetzt, Tausende – wie viele Massengräber wurden schon entdeckt? – hat er im Laufe der Jahre ermordet. Seit 1991 hat er 17 Resolutionen des Sicherheitsrates verletzt. Und ja, viele dachten an den besten Milchkaffee und planten den nächsten Urlaub! Wir waren endlich bereit, zu handeln und – übrigens – das Völkerrecht durchzusetzen.

W.W.: Seit wann war der Irak-Krieg geplant?

J. Gedmin: Ich bin nicht sicher. Der letzte Bericht – die berühmten 12.000 Seiten – den der Irak Anfang Dezember abgegeben hat, spielte ohne Zweifel eine wichtige Rolle. Ein Blix-Berater sagte, der Berichte sei „ein Witz" – mit so vielen Auslassungen und Lügen.

W.W.: Was ist das PNAC? Welche Ziele verfolgen diese Menschen seit Jahren?

J. Gedmin: Eine Washington-Denkfabrik. Ziele? Sicherheit, Freiheit, Demokratie als Ziele der amerikanischen Außenpolitik. Sie haben eine Website mit Einzelheiten.

W.W.: Viele der PNAC-Mitglieder sitzen jetzt in der Bush-Administration. Haben diese Menschen seit der Regierungsübernahme einfach die Schublade aufgemacht und ihre Kriegspläne verwirklicht?

J. Gedmin: Stimmt das? Wer sind die PNAC-Mitglieder, die in der Administration sitzen?

W.W.: Vizepräsident Cheney, Verteidigungsminister Rumsfeld und sein Stellvertreter Wolfowitz, der stellvertretende Außenminister Armitage, die Berater Perle und Kristol und der Sonderbotschafter Khalizad und einige mehr.

J. Gedmin: Die Leute, die Sie erwähnen, haben zwar im Laufe der Zeit ein paar PNAC-Briefe unterschrieben. Aber PNAC ist eine kleine Denkfabrik und hat keine Mitgliedschaft. Außerdem: Perle und Armitage stehen oft nicht auf der gleichen Seite. William Kristol ist Chefredakteur des *Weekly Standard Magazine* und sitzt nicht in der Administration. Einerseits hat Kristol Einfluß, andererseits werden viele Bush-Leute nie vergessen, daß Kristol John McCain gegen George W. Bush unterstützt hat. Die Dinge sind manchmal kompliziert.

Ein demokratischer Irak?

W.W.: Welche Ziele verfolgen die USA heute im Irak?

J. Gedmin: Sicherheit und Stabilität zu schaffen, einen einheitlichen Irak zu erhalten, eine gemäßigte Regierung bzw. Demokratie aufzubauen. Das sind die wichtigsten Ziele.

W.W.: Welche Firmen werden die Ölkonzessionen bekommen?

J. Gedmin: Keine Ahnung. Auf jeden Fall haben Frankreich und Rußland nach wie vor großes Interesse am Öl und werden wahrscheinlich in Zukunft bereit sein, mit Bagdad zu verhandeln, auch wenn der alte Freund Saddam weg ist.

W.W.: Wird man im Irak eine Demokratie zulassen, die eine Regierung wählt, die das irakische Volk will?

J. Gedmin: Eindeutig ja. Mit einer Ausnahme: Eine neue Diktatur würde man nicht zulassen.

Ein vernünftiger Beitrag Deutschlands?

W.W.: Hat der Sicherheitsrat noch die Form, die für die heutige Weltlage angemessen ist?

J. Gedmin: Der Sicherheitsrat müßte eigentlich reformiert werden. Aber wie? Syrien sitzt im Sicherheitsrat, wo Israel in den letzten 40 Jahren nicht sitzen durfte. China hat das Recht, ein Veto einzulegen – ein Regime, das unsere demokratischen Werte nicht teilt. Frankreich hat einen permanenten Sitz, Japan, Indien, Deutschland aber nicht. Ich denke, die Menschen, die den Sicherheitsrat ernst nehmen, haben eine gewaltige Herausforderung. Es gibt viel zu tun.

W.W.: Wie sehen Sie die Position Deutschland für einen Sitz als ständiges Mitglied im Sicherheitsrat?

J. Gedmin: Ich hätte nichts dagegen. Aber ist Deutschland wirklich bereit, einen vernünftigen Beitrag zu leisten? Deutschland ist ein mittelgroßer Staat, der nicht viel für die Verteidigung ausgibt; der große Wirtschaftsprobleme und eine entmutigende Bevölkerungskrise in den kommenden Jahren hat.

W.W.: Werden die USA die UNO auch in Zukunft ignorieren, wenn sie nicht in ihrem Sinne abstimmt?

J. Gedmin: Sie meinen wie Frankreich? Paris hat etwa 37mal seit 1960 in Afrika unilateral gehandelt, ohne die UN zu fragen. So werden wir bestimmt nicht handeln.

Vertrauensprobleme

W.W.: Wie hat der Anschlag vom 11. September auf die USA gewirkt?

J. Gedmin: Der 11. September hat ohne Zweifel eine völlig andere Bedeutung auf beiden Seiten des Atlantiks. Es gibt gute Gründe dafür. Natürlich war das ein Angriff auf die Demokratie, auf die Zivilisation. Hauptsächlich war das aber ein Angriff auf Amerika. Es war auch nicht der erster Angriff dieser Art. Die Killer haben zwei US-Botschaften in Afrika angegriffen und ein Schiff, USS-Cole, in einem Hafen des Jemen. Außerdem gab schon 1993 den ersten Angriff auf das World Trade Center.

W.W.: Hat der Kampf gegen den Terrorismus Fortschritte gemacht?

J. Gedmin: In dem Punkt stimme ich Gerhard Schröder und Otto Schily zu. Ja, wir haben Fortschritte gemacht. Den Kampf gegen den Terrorismus werden wir jedoch jahrelang fortsetzen müssen.

W.W.: Wie sehen Sie die Stellung der USA nach dem Irak-Krieg in der Welt? Ist das Vertrauen gänzlich verschwunden?

J. Gedmin: Es gibt ein Problem des Vertrauens – auf beiden Seiten. Viele von uns sind fest davon überzeugt, es ging den Kriegsgegnern um Macht, Einfluß, Mitspracherecht, wirtschaftliche Interessen und einen unverantwortlichen Pazifismus – aber kaum um den Irak. Wir Amerikaner haben unsere Überzeugungsarbeit in vielen Fällen nicht geleistet. Wir haben aber auch eine Koalition von 45 Ländern gebildet, u.a. mit Japan, Australien, Südkorea, Spanien, Dänemark, Polen, Portugal, Italien, Großbritannien.

„Die Terroristen müssen besiegt werden"

W.W.: Ist der Haß der Menschen in den arabischen Ländern nicht beträchtlich größer geworden, und sind durch den Irak-Krieg nicht weitere Terroristen geboren worden?

J. Gedmin: Wenn wir es schaffen, zusammen mit den Menschen im Irak, eine gemäßigte Regierung aufzubauen, dann wäre das ein wichtiger Schritt in Richtung Frieden im Nahen Osten. Denken wir an das Verhalten Syriens, an den Friedensprozeß. Es gibt plötzlich zumindest Möglichkeiten, die es zuvor nicht gegeben hat. Aber ja: Die Terroristen werden nicht einfach verschwinden. Ich fürchte, sie müssen besiegt werden.

W.W.: Wie stehen die USA heute in der internationalen Gemeinschaft? Kofi Annan hat jüngst 10 Milliarden Dollar gefordert, um die drei Krankheiten Tuberkulose, Malaria und Aids in der Dritten Welt bekämpfen zu können, Krankheiten, an denen 50 % der Menschen in der Dritten Welt sterben. Könnten die USA – genauso natürlich auch jedes andere westliche Land – nicht als humanitäres Vorbild voranschreiten, wenn sie diese 10 Milliarden Dollar für ein oder zwei Jahre übernehmen würden?

J. Gedmin: Wir geben jetzt unter George W. Bush wesentlich mehr Geld für Entwicklungshilfe aus; nach Evian (G8-Gipfel) gibt es den Aids-Afrikaplan, mit einem Rahmen von 15 Milliarden Dollar, und wir warten auf die europäische Antwort. Wir denken nicht nur an Vater Staat. Wobei unsere europäische Freunde fast immer an staatliche Projekte und Gelder denken. Die Amerikaner sind nach wie vor ziemlich großzügig und scheinen fast überall helfen zu wollen: Familien, Firmen, Stiftungen und Kirchen – es gibt zahlreiche Beispiele, wie die Amerikaner ihren Beitrag leisten. Es gibt viel zu tun, und die Möglichkeiten transatlantischer Zusammenarbeit sind unbegrenzt.

„Wir sind enttäuscht"

W.W.: Wie stark wurde das deutsch-amerikanische Verhältnis durch die Wahlkampfpropaganda der Bundesregierung 2002 belastet?

J. Gedmin: Wichtig war vor allem, wie das Thema Irak angesprochen wurde. Der Ton hat uns überrascht und enttäuscht.

W.W.: Was hat die amerikanische Regierung am meisten getroffen?

J. Gedmin: Daß Deutschland bereit war, mit Frankreich und Rußland zusammenzuarbeiten, um die amerikanische Position zu untergraben. Außerdem: Wir haben uns das sorgfältig überlegt – es ging doch um Krieg und Frieden –, und der Bundeskanzler sprach von „Abenteuer", und eine Ministerin hat den US-Präsidenten mit Hitler verglichen.

W.W.: War und ist das Verhältnis zwischen Schröder und Bush persönlich vergiftet? Hat es sich nach dem G8-Gipfel in Evian verbessert?

J. Gedmin: Ich fürchte, das Verhältnis Bush – Schröder kann nicht mehr repariert werden. In vielen Bereichen arbeiten wir trotzdem eng miteinander zusammen. Und bei gewissen Persönlichkeiten läuft es reibungslos. Denken Sie an Otto Schily und John Ashcroft.

Partnerschaft und gleiche Werte?

W.W.: Ging die Belastung dieses Verhältnisses von einzelnen Äußerungen deutscher Politiker aus, oder liegt es daran, daß die USA ihre Werte verändert haben bzw. eine Politik in die Wege geleitet haben, die von Deutschland nicht mehr mitgetragen werden kann?

J. Gedmin: Die USA haben globale Ziele. Deutschland dagegen regionale: EU-Erweiterung, den Euro erfolgreich machen, eine europäische Verfassung erarbeiten. Wir haben manchmal andere Prioritäten, Fähigkeiten, Verantwortungen. Unsere Außenpolitik ist außerdem seit dem 11. September ehrgeizig geworden.

W.W.: Haben die USA und Deutschland noch dieselben Werte – Freiheit, Menschenrechte, Demokratie, internationale Gemeinschaft, Multilateralismus –, und zwar nicht von dem Wort, sondern von seinen Inhalten her?

J. Gedmin: Wir teilen die gleichen Werte. Manchmal muß aber gehandelt werden: Bosnien, Ruanda, Kosovo, Irak. Ich habe oft den Eindruck, daß „Pazifismus" und der „kritische Dialog" der Deutschen eine schlichte Ausrede für ein Nichthandeln ist. Wo gibt es übrigens die Demos heute gegen die gewaltbesessene Diktatur in Nordkorea? Wir haben 37.000 Soldaten in Südkorea. Wir versuchen, das Problem der Massenvernichtungswaffen friedlich, diplomatisch und multilateral zu lösen. Es wäre schön, Europa als Partner zu haben. Wann kommen die ersten EU-Truppen dahin?

W.W.: Wie kann das Verhältnis zwischen beiden Staaten verbessert werden?

J. Gedmin: Wie gesagt, wir brauchen die Partnerschaft und arbeiten in vielen Bereichen eng miteinander zusammen – nach wie vor. Handelsbeziehungen sind für beide Seiten wichtig. Was strategische Streitfragen betrifft, müßten wir wahrscheinlich auf beiden Seiten andere Erwartungen haben. Wir brauchen Partner, „willing and able". In der Irak-Frage war Deutschland allerdings weder noch.

„Wir müssen mehr Überzeugungsarbeit leisten"

W.W.: Welche neue Weltordnung und welche geostrategischen Interessen in Nahost, Vorderem Orient und Zentralasien gehen derzeit und in Zukunft von den USA aus?

J. Gedmin: Wir haben – wie schon erwähnt – ehrgeizige Ziele und sind bereit, Demokratie und das Völkerrecht durchzusetzen.

W.W.: Wie stark werden die USA durch den Irak-Krieg und seine Folgen wirtschaftlich belastet?

J. Gedmin: Schwer zu sagen. Auf jeden Fall stimmt es. Der Irak Krieg war gefährlich, Menschen sind ums Leben gekommen, und finanziell teuer war er auch. Seltsam, wenn man bedenkt, wie viele behauptet haben, es ginge ums Öl und die Amerikaner würden vom Krieg profitieren.

W.W.: Wie sehen Sie die Welt in einigen Jahren? Wird es weitere Kriege geben, z.B. gegen Nordkorea, Syrien, Iran?

J. Gedmin: Wir sind immer dafür, daß Kriege vermieden werden. Es kommt natürlich darauf an, wie diese Regime sich verhalten. Nordkorea? Ja, die Frage ist wichtig. Was tut man, wenn ohne Schuld die Diplomatie versagt? Ich halte die Lage für gefährlich.

W.W.: Läuft vieles mittelfristig auf eine Auseinandersetzung – militärisch und/oder wirtschaftlich – zwischen China und den USA hinaus?

J. Gedmin: Die Antwort ist Entwicklung und Demokratie in China. Wenn es sich so entwickelt, habe ich keine Ängste.

W.W.: Was müssen die USA tun, um ihr Ansehen in der Welt wieder zu verbessern und vertrauenswürdiger zu machen?

J. Gedmin: Wir müssen verstehen, wie wichtig es ist, nicht nur was wir als Amerikaner machen, sondern wie. Wir müssen auch endlich begreifen, wie schwierig es manchmal für andere sein kann, unsere Stärke zu akzeptieren (Angst, Neid, Minderwertigkeitsgefühle gibt es ja in dieser Welt). Es gibt immer Überzeugungsarbeit zu leisten. Das haben wir zu oft vergessen.

Das kulturelle Erbe des Irak

Wolfgang Weirauch

Als der Mensch noch nicht im physischen Leib verkörpert war, lebte er im Paradies. Und aus diesem Garten Eden entsprangen vier Ströme, zwei von ihnen hießen Euphrat und Tigris (1. Mose 2, 7–14). In gewisser Hinsicht läßt sich also Mesopotamien, das Zweistromland, heute Irak genannt, in Beziehung zum Paradies setzen.

Die 5.000jährige Geschichte Mesopotamiens ist von vielen kulturellen Höhepunkten und Schattenseiten zugleich geprägt. Bereits 3100 v.Chr. gründeten die Sumerer im Mündungsgebiet der zwei Ströme eine der ersten Hochkulturen der Menschheit. Sie stützte sich auf verschiedene Stadtstaaten, unter ihnen Eridu, Ur, Uruk, Nippur, Kisch. An der Spitze der Stadt standen Priesterkönige. Etwa aus dieser Zeit stammt auch die erste Schrift, die Keilschrift. Das sumerische Zahlensystem mit der 60 als Einheit ist uns bis heute als Gradeinteilung des Kreises und der Uhr erhalten geblieben. Auch das Gilgamesch-Epos handelt von dieser Zeit der vorbabylonischen Stadtstaaten.

Der lockere Städtebund zerfiel etwa 500 Jahre später, und die erste semitische Einwanderungswelle machte die Akkader zu Herrschern im Reich. Berühmtester Herrscher war Sargon I. (2340–2284). Er sah sich nicht mehr als Vertreter Gottes auf Erden, sondern als vergöttlichter König, gründete das Großreich Mesopotamien und eroberte die Nachbarländer bis nach Kleinasien.

Gut 200 Jahre später zerfiel das akkadische Reich, und das neusumerische Reich entstand, eine Verschmelzung sumerischer Kultur mit den politischen Errungenschaften der Akkader. Etwa 1900 v.Chr. wurde Babylon durch einen einwandernden westsemitischen Beduinenstamm gegründet, und 150 Jahre später erreichte diese Stadt unter Hammurabi den Höhepunkt ihrer Entwicklung. Weltberühmt wurde seine Gesetzgebung, die er in Keilschrift in eine 2 m hohe Basaltsäule meißeln ließ.

Dieses altbabylonische Reich wurde 1594 durch die Hethiter zerstört und zerfiel in einzelne Staaten. 1200 rissen die Assyrer aus dem Norden Mesopotamiens die Macht an sich und gründeten das assyrische Weltreich. Namen wie Tiglatpilesar und Assurbanipal erinnern an diesen Militärstaat, der seine Nachbarvölker brutal unterdrückte oder ins eigene Reich deportierte.

So wie die Babylonier an ihren Gott Marduk glaubten, wollten die Assyrer ihrem Gott Assur zur Weltherrschaft verhelfen. Sie führten z.B. die Angehörigen der zehn Nordstämme Israels 722 in die „assyrische Gefangenschaft" nach Ninive, wohin sich auch der Prophet Jona aufmachte. 689 zerstörten die Assyrer Babylon, 670 machten sie Ägypten zur Provinz, wenig später verschwand dieses Weltreich. Kurz zuvor hatte Assurbanipal noch das gesamte geistige Erbe des Vorderen Orients in seiner Bibliothek in Ninive auf 22.000 Tontafeln aufzeichnen lassen.

Nach dem Niedergang der Assyrer begründeten aramäische Chaldäer um 600 v.Chr. das neubabylonische Reich. Bekanntester Herrscher unter ihnen wurde Nabopolassars Sohn Nebukadnezar, der 587 Jerusalem zerstörte und die Oberschicht der zwei übriggebliebenen Stämme Israels in die „babylonische Gefangenschaft" führte. Aber das neubabylonische Reich zerfiel wenige Jahrzehnte später, als der Perser Kyros das neue Weltreich der Perser durch seine Eroberungen schuf.

Ein weiterer kultureller Höhepunkt des Zweistromlandes entwickelte sich nach der Islamisierung im 7. nachchristlichen Jahrhundert. Der vierte „rechtgeleitete Kalif", Ali, wurde 661 ermordet, und die muslimische Gemeinde zerfiel in die Sunniten und Schiiten. Sein Sohn Hussein wurde 680 in Kerbela ermordet. Die Grabstätten Alis in Nadschaf und Husseins in Kerbela, beide im heutigen Irak, gelten als die wichtigsten Wallfahrtstätten der Schiiten.

Nach den 14 Umaijadenkalifen mit dem Kalifat in Damaskus folgten 37 Abbasidenkalife mit dem Kalifat in Bagdad in der Zeit von 749–1258. Besonders die ersten dieser Jahrhunderte gelten als die arabisch-islamische Blütezeit, in der durch die Kalifen Al-Mansur, Harun ar-Raschid und seinen Sohn Al-Ma'mun das Geistesleben, besonders die Übersetzungen des hellenistischen Geistesgutes, und die Medizin immens gefördert wurden.

Krieg im Paradies?

Interview mit Peter Scholl-Latour

von Wolfgang Weirauch

Dr. Peter Scholl-Latour, *geb. 1924 in Bochum. Er studierte an den Universitäten Mainz, Paris und Beirut. Neben einer Promotion an der Sorbonne und dem Diplom des Institut National des Sciences Politiques in Paris erwarb er an der Libanesischen Universität Beirut das Diplom für arabische und islamische Studien. Seit 1950 Arbeit als Journalist. Als Korrespondent der ARD hielt er sich von 1960–1963 in Afrika auf; danach leitete er bis 1969 das ARD-Studio in Paris, anschließend war er zwei Jahre Programmdirektor des WDR-Fernsehens. 1975 übernahm er die Leitung des ZDF-Studios in Paris, die er bis 1983 innehatte. Peter Scholl-Latour ist neben seiner Fernseh-, Rund-*

funk- und Pressearbeit auch Autor zahlreicher erfolgreicher Bücher, die von den Brennpunkten der Weltpolitik berichten, u.a.:

„Der Tod im Reisfeld. 30 Jahre Krieg in Indochina" (1979); „Allah ist mit den Standhaften. Begegnungen mit der islamischen Revolution" (1983); „Der Wahn vom Himmlischen Frieden. Chinas langes Erwachen" (1990); „Das Schwert des Islam" (1991); „Den Gottlosen die Hölle" (1991); „Asien. Ein verlorenes Paradies" (1992); „Unter Kreuz und Knute. Russische Schicksalsstunden" (1992); „Eine Welt in Auflösung" (1993); „Im Fadenkreuz der Mächte. Gespenster am Balkan" (1994); „Das Schlachtfeld der Zukunft. Zwischen Kaukasus und Pamir" (1996); „Lügen im Heiligen Land. Machtproben zwischen Euphrat und Nil" (1998); „Allahs Schatten über Atatürk" (1999); „Afrikanische Totenklage. Der Ausverkauf des Schwarzen Kontinents" (2001); „Der Fluch des neuen Jahrtausends. Eine Bilanz" (2002); „Kampf dem Terror – Kampf dem Islam?" (2002).

Mit Peter Scholl-Latour, einem der profiliertesten Autoren und Reporter unserer Zeit, führte ich zwei Gespräche: das erste am 28.09.2002, Monate vor dem Irak-Krieg, das zweite am 14.06.2003, Monate nach dem Sieg der USA über das Regime Saddam Husseins.

In der Zeit unseres ersten Gespräches hielt die Welt noch den Atem an. Die Zeichen standen auf Krieg, obwohl der Irak der Rückkehr der UNO-Inspektoren gerade zugestimmt hatte. Auf ihnen ruhten in den Monaten bis Mitte März 2003 – bis zum Kriegsbeginn – die Hoffnungen des größten Teils der Weltöffentlichkeit.

Die Kriegsgründe, die seitens der USA und Großbritanniens im vergangenen Herbst vorgelegt wurden, standen schon damals auf sehr dünnen Beinen. Die Verbindung zwischen Saddam Hussein und Al-Qaida gab es nie, und es war nichts weiter als der hilflose Versuch der USA, auf diese Weise den Irak zu einem Verbündeten des internationalen Terrorismus zu machen, um so die Weltgemeinschaft durch die Hintertür für die Kriegsallianz zu gewinnen.

Ob der Irak noch einen Rest von Massenvernichtungswaffen besaß – schließlich hatte der Westen in den 80er Jahren genügend an den Irak geliefert –, war bis zum Kriegsbeginn offen. Es hätte sein können, aber bis zum Abschuß der ersten Raketen waren die Inspektoren nicht fündig geworden.

Peter Scholl-Latour spricht in folgendem Interview über die Kurden, Sunniten und Schiiten im Irak, über den möglicherweise drohenden Häuserkampf in Bagdad, den Personenkult Saddam Husseins sowie die mythische Dimension, die dieser Krieg für die fundamentalistischen Christen angenommen hat.

Wolfgang Weirauch: Was sind die wirklichen Hintergründe der US-Strategie, den Irak angreifen zu wollen und auch den Kopf von Saddam Hussein zu fordern?

Peter Scholl-Latour: Eine genaue Analyse fällt schwer, denn es stellt sich die Frage, warum der Angriff in diesen Monaten stattfinden soll und nicht schon Jahre zuvor durchgeführt wurde. Der bleibende erste Grund ist, daß man einen Fehlschlag von 1991 wettmachen will. Zweitens will man vollkommen neue Verhältnisse im Vorderen Orient schaffen, was auch eine Entlastung Israels mit sich brächte. Und drittens sind die USA an den nach Saudi-Arabien wichtigsten Ölvorkommen im Irak interessiert.

W.W.: Dann ist der Irak eine Alternative zu Saudi-Arabien?

P. Scholl-Latour: Genau, denn die Verhältnisse in Saudi-Arabien werden zunehmend unsicherer für die USA.

Keine Verbindungen zur Al-Qaida

W.W.: Die USA konstruieren eine neue Kriegsstrategie, den Präventivkrieg. Das Argument der nicht zugelassenen Waffenkontrolleure ist jetzt weggefallen, weil Saddam Hussein ihnen erlaubt hat, den Irak zu betreten. Konstruiert man deshalb jetzt zur Rechtfertigung eines Präventivkrieges eine Verbindung des Irak zur Al-Qaida?

P. Scholl-Latour: So scheint es, aber es ist natürlich ein fadenscheiniges Argument. Sämtliche Nachrichtendienste wissen, daß zwischen Saddam Hussein und Osama bin Laden alles andere als ein herzliches Verhältnis besteht. Die Fundamentalisten gehören zu den gefährlichsten Gegnern Saddam Husseins, denn zeitlebens ist er als ein arabischer Nationalist, als Gegner des islamischen Fundamentalismus angetreten. Es ist kaum bekannt, daß vor Beginn des zweiten Golfkrieges Osama bin Laden den USA die Aufstellung einer arabischen Freiwilligentruppe angeboten hat, natürlich mit dem Hintergedanken der Errichtung eines islamischen Gottesstaates in der Region. Das zeigt immerhin, mit welchen Gegenpolen wir es hier zu tun haben.

W.W.: Die amerikanische Sicherheitsberaterin Condoleezza Rice hat gestern (27.09.2002) behauptet, daß der Irak Al-Qaida-Mitglieder zur

Herstellung chemischer Waffen ausgebildet hätte. Ist dies eine fiktive Behauptung?

P. Scholl-Latour: Chemische Waffen kann fast jeder herstellen, dazu bedarf es keiner großen Kenntnisse. Selbstverständlich hat der Irak chemische Waffen, aber genauso haben Syrien, Libyen, wahrscheinlich auch Ägypten chemische Waffen, der Iran ohnehin und die USA, Rußland und China sowieso. Deutschland gehört zu den wenigen Ländern, die keine chemischen Waffen besitzen. Deswegen ist das Argument von Condoleezza Rice ziemlich abwegig, denn es ist verhältnismäßig einfach, derartige Waffen herzustellen. Sie einzusetzen ist schon wesentlich schwieriger.

Im Gas erstickt

Und der Irak hat chemische Waffen eingesetzt, als er die Kurden im eigenen Land vergast hat. Befehlshaber war übrigens ein General, der jetzt zu den Opponenten Saddam Husseins gehört und in den Exilkomitees tagt. Der wirkliche Gaskrieg ist mit dem Wissen und der Unterstützung der Amerikaner, Russen und leider auch der Deutschen im ersten Golfkrieg gegen den Iran (1980–88) geführt worden. Die iranische Offensive ist im irakischen Gas mit Billigung und Unterstützung der USA erstickt worden.

W.W.: Können Sie einschätzen, wie stark das Waffenpotential, speziell der Massenvernichtungswaffen, im Irak ist?

P. Scholl-Latour: Gering. Wenn man dem gerade veröffentlichten Blair-Papier Glauben schenken will, muß man schon ziemlich naiv sein. Was Blair bekanntgegeben hat, ist nicht sonderlich relevant. Daß Saddam Hussein angeblich in Afrika Uran erworben haben soll, mag sein. Allein mit Uran ist aber nicht viel anzufangen. Die Herstellung von Atomwaffen ist dagegen ungleich schwerer. Daß der Irak binnen 45 Minuten eine Giftgasrakete startklar machen könnte, entspricht dem allgemeinen Kenntnisstand. Nach Angaben Israels verfügt der Irak allerdings lediglich über zwei Dutzend veraltete Raketen, die von der israelischen Raketenabwehr, die teilweise auch schon in Jordanien stationiert ist, ohne weiteres abgeschossen werden können.

W.W.: Der Irak zahlt Prämien an die Angehörigen von palästinensischen Selbstmordattentätern sowie an diejenigen, deren Häuser von den Israelis zerstört wurden. Interessiert Saddam Hussein das Schicksal der Palästinenser wirklich?

P. Scholl-Latour: Saddam Hussein ist an niemandem interessiert, außer an sich selbst. Als die Palästinenser noch in den Oslo-Verhandlungen steckten, hat Tarik Asis mir gegenüber einmal geäußert: „Wir werden nicht palästinensischer sein als die Palästinenser." Im Grunde verhält sich die gesamte arabische Welt mit einer merkwürdigen Zurückhaltung gegenüber dem Leiden ihrer palästinensischen Brüder. Aber nach wie vor hat Saddam Hussein bei vielen Palästinensern eine angesehene Position. Und wenn es zum Krieg zwischen Irak und den USA kommt, wird Saddam Hussein unter allen Umständen versuchen, Israel in diesen Krieg mit hineinzuziehen.

Wenn es allein zu einem Krieg zwischen Irak und den USA kommt, werden alle anderen arabischen Staaten stillhalten und alles dafür tun, daß die antiamerikanisch eingestellten Volksmassen mit Gewalt unter Kontrolle gehalten werden. Wenn allerdings Israel impliziert wird, kann es im Nahen Osten zu einer Explosion kommen, durch die z.B. die Regime in Jordanien und Ägypten hinweggefegt werden.

W.W.: Wenn es zu einem US-Angriff kommt, wird dann der Irak wieder Israel bombardieren? Und wird Israel dann wieder stillhalten oder mit einem Atomschlag reagieren?

P. Scholl-Latour: Es wird dem Irak höchstwahrscheinlich nicht gelingen, Ziele in Israel zu treffen. Das Raketenabwehrsystem Israels ist so dicht, daß die irakischen Raketen nicht durchkommen werden. Davon habe ich mich vor kurzem selbst in Israel überzeugen können. Insofern ist diese Befürchtung relativ gering. Die Frage ist allerdings, ob Scharon den bloßen Versuch Saddam Husseins, Städte wie Tel Aviv oder Haifa mit Raketen zu bombardieren, mit einem Gegenschlag, eventuell nuklearer Art, beantworten wird. Bei Scharon weiß man das nie.

W.W.: Steht dann die Welt in Flammen?

P. Scholl-Latour: Die ganze Welt nicht, aber es entstünde eine vollkommen unkalkulierbare und fürchterliche Situation. Die nuklearen Auswirkungen würden nicht viel anders als die von Tschernobyl sein, aber es wäre ein Tabubruch.

Krieg gegen das Böse – Krieg gegen den Islam?

W.W.: Die Hisbollah rüstet im Libanon mit Hilfe des Iran und Syrien Raketen auf. Welche Strategie steckt dahinter? Fürchten Syrien und Iran, daß sie nach dem Irak die nächsten Ziele der USA sein werden?

P. Scholl-Latour: Damit sprechen Sie das Erschreckende der gesamten Situation an. Wenn man alle Länder gefügig machen will, die mit dem Bau von Massenvernichtungswaffen beschäftigt sind, dann nimmt die Serie der US-Angriffe auf diese Staaten kein Ende. Beim Iran könnte man davon ausgehen, daß sie es ähnlich wie Pakistan mittlerweile geschafft haben könnten, Nuklearsprengköpfe zu produzieren. Auf jeden Fall verfügt der Iran über weit bessere Raketen als der Irak. Das haben sie wahrscheinlich mit nordkoreanischer und chinesischer Hilfe geschafft. Auch die pakistanische Bombe ist nicht von allein entstanden.

Die Hisbollah ist zweifellos die diszipliniertese und gefährlichste Bewegung an Israels Grenze. Sie sind auch die einzigen, die die Israeli zum Rückzug – aus dem Süden Libanons – bewegt haben. Sich mit der Hisbollah anzulegen ist eine gefährliche Angelegenheit. Scharon ist schon einmal in Beirut gewesen, und das war nicht gerade ein Erfolg.

Und wenn man sich mit dem Iran anlegt, dann wird es gefährlich. Es ist ein riesiger Flächenstaat mit 70 Millionen Einwohnern, keinesfalls so flach wie große Teile des Irak, wo man fast jedes Versteck leicht ausfindig machen kann, sondern in großen Teilen ist der Iran sehr gebirgig. Und im übrigen bestehen zwischen dem Iran und Rußland enge Beziehungen, denn die Russen verkaufen ständig militärisches Material an dieses Land.

W.W.: Welche Auswirkungen wird ein Irak-Krieg auf die arabische Welt haben?

P. Scholl-Latour: Für die meisten Muslime wird es die Bestätigung sein, daß der sogenannte Krieg gegen das Böse in Wirklichkeit ein Krieg gegen den Islam ist. Saddam Hussein ist zwar kein guter Muslim, aber in den letzten Jahren ist er ein wenig frommer geworden, hat Allahu-akbar auf seine Fahne geschrieben, hat auch zum Dschihad aufgerufen und wird bei den Volksmassen nach und nach zu einer arabischen Heldengestalt. Eigentlich mögen sie ihn nicht besonders, denn er ist ein Polit-Gangster, aber es imponiert den Menschen, daß er als einziger den USA Paroli bietet. Trotzdem möchte ich darauf verweisen, daß die muslimischen Massen bis nach Jakarta mit dem Portrait Osama bin Ladens durch die Straßen ziehen, aber das Portrait Saddam Husseins sieht man außerhalb des Irak nirgendwo.

Ein Kurdenstaat im Nord-Irak

W.W.: Wird nach einem US-Angriff im Norden des Irak ein souveräner kurdischer Staat entstehen?

P. Scholl-Latour: Ich bin vor kurzem bei den Kurden gewesen und mußte feststellen, daß es ihnen so gut geht wie noch nie. Auch wenn sie noch keinen souveränen Staat haben, leben sie doch in einer totalen Autonomie, und kein irakischer Soldat wagt sich auf ihr Territorium. Die beiden kurdischen Führer Talabani und Barsani mögen sich zwar immer noch nicht, arbeiten aber jetzt mehr oder weniger zusammen. Sie bauen ihren eigenen Staat auf. Sie haben eine eigene Armee und eine eigene Währung, den alten irakischen Dinar. Er hat sogar eine gewisse Stabilität, im Gegensatz zu dem Geld, das in Bagdad über den Kopierer hergestellt wird. Im kurdischen Nord-Irak lebt man vom Schmuggel, wobei Barsani im Handel mit der Türkei – wegen seiner unmittelbaren Nachbarschaft – mehr begünstigt ist als Talabani bei seinen Schmuggelaktivitäten.

Sie haben ihre eigenen kurdischen Schulen und sogar eine Art Ministerium für Auswärtige Angelegenheiten. De facto sind sie unabhängig, aber den letzten Schritt zu einem souveränen Staat wollen sie meines Erachtens momentan gar nicht gehen. Denn dann müssen sie befürchten, daß die Türken einmarschieren. Die Kurden haben bei einem US-Angriff auf den Irak am meisten zu verlieren, denn momentan geht es ihnen im Verhältnis zu allen anderen Zeiten relativ gut.

Blutige Rache an den Schiiten

W.W.: Wie steht es demgegenüber mit den Schiiten im Süden des Irak?

P. Scholl-Latour: Diese Menschen sind das eigentliche Problem. Sie machen etwa 60 % der irakischen Bevölkerung aus. Die Schiiten sind die armen Menschen, die 1991 von den USA, in der Endphase des zweiten Golfkrieges, ans Messer geliefert, die von Saddam Hussein mißhandelt und von seinen Truppen zusammengeschossen worden sind. Die Amerikaner hatten sie zum Kampf gegen Saddam Hussein aufgerufen, und sie hatten fast schon die Hälfte des Landes besetzt, in der Annahme, daß Saddam Hussein und seine Republikanergarde in den nächsten Tagen von den USA gestürzt werden würden. Doch dann kam der überraschende blitzartige Waffenstillstand mit dem Irak, und Saddam Hussein rächte sich blutig an den Schiiten. Durch die Republikanergarde wurden sie zusammengeschossen, und die schiitischen Heiligtümer von Nadschaf und Kerbela, in denen die beiden schiitischen Heiligen Ali und Hussein begraben liegen, wurden zerstört.

Die Zukunft der Kurden ist sehr ungewiß

W.W.: Wie wollen die USA die Türkei überreden, daß im Norden des Irak ein souveräner kurdischer Staat entstehen muß, wenn man bei einem möglichen Angriff der USA auf den Irak die Kurden nicht als Gegner haben will, oder ist das kein Thema?

P. Scholl-Latour: Die Türken haben den USA schon ihre Basis von Incirlik zur Verfügung gestellt. Und ich nehme nicht an, daß sich in Zukunft daran etwas ändern wird. Die Türken stehen nach wie vor auf seiten der Amerikaner. Das größte Problem für die Türkei sind allerdings die Kurden. Für die USA wäre es am einfachsten, wenn die türkische Armee auf Bagdad marschierte, denn sie ist eine Armee, die auch Verluste in Kauf nehmen würde, was für die USA wesentlich problematischer ist. Aber die türkischen Generäle sind im Gegensatz zu den türkischen Politikern extrem vorsichtig, und insofern vermute ich, daß die Türkei die USA nach Kräften unterstützen wird, aber daß das Gebiet südlich der türkischen Grenze, der Nord-Irak, nicht zum eigentlichen Kriegsgebiet wird.

In der Türkei würde man es auch nicht mit großer Begeisterung sehen, wenn sich einige Tausendschaften von Kurden aus dem Norden des Irak Richtung Bagdad bewegten, um den USA eine Art Nordallianz zu bieten. Vor einigen Monaten hat mir der Kurdenführer Talabani in einem Interview noch mitgeteilt, daß dieses Szenario für ihn nicht in Frage käme, denn die Kurden seien keine Söldner. Aber schon einige Wochen später hat er sich mit der CIA in Deutschland getroffen. Die Zukunft in diesem Gebiet ist sehr ungewiß.

W.W.: Immer häufiger liest man in der letzten Zeit von einem Heer aus irakischen Oppositionellen – allein 40.000 will das Oppositionsbündnis INC stellen –, das auch wie eine Art Nordallianz von den USA bei einem Angriff auf den Irak eingesetzt werden soll. Ist an diesem Heer etwas dran?

P. Scholl-Latour: Darüber kann man nur lachen. In diesem Zusammenhang wird immer wieder der INC-Vorsitzende Ahmed Chalabi genannt, eigentlich eine Art Salonlöwe, der mit einem libanesischen Akzent spricht, ein Mann, der wegen eines Bankrotts in Jordanien gesucht wird. Wenn das der Held der Befreiung sein soll, dann tun mir die Amerikaner leid. Unter den militärischen Oppositionellen im Ausland ist der prominenteste gerade derjenige, der früher als Generalstabschef der irakischen Armee für die Vergiftung der Kurden verantwortlich war. Es handelt sich hierbei also nicht um sehr empfehlenswerte Gestalten.

Krieg in den Städten?

W.W.: Wie stark ist der Irak gegen einen US-Angriff gerüstet?

P. Scholl-Latour: Sie haben eine Armee, die zahlenmäßig sehr viel schwächer ist als 1991. Sie ist auch sehr schlecht ausgerüstet, vorwiegend mit altem russischen Material. Die Republikanergarde, die etwa 100.000 Mann umfaßt, ist relativ gut bewaffnet. Und dann gibt es noch eine andere Formation, die Fedayin Saddam, die unter dem Befehl von Saddam Husseins Sohn Udai steht. Es kann sein, daß unter ihnen auch Fanatiker sind.

Zusätzlich hat Saddam Hussein noch einen riesigen Volkssturm aufgestellt, die Dschaisch al-Quts, die Armee Jerusalems. Sie defiliert von Zeit zu Zeit durch die Straßen Bagdads. Unter ihnen befinden sich Frauen, dickbäuchige Männer und viele Menschen aus dem einfachen Volk. Aber immerhin ist es bezeichnend, daß an eine so große Masse von Menschen aus der eigenen Bevölkerung Waffen ausgegeben werden. Insofern muß sich Saddam Hussein sehr sicher fühlen.

Meine Anschauung in bezug auf den Nahen Osten hat sich seit den Ereignissen auf der Westbank ein wenig geändert. Früher galten die Palästinenser als die unsoldatischsten und levantinischsten aller Orientalen, die im Grunde nicht zum Kampf taugten. Aber plötzlich wurden aus ihnen kriegerische Löwen. Man kann ihre Vorgehensweise verurteilen, aber feige ist es nicht, wenn man sich einen Sprengstoffgürtel um den Bauch schnallt und sich in die Luft jagt.

So etwas kann auch im Irak geschehen, vielleicht sogar aus religiösen Gründen. Es kann also sein, daß die USA mit ihrem Feldzug gegen den Irak dort etwas auslösen, was es bisher im Irak nicht gegeben hat, nämlich eine starke islamistische Bewegung. Eine solche Bewegung könnte entstehen zur Bekämpfung der Ungläubigen, die in den Irak eingefallen sind.

Saddam Hussein ist auch kein Dummkopf, er weiß, daß er in der Ebene Mesopotamiens militärisch keine Chance hat, also wird er sich auf den Krieg in den Städten verlagern. Dafür ist die Westbank ein Modell. Die Palästinenser haben dort in diesem winzigen Territorium nahezu keine Waffen. Im Irak haben die Menschen aber Waffen, eventuell sogar Giftgas. Straßenschlachten in einer Sechs-Millionen-Stadt wie Bagdad oder einer Zwei-Millionen-Stadt wie Basra können sehr häßlich für die Amerikaner werden.

Es kann auch sein, daß die Amerikaner zunächst mit Jubel begrüßt werden; auch das möchte ich nicht ausschließen. Aber dieser Jubel wird nicht lange andauern, denn es gibt überhaupt kein politisches Konzept, wie dieses Land nach einem Sturz des derzeitigen Regimes politisch regiert werden kann. Das ganze Land ist zutiefst zerspalten, und das Exilkomitee kann man vergessen. Insofern wird wahrscheinlich eine Art General an die Spitze gesetzt werden, aber wenn er sich als so schwach erweist wie Karsai in Afghanistan, der nur durch den Schutz der Special Forces der USA überleben kann, dann wird das nicht sehr viel bringen.

Religiöse Toleranz

W.W.: Wie hält es Saddam Hussein mit der Religion? Wie stark ist die Religionstoleranz im Irak, z.B. gegenüber den christlichen Chaldäern?

P. Scholl-Latour: Zumindest seitdem die Baath-Partei an der Macht ist, verhält man sich gegenüber den Christen extrem tolerant. Die Christen veranstalten Kongresse, und Saddam Hussein hat die Klöster der verschiedenen christlichen Gruppierungen restaurieren lassen. Der Kardinal, der zugleich Patriarch von Babylon ist, residiert in einem sehr stattlichen Gebäude und spielt im Irak auch eine gewisse Rolle. Die Christen sind also in diesem Land in keiner Weise diskriminiert. Mitten in Bagdad steht z.B. eine große armenische Kirche mit einem Kreuz. So etwas wäre beispielsweise in Saudi-Arabien überhaupt nicht vorstellbar.

W.W.: Nachdem die Republikanergarde im Jahre 1991 die Mausoleen Alis und Husseins in Nadschaf und Kerbela zerstört hat, ließ Saddam Hussein sie in Kürze wieder aufbauen. Was war dafür sein Motiv? Wollte er mit den Schiiten wieder Frieden schließen?

P. Scholl-Latour: Ja, er mußte das, denn immerhin stellen die Schiiten die Mehrheit der Bevölkerung dar. Und Saddam Hussein hat sich einen Stammbaum konstruiert, nach dem er von dem Imam Hussein abstammen soll. Ansonsten hat er keine Verbindung zu den Schiiten, obwohl er versucht, eine Reihe von ihnen auf seine Seite zu ziehen. Während des ersten Golfkrieges gegen den Iran hatte der Iran angenommen, daß die Schiiten des Irak in Scharen zum Iran überlaufen würden. Aber das haben sie nicht getan. Allerdings gibt es im Iran eine irakisch-schiitische Division, aber die reicht nicht für einen Angriff aus. Außerdem wird der Iran nicht kriegerisch im Irak intervenieren.

Der Wiederaufbau von Nadschaf und Kerbela ist perfekt vorgenommen worden, und das war ungeheuer kostspielig. Die Mausoleen bestehen zu großen Teilen aus massivem Gold und Silber. An beiden Moscheen prangt ein Bild Saddam Husseins, auf dem er in betender Geste dargestellt wird.

Der Personenkult ist erdrückend

W.W.: Damit sprechen Sie den Personenkult Saddam Husseins an. Überall sieht man seine Bildnisse in verschiedensten Posen, und oftmals vergleicht er sich auch mit historischen Größen wie Saladin, Hammurabi und Nebukadnezar. Welche Parallelen sieht er zwischen sich und diesen alten Herrschern?

P. Scholl-Latour: Das ist im Westen vielleicht schwer verständlich, obwohl wir Deutschen uns nicht unbedingt aufs hohe Roß setzen sollten, denn während des Dritten Reiches hing unser „glorreicher Führer" in jeder Amtsstube und auch in vielen Wohnzimmern. Und er wurde von den Malern seinerzeit beispielsweise in gleißender Ritterrüstung dargestellt. Damals hat es also auch nicht an Lächerlichkeiten gefehlt. Aber der Personenkult Saddam Husseins ist wirklich erdrückend. Er ist fast an jeder Straßenecke und auf mancher Mauer bis zu fünfmal dargestellt. Bisher hat dies in diesem Ausmaß nur Kim Il Sung in Nordkorea geschafft. Vielleicht entspringt es aus einer orientalischen Mentalität, daß in Hussein der große Herrscher gesehen werden soll, der über allem wacht. Vielleicht steckt auch ein psychologisches Kalkül dahinter, damit die Menschen glauben sollen, daß sie überall von ihm überwacht werden.

W.W.: Wenn er sich mit Saladin, Harun ar-Raschid, Nebukadnezar usw. vergleicht, versteht er dann seine Politik als von der Geschichte legitimiert?

P. Scholl-Latour: Er möchte das sicherlich, aber die Wirklichkeit ist eine andere. Er ist kein Nebukadnezar, sondern ein kleiner Politiker, der sich an die Spitze des Staates hochgeschossen hat, der nicht dumm ist, aber vom Ausland überhaupt keine Kenntnisse hat. Vielleicht kann man ihm zugute halten, daß er sich von den Amerikanern in den zweiten Golfkrieg hat hineintricksen lassen. Die damalige US-Botschafterin im Irak, Glaspie, hat sich Saddam Hussein gegenüber nicht klar ausgedrückt, daß er mit einem Krieg rechnen müsse, wenn er Kuwait besetzen würde. Und sie ist Arabistin, spricht perfekt Arabisch, so daß es keine sprachlichen Mißverständnisse gegeben haben kann.

Saddam Hussein war dabei, den Irak mit seinen Mitteln in einen modernen und relativ wohlhabenden Staat zu verwandeln, und dann hat er den irrsinnigen Fehler begangen – aber auch auf Betreiben der USA –, den Iran im Jahr 1980 anzugreifen. Ihm ging es darum, die Provinz Khusistan, die sehr erdölreich ist, zu annektieren, und den Amerikanern ging es darum, den Ayatollah Chomeini zu stürzen. Damals dachte man noch, daß

Chomeini sehr schwach sei, die Perser nicht tapfer kämpfen würden und daß die Revolutionswächter nicht ernst zu nehmen seien. Deshalb setzten die USA auf einen schnellen Sieg des Irak. Dabei darf man nicht vergessen, daß die Raketen, die auf Teheran und Isfahan geschossen wurden, durch amerikanische Spezialisten auf eine größere Reichweite hochgerüstet worden sind.

Der Krieg bekommt mythische Dimensionen

W.W.: Warum macht Saddam Hussein nicht den Deal seines Lebens: endgültige Abschaffung sämtlicher Massenvernichtungswaffen und Verkauf seines Öls an die USA?

P. Scholl-Latour: Zum ersten Teil – der Abschaffung der Massenvernichtungswaffen – ist er wahrscheinlich bereit. Das andere wäre der große schlaue Trick. Den US-Amerikanern geht es bei diesem Kriegsszenario um das Öl. Und ich habe bei meinem Besuch in Bagdad in diesem Jahr immer wieder gehört, daß wir Europäer uns keine Illusionen machen sollten, irgendwelche Ölkonzessionen vom Irak zu bekommen. Entweder wird der Nachfolger Saddam Husseins das Öl an die Amerikaner verkaufen, oder Saddam Hussein wird sich sein Überleben durch Verkauf des Öls an die USA erkaufen.

Als das Programm „Oil for Food" begann, brauchte der Irak einen großen Tanker. Man wandte sich an die Russen, aber dort signalisierte man eine Lieferzeit von vier Wochen, die Franzosen brauchten nur zwei Wochen, und die USA lieferten den Tanker in drei Tagen. Sie hatten ihn nämlich schon bereitgestellt. Die USA sind einfach in einer besseren Position.

Allerdings habe ich momentan den Eindruck, daß Präsident Bush nicht mehr ganz rational vorgeht. Der Krieg gegen den Irak wird zu einer mythischen Angelegenheit, zu einem Kampf gegen das Böse. Für ihn ist Saddam Hussein die Verkörperung des Bösen, und es geht darum, diesen Mann umzubringen.

W.W.: Sie sprechen das Mythische an. Abraham, Stammvater der Juden und Araber, zog nach den Aussagen des Alten Testaments von Ur in Chaldäa ins Gelobte Land Kanaan. Der israelisch-palästinensische Konflikt ist bis heute nicht gelöst. Im zweiten Golfkrieg hat Saddam Hussein Israel in den Krieg miteinbezogen. Wie stark ist dieser Konflikt mit dem Konflikt USA – Irak verflochten?

P. Scholl-Latour: Beide Religionen, Muslime und Juden, sind sich des gemeinsamen Ursprungs bewußt. Für die Juden geht die Erbfolge auf den Sohn Abrahams, Isaak, über, für die Araber ist Ismael der Lieblingssohn, also der verstoßene Sohn, den Abraham mit seiner Magd Hagar gezeugt hat. Aber auch für die Juden ist Ismael der Stammvater eines großen Volkes. Auch im Alten Testament steht, daß beide, Ismael und Isaak, sich bei der Bestattung des Vaters Abraham in Hebron getroffen haben. Insofern sind die beiden Völker und ihre Religionen sehr eng miteinander verwoben.

Das religiöse Erwachen, das Gefühl für die Bibel, kommt in der letzten Zeit auch bei den sogenannten Evangelikanern in den USA hoch, woraus die Unterstützung für den Staat Israel von dem extrem konservativen Flügel der Republikanischen Partei und ihrer Anhänger hervorgeht. Das sind die sogenannten Erweckungsbewegungen, die die Bibel wörtlich nehmen. Sie lehnen auch Darwin vollkommen ab. Sie sehen in der Heimkehr des jüdischen Volkes in das Gelobte Land eine biblische Erfüllung, eine messianische Voraussetzung.

Der eigenartige Aspekt dabei ist allerdings, daß ihre Vorstellungen in etwa so sind, daß in dem Moment, in dem dieses Volk im Gelobten Land siedelt und seine Grenzen bis zum Jordan oder gar bis zum Euphrat, wie es in der Bibel steht, ausgedehnt hat, der Messias erscheinen würde. In ihren Augen wäre der Messias Jesus Christus, und deshalb glauben sie, daß sich dann alle Juden zum Christentum bekehren würden. Das ist natürlich etwas absurd.

Hinzu kommt noch, daß diese konservativen religiösen Kreise früher oft strenge Antisemiten und in der Rassenfrage die Intolerantesten waren. Sie glauben, daß die Schwarzen laut Altem Testament die Nachfolger des Sohns von Noah, Ham, sind, der über seinen betrunkenen und nackten Vater gespottet hatte (1. Mose 9, 20–22). Deswegen seien seine Nachkommen schwarz geworden. Das ist schon eine seltsame Gefolgschaft, die in den USA Partei für Israel einnimmt.

Die Hure Babylon

W.W.: Empfinden Sie es als eine besondere historische Tragik, daß die beiden semitischen Völker immer noch nicht zusammenleben können, daß das Zweistromland sogar als Ort des Paradieses angesehen wird, die Heimat Abrahams ist und daß durch den Konflikt USA – Irak vielleicht wieder große Teile der Welt und ihrer Bewohner ins Unglück gestürzt werden?

P. Scholl-Latour: Bei den Arabern wird der Irak der „Boden der Propheten“ genannt, denn die meisten der Propheten haben dort gelebt. Das Grab Noahs wird dort verehrt, man sagt sogar, daß Adam dort beerdigt sein soll. Der Prophet Jona war in Ninive, Daniel war während der babylonischen Gefangenschaft dort. Das ist das eine. Das wirkliche Problem liegt aber darin, daß die amerikanischen Evangelikaner in Bagdad das Babylon von heute sehen, die Hure Babylon, die auf dem scharlachroten Tier reitet. Solche Vorstellungen sind momentan in den Gemütern der Menschen, weniger die vom Irak als ehemaligem Paradies.

W.W.: Ich hörte gerade, daß Sie an einem neuen Buch schreiben. Wovon handelt es?

P. Scholl-Latour: Es handelt von dem Kampf der USA gegen den Terror. Der Titel lautet „Kampf dem Terror – Kampf dem Islam? Chronik eines unbegrenzten Krieges“. Dabei geht es nicht nur um Nahost und Zentralasien, sondern auch um Indonesien, die Philippinen, um Kaschmir und um die Beziehungen zu China.

Frieden im Paradies?

Interview mit Peter Scholl-Latour*

von Wolfgang Weirauch

Der Irak-Krieg ist bereits Geschichte. Alle angeblichen Beweise, die die Bush-Administration als Kriegsgrund vorbrachte, sind wie Kartenhäuser zusammengefallen.

Die Medien-Show von Außenminister Powell vor dem Weltsicherheitsrat der UNO am 05.02.2003 – ein letztes Aufbäumen, um die im Sicherheitsrat vertretenen Länder noch in das Kriegsboot zu locken – erwies sich sehr schnell als Bluff und letztlich als Eigentor.

Das Nein von Deutschland, Frankreich und Rußland zu einem von der UNO nicht legitimierten Angriffskrieg verstärkte sich zunehmend. Aber alle Bemühungen, den Krieg noch zu verhindern, waren erfolglos. Mittlerweile zeichnet sich immer deutlicher ab, daß die USA spätestens seit dem 11.09.2001 zum Sturz des Saddam Hussein-Regimes entschlossen waren, mit oder ohne UNO.

Der Krieg wurde perfekt geführt und endete schneller, als vielfach vermutet. Das brutale Regime Saddam Husseins wurde gestürzt, zum Segen vieler Iraker. Aber ob das amerikanische Besatzungsregime noch lange von der irakischen Bevölkerung geduldet wird, ob die USA – wie versprochen – für Demokratie und Freiheit im Irak eintreten werden und ob die Gewinne aus dem Öl der irakischen Bevölkerung zugute kommen, darf mehr als bezweifelt werden.

Ich interviewte Peter Scholl-Latour in diesem zweiten Interview über die verschiedenen gefälschten Beweise, die wirklichen Kriegsgründe der USA, die Neuordnung im Orient – aber auch über die derzeitige Situation im Iran, in Syrien, Palästina, im Libanon und in Nordkorea sowie über den hintergründigen Machtkampf zwischen den USA und China.

Wolfgang Weirauch: Betrachten wir einmal im Rückblick den Irak-Krieg. Waren die USA seit dem 11. September 2001 jemals willens, diesen Krieg nicht zu führen?

---

* Biographische Daten siehe das vorangehende Interview mit Peter Scholl-Latour.

Peter Scholl-Latour: Ich denke, daß der Irak-Krieg von Anfang an eine beschlossene Aktion der derzeitigen US-Administration war. Dafür gab es auch ein Symptom, das man in Berlin ganz deutlich hätte erkennen müssen. Und zwar war das die Anforderung aus den USA, deutsche Fuchs-Panzer in Kuwait zu stationieren. Schon damals habe ich geschrieben, daß diese Panzer für den Irak-Krieg benötigt würden, auch wenn der damalige Verteidigungsminister Scharping dies ganz anders sah.

W.W.: Können Sie einen Zeitpunkt nennen, seit dem der Irak-Krieg seitens der US-Administration fest geplant war?

P. Scholl-Latour: Spätestens seit dem 11. September bzw. unmittelbar danach. Zuerst mußte natürlich die Aktion in Afghanistan durchgeführt werden, aber mit Sicherheit war der Irak-Krieg schon parallel geplant. Damals begannen auch schon allmählich die Truppenkonzentrationen.

Abgesehen davon hat aber auch schon der letzte Verteidigungsminister unter Clinton, William Cohen, den ich recht gut kenne, ähnliche Pläne dem Irak gegenüber entwickelt. Die Rumsfeld-Pläne zur globalen Terrorbekämpfung und zum Krieg gegen den Irak wurden auch schon vorher öffentlich diskutiert, und zwar in der *Washington Post.*

Plumpe Fälschungen

W.W.: Warum haben sich die US-Vertreter, speziell Colin Powell, auf das Spiel mit der UNO eingelassen, wenn sie doch sowieso den Krieg wollten?

P. Scholl-Latour: Das war wahrscheinlich eine Fehlkalkulation. Vermutlich ging man davon aus, daß die UNO – wie immer – den Plänen der USA zustimmen würde, und mit dem nötigen Druck hätten sie es auch beinahe erreicht. Diese Pläne schlugen fehl, und deswegen wäre es aus Sicht der USA sehr viel klüger gewesen, von vornherein unilateral vorzugehen. Statt dessen hat man eine Komödie und eine systematische Täuschung in der UNO vorgeführt.

W.W.: Es wurden fadenscheinige Beweise vorgelegt – Verbindungen zur Al-Qaida, angeblich vorhandene Massenvernichtungswaffen, fahrende Biolabors, Uranlieferungen aus dem Niger –, aber alle waren gefälscht bzw. nicht stichhaltig.

P. Scholl-Latour: Und zwar waren sie plump gefälscht. Sie waren so dilettantisch gefälscht, daß man eine solche Aktion niemals der CIA oder dem MI6 zugetraut hätte. Die Geheimdienste wußten es besser und müssen deshalb – und hier hat Tony Blair in bezug auf den britischen MI6 eine schändliche Rolle gespielt – von oben massiv unter Druck gesetzt worden sein. Und die Entrüstung bei der DIA, der Defence Intelligence Agency, ist ja auch ganz öffentlich verkündet worden.

W.W.: Sind wir jetzt in einer weltpolitischen Situation, daß mit Lügen Weltpolitik gemacht wird?

P. Scholl-Latour: Das ist eigentlich immer gemacht worden, aber früher hat man sich im wesentlichen damit begnügt, den Gegner zu täuschen. Jetzt ist es so, daß man die eigene Bevölkerung hinters Licht führt und auch versucht, die Weltbevölkerung zu täuschen. Es ist schließlich erschreckend, daß die Mehrheit der US-Amerikaner immer noch glaubt, daß Saddam Hussein für den Anschlag vom 11. September verantwortlich sei. Das erklärt auch die Stimmung in den USA.

W.W.: Entsprechend verhält es sich mit der fälschlichen Annahme, daß der Irak die USA mit Giftgas-Raketen angreifen wollte.

P. Scholl-Latour: Genau. Auch das ist natürlich vollkommen absurd. Bis zur Zeit des Krieges bestand die Möglichkeit, daß der Irak von seinem gewaltigen Giftgas-Arsenal noch Reste übrigbehalten hatte. Die UNO-Inspektoren haben eine vorzügliche Arbeit geleistet, aber sie haben nichts gefunden. Auf der anderen Seite hat Saddam Hussein eingesehen, daß ihm die Massenvernichtungswaffen nichts einbringen. Darüber hinaus gibt es auch Betrachtungen, daß die chemischen, und vor allem die bakteriologischen Waffen nicht für alle Zeiten wirksam sind. Insofern kann man sagen, daß es im Grunde von Anfang an eine Scheinbehauptung war, daß der Irak noch nennenswerte Massenvernichtungswaffen besitze.

W.W.: Wie bewerten Sie die Aussage des stellvertretenden US-Verteidigungsministers Wolfowitz vom 30. Mai 2003, daß die Massenvernichtungswaffen Bagdads niemals der wichtigste Kriegsgrund für die USA gewesen seien und daß sich die US-Regierung aus taktischen Gründen auf dieses Thema konzentriert habe, weil dem jeder zustimmen konnte?

P. Scholl-Latour: Diese Aussage werte ich als blanken Zynismus. Und ich wundere mich, in welchem Maße die Alliierten, die doch weitgehend in die Irre geführt worden sind, diese Aussage gelassen hinnehmen. Dieses Thema ist bei der zeitgleich stattfindenden Militärtagung in Garmisch-Partenkirchen in Gegenwart von Rumsfeld überhaupt nicht erwähnt worden. Meines Erachtens hätte unser Verteidigungsminister Struck hierzu ein klares Wort sprechen müssen.

Geostrategische Interessen

W.W.: Was waren die wirklichen Ziele der USA für diesen Krieg, und welche geostrategischen Interessen verfolgen die USA im Vorderen Orient und in Zentralasien?

P. Scholl-Latour: In bezug auf Afghanistan hatte man zu Anfang wohl auch die berechtigte Vermutung, daß sich dort Lager der Al-Qaida befinden. Die Ausbildung in den Lagern ging aber kaum über die infantristische Ausbildung hinaus. Die perfektionierte technische Ausbildung haben diese Menschen wahrscheinlich woanders bekommen. Trotzdem war Afghanistan ein Sammelbecken für potentielle Attentäter aus den verschiedensten islamischen Ländern. Das war einer der Gründe, warum die USA gegen die Taliban vorgegangen sind.

Auf der anderen Seite sollte man nie vergessen, daß die Taliban eine Schöpfung der CIA und des pakistanischen Geheimdienstes ISI waren, um in dem afghanischen Chaos eine gewisse Ruhe zu schaffen. Der Hintergrund war aus Sicht der USA die Verlegung der Pipeline von Turkmenistan durch Afghanistan. Die Bedingungen wurden damals mit Mullah Omar ausgehandelt. Derzeit ist der Vertrag mit Karsai erneuert worden. Man will die Energiereichtümer Zentralasiens über Herat und Kandahar nach Pakistan zum Indischen Ozean transportieren; vorbei an Rußland und dem Iran.

Die Rohstoffe waren einer der Gründe für den Afghanistan-Krieg, auf der anderen Seite aber auch der internationale Terrorismus und die Unwissenheit, woher der Anschlag vom 11. September genau kam. Insofern hat die westliche Allianz zu Recht die Berufung auf den Nato-Artikel 5 und den Beistand gegenüber den USA akzeptiert und ihre Hilfe bereitgestellt. Aber diese Phase ist längst vorbei, und inzwischen glaubt nicht einmal mehr der pakistanische Präsident Musharraf, daß das Attentat vom 11. September in den Höhlen von Afghanistan geplant und in den Details organisiert worden ist. Das kann auch nicht in den Studentenbuden von Hamburg geschehen sein.

W.W.: Haben Sie eine Vermutung, wo die wirkliche Planung stattgefunden hat?

P. Scholl-Latour: Nein. Sicherlich wären verschiedene Paläste in Saudi-Arabien ein geeigneterer Ort. Aber auch diese Leute könnten es nicht allein gewesen sein.

Neuordnung im Orient

W.W.: Gibt es – wenn wir den Irak-Krieg miteinbeziehen – weitere geostrategische Interessen der USA in Asien? Spekuliert man auch darauf, eventuell Pipelines aus dem Bereich des Kaspischen Meeres durch den Iran zu verlegen?

P. Scholl-Latour: So weit sind wir noch nicht. Zunächst einmal ist das Irak-Kapitel aufgeschlagen worden. Mittlerweile wissen wir, daß die Amerikaner sehr wohl darüber informiert waren, daß zwischen Saddam Hussein und Al-Qaida keine Beziehungen bestanden haben. Darüber hinaus sollte man nicht vergessen – das wurde mir auch bei meinem Besuch in Afghanistan im letzten Herbst (2002) immer wieder versichert –, daß man den Namen Al-Qaida vor dem 11. September gar nicht gehört hat. Es gab dort arabische Kämpfer, aber von Al-Qaida wußte man nichts.

Wenn man den Grund der Verbindung zwischen Saddam Hussein und Al-Qaida ausschließt, wenn man weiterhin die Massenvernichtungswaffen ausschließt, was bleibt dann an Gründen übrig? Zunächst einmal bleibt die Absicht, Saddam Hussein zu beseitigen; und dagegen ist nichts einzuwenden. 1991 hat man das auf sträflichste Weise versäumt. Auf der anderen Seite kann man auch nicht behaupten, daß die Beseitigung Saddam Husseins aus humanitären Gründen geschehen sei, denn die gesamten 80er Jahre haben Saddam Hussein und die USA auf das engste zusammengearbeitet. Die USA waren u.a. die Lieferanten der Vernichtungswaffen, genauso natürlich die Russen, und auch deutsche Chemiker waren daran auf schändliche Weise beteiligt.

Aber der Sender CNN, der mittlerweile in seiner Nachrichtengebung recht brav ist, hat bei dem Besuch Rumsfelds im Irak vor einigen Tagen auch die Bilder aus vergangenen Zeiten herausgeholt, als Rumsfeld einem strahlend und aufrecht stehenden Saddam Hussein in Bagdad die Hand schüttelt. Wenn Saddam Hussein voll über den Reichtum seines Erdöls hätte verfügen können, hätte er sicherlich wieder Massenvernichtungswaffen – und sei es nur zum Selbstschutz – angeschafft.

Wenn man alles zusammennimmt, dann wird ziemlich deutlich, daß die USA eine Neuregelung der Verhältnisse im gesamten Orient anstreben. Und diese Neuordnung ist noch nicht abgeschlossen. Im wesentlichen zielt diese auch auf die Stabilisierung Israels. Es ist typisch, daß nach dem zweiten Golfkrieg 1991 die Verhandlungen in Madrid und Oslo begannen. Die Absicht, die Israel-Frage endgültig zu bereinigen, war auch schon bei

George Bush sen. vorhanden. Und auch jetzt, nach dem Irak-Krieg, hat man sofort seitens der USA versucht, die sogenannte Road Map aufzulegen.

W.W.: Sehen Sie irgendwelche Chancen in diesem Plan?

P. Scholl-Latour: Die ganze Angelegenheit ist sofort nach hinten losgegangen und quasi schon gescheitert, bevor sie begann.

Ölinteressen

Darüber hinaus muß man offen sagen, und das hat auch Wolfowitz ganz ehrlich ausgesprochen, daß das Erdöl des Irak eine große Rolle bei dem jetzigen Feldzug gespielt hat. Die Amerikaner denken in Erdöl-Kategorien. Vizepräsident Cheney war Vorstandsvorsitzender des Erdölzulieferers Halliburton, der jetzt nach dem Irak-Krieg eine Fülle von Aufträgen zugeschanzt bekommen hat. Mit dem Output des irakischen Erdöls, das bereits wieder in großer Menge fließt, ist man auch in der Lage, die OPEC entscheidend zu beeinflussen oder gar zu kontrollieren.

Seltsamerweise ist keine Erdölanlage im Irak zerstört worden. Schließlich hatte man immer wieder behauptet, Saddam Hussein würde die Erdölanlagen anzünden, aber das hat nicht stattgefunden. Natürlich sind die Erdölanlagen in einem schlechten Zustand, und man hat auch großes Interesse daran, die zukünftigen Gewinne aus dem Erdöl herunterzuspielen. Aber es ist mittlerweile sehr deutlich, daß der irakische Staat nur sehr wenig von dem Öl profitieren wird und man die Erdölkonzessionen in private US-Hände geben wird. Ich könnte mir vorstellen, daß die Gewinne aus dem Erdöl zunächst einmal die Kriegskosten der USA abdecken werden und anschließend dafür verwendet werden, die Erdölanlagen des Irak wieder auf modernsten Stand zu bringen. Die Bevölkerung des Irak wird wohl sehr spät die Wohltaten ihres immensen Reichtums zu spüren bekommen.

„Ich glaube nichts mehr“

W.W.: Glauben Sie, daß sich alles per Saldo für die USA rechnet? Es gibt Schätzungen für die gesamten Kriegskosten, einschließlich der Folgekosten in den nächsten zehn Jahren, die sich bis auf 2 Billionen Dollar belaufen. Wenn diese Kosten wirklich so hoch würden, kann man das gesamte irakische Öl verkaufen, ohne diese Summe zusammenzubringen.

P. Scholl-Latour: Bei diesen Zahlen wird schamlos gelogen, denn sie stimmen einfach nicht. Sie werden von irgendwelchen Menschen veröffentlicht, die daran Interesse haben, Statistiken zu fälschen. Momentan glaube ich nichts mehr, nachdem man uns derart in so vielen Details belogen hat.

Ich habe auch in renommierten deutschen Zeitungen gelesen, daß das Erdöl des Irak für die USA keine Rolle spiele, weil die USA nur 4 % ihres Erdölbedarfs aus der Golf-Region beziehen. Das stimmt zum Teil. Allerdings sind Japan, die Europäer und China auf dieses Erdöl angewiesen, und wenn man die Hoheit über dieses Erdöl hat, kann man diese Länder sehr schön strangulieren bzw. gefügig machen. Und wenn es eines Tages dazu kommt, daß Saudi-Arabien explodiert, dann hat man für die Erdölförderung aus diesem Land mit dem Irak eine wunderbare Alternative. Für die USA wird es dann keine Erdölkrise geben.

Keine Demokratie im Irak

W.W.: Wie sehen Sie die Zukunft des Irak? Wird es dort eine Demokratie geben, oder ist das alles nur Gerede?

P. Scholl-Latour: Ich halte das für dummes und heuchlerisches Gerede. Der neue Verwalter Bremer ist sicherlich ein fähiger Mann, wenn auch ein Hardliner. Aber wenn er erklärt, daß er die sich bildenden schiitischen Parteien von der Macht ausschließen will, weil er Angst hat, daß ein schiitischer Gottesstaat entstehen könnte, dann kann man das nicht als sehr demokratisch bezeichnen. Die Amerikaner haben im Irak nun wirklich jeden Fehler gemacht, den man machen konnte. Dagegen war die Militärführung brillant, und sie wird die Militärtechnik weltweit – auch die der Bundeswehr – zum Umdenken bringen. In Deutschland denkt man noch viel zu sehr in alten Nato-Vorstellungen, dümpelt man immer noch in Ost-West-Konfliktstrategien dahin. Auch in Deutschland muß man sich auf den modernen Krieg umstellen. So gesehen war der Krieg auch heilsam.

Aber einem Mann wie Chalabi in Wartestellung auf einen bedeutenden Posten zu setzen, der 1958 den Irak verlassen hat und in Jordanien wegen Bankbetrugs zu 22 Jahren Gefängnis verurteilt worden ist, ist wirklich absurd. Karsai war in Afghanistan zwar nicht viel populärer als Chalabi im Irak, aber er hat wenigstens nicht die Interpol an seinen Rockschößen.

Ein weiterer Fehler ist die Auflösung der Baath-Partei. Denn diese Partei hat zwangsweise seit 30 Jahren alle Posten besetzt, und insofern kann man einem normalen Iraker nicht den Vorwurf machen, in die Baath-Partei eingetreten zu sein. Wer Lehrer oder ein etwas höherer Postangestellter werden wollte, mußte in diese Partei eintreten. Eigentlich war das noch zwingender als im Dritten Reich mit dem Eintreten in die NSDAP. Und im Irak währte es nicht nur zwölf, sondern hat 30 Jahre gedauert. Auf diese Struktur von Parteimitgliedern kann man im Irak nicht verzichten.

Da man die Schiiten ausschalten will, hatte ich mir vorgestellt, daß man seitens der USA auf einen sunnitischen General zurückgreifen würde, der sich nicht zu sehr kompromittiert hat, und daß dieser mit einer umbenannten Baath-Partei den Irak regieren würde – mit ähnlichen Methoden wie Saddam Hussein, nur mit dem kleinen Unterschied, daß die USA die Kontrolle über die Erdölrechte hätten und daß Bagdad Israel anerkennt. Momentan scheint aber nicht einmal diese Lösung möglich zu sein, denn die derzeit aufflammenden Kämpfe finden nicht mit den Schiiten statt, die sich sehr klug und vorsichtig zurückhalten, sondern mit Sunniten.

Man liest immer, daß Falludscha eine Hochburg der Baath-Partei sei, aber das stimmt nicht, denn Falludscha war schon zu Zeiten von Saddam Hussein als ein Bollwerk des sunnitisch-islamischen Fundamentalismus bekannt. Und mit diesen Menschen haben es jetzt die Amerikaner in ihren Auseinandersetzungen zu tun.

Die Kurden

W.W.: Wie werden sich die Kurden verhalten?

P. Scholl-Latour: Die Kurden stehen voll auf der Seite der Amerikaner und wünschen sich nichts sehnlicher, als daß die Amerikaner in ihrem Gebiet militärische Basen errichten. Die Kurden haben immer mehr Angst vor Ankara gehabt als vor Bagdad. Mit den USA haben die Kurden des Irak also einen Verbündeten. Allerdings ist dieser Zustand für die Türkei ziemlich dubios, denn irgendwann wird sicherlich der Funke des kurdischen Nationalismus auch auf die Kurden der Türkei überspringen. Meines Erachtens wird es in Ostanatolien noch Überraschungen geben. Die türkische Regierung, und vor allem die Militärs in Ankara sind auf jeden Fall sehr besorgt.

Wir sind auch in schamloser Weise belogen worden, z.B. als Condoleezza Rice verkündete, daß die Türkei durch den Irak bedroht sei. Das wäre die Bedrohung eines Elefanten durch ein Kaninchen gewesen. Beide Staaten hatten realiter schon längst keine gemeinsame Grenze mehr, weil dazwischen die weitgehend autonome Region der Kurden im Nord-Irak liegt.

Die beiden kurdischen Gebiete unter den Führern Barsani und Talabani werden ihre Autonomie zweifelsohne behalten und vielleicht sogar noch ausbauen. Dann aber wird der eigentliche Irak ein überwiegend schiitisches Land werden. Derzeit gibt es im Irak etwa 65 % Schiiten, und wenn man die Kurden herausrechnet, dann kommen die Schiiten auf etwa 80 %.

W.W.: So herrlich scheint es mit der kurdischen Autonomie im Nord-Irak allerdings nicht zu sein, denn man hat ihnen ja nicht einmal die Ölfelder von Kirkuk übergeben.

P. Scholl-Latour: Das stimmt, aber dann wäre die türkische Armee einmarschiert. Hier lag eine ganz klare Drohung aus Ankara vor. Wenn die Kurden Kirkuk übernehmen würden, hätten sie eine finanzielle Basis für ihren Staat, und ein solcher kurdischer Teilstaat im Irak wäre für die Türkei eine Bedrohung. In dieser Frage wird Ankara vermutlich auch nicht nachgeben. Ursprünglich war Kirkuk kurdisch besiedelt, bis Saddam Hussein die Vertreibung der kurdischen Bevölkerung aus dieser Stadt vorgenommen und statt dessen Araber aus dem Süden angesiedelt hat. In der Kirkuk-Frage wird es noch Ärger geben, denn nun ziehen die Kurden in ihre alten Häuser zurück, und eines Tages wird es vielleicht auch zur Konfrontation mit den Arabern kommen. Aber das ist im Moment noch nicht akut.

Krieg gegen den Iran?

W.W.: In letzter Zeit heißt es von US-amerikanischer Seite immer wieder, daß der Iran geheime Atomreaktoren baut. Sind das wieder Lügen, oder stimmt es dieses Mal?

P. Scholl-Latour: Zunächst einmal steht die Behauptung aus den USA im Raum, der Iran hätte genau wie Saddam Hussein eine Beziehung zur Al-Qaida. Das ist wiederum eine faustdicke Lüge. Die Iraner waren diejenigen, die zusammen mit den Russen gegen die Taliban gehalten haben, zu einer Zeit, als die Taliban noch die Lieblingskinder der USA und der Pakistani waren. Die Taliban haben die Hazara, die mongolisch-stämmige Bevölkerung Afghanistans, in großer Anzahl massakriert. Sie haben sogar die Diplomaten im iranischen Generalkonsulat umgebracht. Iran stand im Begriff, gegen die Taliban Krieg zu führen.

Und der immer wieder genannte Gulbuddin Hekmatyar, der heute eine viel größere Rolle als Osama bin Laden spielt und den ich gut kenne, weil ich mit seinen Leuten unterwegs war, ist zwar ebenfalls ein radikaler Islamist, aber auch ein Feind der Taliban. Er mußte während der Taliban-Zeit in den Iran flüchten.

Das andere Argument aus den USA ist, daß der Iran an einer Atombombe baue. Wenn ich im Iran zu sagen hätte und zur Kenntnis nehmen müßte, in die Achse des Bösen eingereiht zu sein und gleichzeitig vor der Gefahr stehen würde, von amerikanischen Militärschlägen bedroht zu werden, dann würde ich auch vor Beginn dieses Theaters mit allen Mitteln einige Atombomben anschaffen. – Raketen haben die Iraner allerdings sehr viel bessere als Saddam Hussein. Und ihre Bemühungen richten sich darauf, der amerikanischen Erpressung zu widerstehen. Man muß sich schließlich in die Haut des Gegners versetzen, was die Amerikaner seltsamerweise nie tun.

Mittlerweile versucht man seitens der USA, die Islamische Republik Iran zu destabilisieren. Ursprünglich hatte man die Hoffnungen auf den Präsidenten Chatami gesetzt, aber mittlerweile ist er den USA in seinen Forderungen gegenüber dem schiitischen Klerus nicht radikal genug. Jetzt versucht man, die Bevölkerung aufzuwiegeln, vor allem die Studenten. Man sollte sich allerdings nichts vormachen, denn die Mullahs sind im Iran zutiefst unpopulär. Aber das war vor zehn Jahren nicht anders. Jeder Taxifahrer, jeder Beamte, mit dem man sprach, schimpfte auf die Mullahs. Und diese Haltung hat sich vor allem bei der jungen Generation heute noch verstärkt. Man ist einfach die moralische Gängelung leid.

Trotzdem sollte man nicht vergessen, daß der Iran ein relativ liberales Land ist. Daß überhaupt große Kundgebungen stattfinden können, ist sehr bemerkenswert. Unter Saddam Hussein wäre niemand auf den Gedanken gekommen, eine Kundgebung zu veranstalten, denn jeder Teilnehmer wäre am nächsten Tag ein toter Mann gewesen. Es gibt im Iran auch verschiedene Parteien. Chatami wurde gegen den Willen des Ayatollah Chamenei gewählt, und im Parlament streitet man wie die Rohrspatzen. Es sitzen auch viele Frauen im Parlament, u.a. die Vizepräsidentin.

Man redet immer von der Demokratisierung der islamischen Welt. Momentan befindet sich die Mehrheit der Bevölkerung vieler islamischer Staaten in Konfrontation zu den meist amerikahörigen Regierungen. Und deshalb wird man in diesen Ländern vorerst auch nicht wählen. Wenn sich diese Spannung beruhigt, könnte auch in den einzelnen Staaten eine Beruhigung des politischen Lebens eintreten. Aber momentan ist die Stimmung in vielen Ländern revolutionär.

W.W.: Hat der Irak-Krieg der USA nicht so auf die iranische Bevölkerung gewirkt, daß sie sich wieder etwas mehr radikalisiert hat?

P. Scholl-Latour: Bei den Jugendlichen gibt es einen prowestlichen Trend. Zu Hause laufen die Frauen auch im Minirock und ohne Tschador herum; das habe ich selbst mehrfach erlebt. Der American way of life ist gerade in diesen Ländern nach wie vor verlockend. Allerdings sollte man sich daran erinnern, daß im Jahr 1980, als Saddam Hussein mit Unterstützung der USA den Iran angegriffen hatte – mit der Annahme, das Chomeini-Regime bräche schnell zusammen –, sich sogar die Offiziere des Schahs, die im Gefängnis saßen, freiwillig für die Front gemeldet haben, um den Iran zu verteidigen. Im Iran gibt es also nicht nur eine religiöse, sondern auch eine sehr stark patriotische Komponente, mit der man rechnen muß.

Im übrigen sind die Kriegspläne der USA gegenüber dem Iran in Teheran nicht ganz unbekannt. Sicherlich werden die USA nicht ein Land mit 70 Millionen Einwohnern und einem ungeheuer schwierigen Terrain mit Krieg überziehen und besetzen, sondern sie würden gezielt die Atomanlagen zerschlagen. Vielleicht würden das auch stellvertretend die Israelis übernehmen. Fernerhin würde man die Erdölverschiffungsanlagen an der Küste zerschlagen, denn die sind sehr verwundbar. Das wäre für den Iran wirtschaftlich eine Katastrophe. Und man würde die kleine und große Tumbinsel sowie die Insel Abu Musa in der Straße von Hormus einnehmen, winzige Inseln mit hoher strategischer Bedeutung und die eigentlich zu den Vereinigten Arabischen Emiraten gehören. Sie wurden damals noch vom Schah militärisch besetzt. Die Besetzung dieser Inseln durch die USA wäre ein großer Propaganda-Effekt. Und der Iran wäre dadurch schwer getroffen.

W.W.: Würde dann das derzeitige Regime im Iran stürzen, oder würde die Bevölkerung bei einem solchen Angriff auf vereinzelte strategische Orte des Iran das Regime unterstützen?

P. Scholl-Latour: Das ist sehr schwer vorauszusehen. Unter Saddam Hussein gab es eine iranische Truppe, die sogenannten Volks-Mudschaheddin, die im Iran sehr blutige Attentate verübt haben. Diese Gruppe verkörpert eine Art von marxistischem Islamismus. In den vergangenen Jahren wurden sie von den Amerikanern als terroristische Organisation deklariert, weil sie auf seiten Saddam Husseins kämpften. Seitens des Irak waren sie als Speerspitze gegen den Iran gedacht. Mittlerweile haben die Amerikaner nach ihrem Einmarsch im Irak mit dieser Gruppe einen Waffenstillstand vereinbart. Mit diesen etwa 10.000 Frauen und Männern haben die Amerikaner jetzt eine Verfügungsmasse für Infiltrationen im Iran.

Zusätzlich haben die amerikanischen Radiosendungen in Richtung Iran eine ungeheure Virulenz angenommen. Die Theorie in den USA ist in etwa, daß Chamenei ein Todfeind ist, Chatami ein Schwächling, die große Masse der Jugend dagegen auf seiten der USA stehe. Das alles ist natürlich blanker Unsinn, denn es gibt nicht nur die Stadt Teheran, sondern ein riesiges Land voller kleiner Städte und Dörfer, in denen die Mullahs das Sagen haben. Und die Mullahs würden im Notfall auch schießen lassen. Ein großer Teil der Bevölkerung steht auch auf seiten der Mullahs, denn es ist sozial viel für die Menschen getan worden. Das darf man nicht vergessen. Viele Schiiten wären auch zum Heiligen Krieg bereit, denn bei ihnen lebt der Märtyrer-Kult viel stärker als bei den Sunniten.

Syrien im Schraubstock

W.W.: Werden die USA in den nächsten Jahren weitere Kriege führen, z.B. gegen Syrien oder Nordkorea?

P. Scholl-Latour: Syrien haben sie schon im Schraubstock. Zunächst einmal sind die Palästinenser-Organisationen Syriens, von denen Syrien ohnehin nie etwas gehalten hat – Arafat wurde von dem Vater Hafez al-Assad geradezu gehaßt –, unter Kuratel genommen worden. Die Syrer haben ferner keine Flüchtlinge aus dem Irak aufgenommen. Ich kenne sogar einen irakischen Minister, der von den Syrern an die Amerikaner ausgeliefert worden ist. Außerdem sind amerikanische Erdölgesellschaften, u.a. Exxon, bereit, in Nordost-Syrien nach Erdöl zu bohren. Andere Erdölfirmen standen nicht bereit. In Deutschland hat man z.B. nie daran gedacht, eine konkurrenzfähige Erdölfirma aufzubauen.

W.W.: Welche Rolle spielt derzeit der Libanon?

P. Scholl-Latour: Dort gibt es die Präsenz von etwa 20.000 syrischen Soldaten, die den Staat mehr oder weniger zu einem Protektorat Syriens gemacht haben. Das widerspricht natürlich allen Satzungen der Vereinten Nationen, war aber eine ungeheure Einnahmequelle für den syrischen Staat. Darauf wird Syrien wohl in Zukunft verzichten müssen.

Darüber hinaus kann es zum Konflikt zwischen Israel und der schiitischen Hisbollah im Libanon kommen. Das ist ein ganz wichtiges Kapitel, das man in seiner Bedeutung noch gar nicht richtig erkannt hat. Die Schiiten machen mittlerweile 40 % der libanesischen Bevölkerung aus.

Und die Hisbollah verübt keine Terrorattentate mehr. Sie operieren – wenn überhaupt – militärisch, und sie haben auch Israel mit militärischen Mitteln gezwungen, den Südstreifen an der israelischen Grenze freizugeben. Daß die Hisbollah Raketen auf Israel abschießt, ist eine glatte Lüge, denn in dem Konflikt zwischen der Hisbollah und Israel geht es nur um einen winzigen Streifen, um eine Wiese von etwa 3 km Länge. Andererseits überfliegen israelische Flugzeuge ständig das libanesische Hoheitsgebiet. Und dabei wird natürlich gelegentlich auf sie geschossen. Aber es gibt keine Aggressionen auf den israelischen Staat.

Die Hisbollah ist deswegen so stark geworden, weil sie sich um die Sozialbedürfnisse der sehr armen schiitischen Bevölkerung gekümmert hat, und sie hat sich auch immer gegenüber anderen Religionen sehr tolerant verhalten. Keine Kirche wurde geschändet. Bei der Hisbollah herrscht eine eiserne Disziplin. Die Hisbollah sind ein Staat im Staat geworden. Obendrein sind sie mit einer starken Fraktion im Parlament vertreten.

Die Quadratur des Kreises

W.W.: Sehen Sie im palästinensisch-israelischen Konflikt irgendeine Chance einer Einigung?

P. Scholl-Latour: Überhaupt nicht. Das Konzept der Road Map ist nicht tragbar. Die Siedlungen, die die Israelis preisgegeben haben, sind weitgehend leere Container; vielleicht leben in einigen noch einige Familien. Auf der anderen Seite ist die Vorstellung, daß sich Israel wieder auf die grüne Linie von 1967 zurückziehen würde, vollkommen illusorisch, denn in dem Moment wäre die Existenz des Staates Israel wirklich bedroht. Konzessionen werden im Orient nicht als ein Zeichen der Großzügigkeit gewertet, sondern als ein Zeichen der Schwäche.

Auf der anderen Seite sind die Lebensbedingungen der Palästinenser inzwischen so fürchterlich, daß es so nicht weitergehen kann. Und diese Zusammenhänge sollten für die Amerikaner eine Warnung sein. Israel hat eine hochgerüstete Armee, die Geheimdienste kontrollieren das gesamte palästinensische Gebiet, und man ortet alle wichtigen Personen der Hamas und kann sie zielgenau in ihren Autos mit Raketen treffen. Trotzdem gibt es weiter erheblichen Widerstand. Die Palästinenser haben praktisch keine Waffen, und oft resultiert ihr Widerstand aus purer Verzweiflung.

Wenn man diese Zustände auf ein Land wie den Irak überträgt – dabei denke ich nicht an heute und morgen, sondern an einen Zeitraum von zwei bis drei Jahren –, wenn in einem Land, das so groß wie Frankreich ist, eine Super-Intifada ausbricht, in einem Land, in dem nur einige 1.000 Amerikaner stationiert sind, in dem es Waffen en masse gibt, dann wird es sichtbar werden, wie brüchig die Politik der USA ist.

W.W.: Können Sie irgendeine Lösung für Israel bzw. Palästina vorschlagen?

P. Scholl-Latour: Nein. Ich habe schon an Oslo nicht geglaubt. Die Lösung des Konflikts im Heiligen Land ist die Quadratur des Kreises.

W.W.: Also werden sich die Menschen dort weiter gegenseitig töten?

P. Scholl-Latour: Höchstwahrscheinlich. Wenn die Palästinenser einen eigenen Staat bekommen, der diesen Namen verdient, dann ist Israel in seiner Existenz bedroht. Ein solcher Staat wird sich Waffen besorgen, und es werden Heilige Krieger in diesen Staat ziehen. Und der Anspruch der Palästinenser wie auch der Israelis auf Jerusalem wird nie preisgegeben werden können. Die Existenz des Staates Israels kann nur gesichert sein, wenn das Palästinensergebilde eine Art Bantustan bleibt. Ich halte die Situation für vollkommen aussichtslos.

Die Chinesen beobachten genau

W.W.: Warum hat sich China während der Kriegsvorbereitungen und während des Irak-Krieges so vornehm zurückgehalten?

P. Scholl-Latour: Es wird sich auch weiterhin vornehm zurückhalten. Die Chinesen sind noch nicht dort, wo sie eines Tages sein werden. Noch beobachten sie genauestens die amerikanische Kriegsführung. Mittlerweile haben sie Interkontinentalraketen mit nuklearen Sprengköpfen, mit denen sie auch die kalifornische Küste erreichen wollen. Trotz allem denkt niemand ernsthaft an einen Nuklearkrieg zwischen China und den USA. Aber in zehn Jahren werden die Chinesen eine Armee besitzen, die technologisch in etwa gleichwertig mit der der USA sein wird. Und dann kann China auch seine Bedingungen diktieren. Sie werden dann den USA als gleichwertige Großmacht entgegentreten. Dazu aber braucht es noch Zeit.

Nordkorea – die Blamage für die USA

China ist auf einen weiteren wirtschaftlichen Aufschwung angewiesen, und momentan haben sie ein herrliches Mittel, um die USA zu ärgern: Nordkorea. Es heißt immer, China hätte das gleiche Interesse wie die USA, die nordkoreanische Atomrüstung zu verhindern. Da wäre ich mir aber nicht so sicher. Nordkorea ist ein unmittelbarer Nachbar von China, und China hat eine genaue Kenntnis dieses kleinen Landes, und sie können diesen Staat mit einem Prankenschlag zunichte machen.

Aber durch die Nordkorea-Frage werden die USA diskreditiert. Weltweit wollen die USA unilateral vorgehen, aber in der Nordkorea-Frage verlangt man den Multilateralismus: die Russen, die Südkoreaner, die Japaner und die Chinesen sollen aus Sicht der USA in der Problematik Nordkoreas mitwirken. Und sie wollen den Weltsicherheitsrat gegen die Atomrüstung Nordkoreas einschalten. Bei den Vorbereitungen zum Irak-Krieg war die UNO für die USA dagegen eher ein Hindernis bzw. ein überflüssiger Faktor.

Kurzum: Die Nordkorea-Frage ist für die USA eine fortwährende Blamage. In der islamischen Welt kommt der Verdacht auf, daß man mit den islamisch-arabischen Staaten wegen ihrer Rohstoffe anders umgehe als mit Nordkorea. Man weiß natürlich, daß Nordkorea nicht angegriffen wird, weil es Atomwaffen besitzt. Und deswegen wird jeder Staat, der damit rechnen muß, ins Visier der USA zu geraten, verzweifelt versuchen, sich selbst Atomwaffen zu beschaffen. Wenn Pakistan beispielsweise keine Atomraketen besäße, wäre es wegen der Kaschmir-Frage schon längst von Indien überrollt worden.

China ist umzingelt

W.W.: Sehen Sie irgendwann einmal in der ferneren Zukunft eine militärische Auseinandersetzung zwischen den USA und China?

P. Scholl-Latour: Ich glaube, daß die Amerikaner das nicht wagen werden. Selbst wenn Bush noch einmal gewählt werden wird, ewig ist er nicht an der Macht. Und eine militärische Auseinandersetzung käme frühestens in zehn Jahren. Aber die USA bauen rund um China herum ein System von Militärbasen auf. Sie sind in Usbekistan und in Kirgistan präsent, in Afghanistan, im Irak und in Pakistan; sogar auf Osttimor, so hörte ich gerade, errichten sie eine U-Boot-Basis. Die Militärbasen auf den Philippinen werden jetzt wieder verstärkt, und auf japanischem Gebiet sind die Amerikaner ebenfalls präsent. China ist also von US-amerikanischen Basen umringt.

Der vielgepriesene Dreibund zwischen Berlin, Paris und Moskau ist kein sehr starker. Selbstverständlich hat Rußland großes Interesse, mit Europa wirtschaftlich zusammenzuarbeiten. Aber bei den strategischen und existentiellen Fragen haben sie die gleichen Interessen wie die USA. Beide sind durch den revolutionären Islam bedroht. Unter den 140 Millionen Einwohnern Rußlands gibt es immer noch 25 Millionen Muslime, die sich im Gegensatz zu den Slawen stark vermehren. Sie sind für Rußland eine ungeheure Gefahr von innen. Auch in bezug auf China nehmen die Russen die gleiche Position wie die USA ein, und sie sind wegen der gemeinsamen Grenze noch viel stärker bedroht als die USA.

Kriechende Annäherung

Dann würde ich gerne noch etwas zur deutschen Verteidigunspolitik sagen. Alle Gedankenspiele der Regierung wie auch der Opposition zur neuen Nato-Politik halte ich für völlig verfehlt. Die atlantische Allianz ist für Europa und die USA lebensnotwendig. Aber die Nato ist eine Organisation aus dem Kalten Krieg. Damals war die Nato notwendig, jetzt gibt es zwischen den USA und den europäischen Staaten divergierende Interessen. Ich halte auch die Isaf-Truppen in Afghanistan für völlig fehl am Platz. Und wenn Rußland eines Tages der Nato beitreten wird, dann sollen womöglich deutsche Soldaten Rußland am Ussuri-Fluß gegen China verteidigen. Das ist doch absurd! Zu solchen Überlegungen sollte in der Regierung Deutschlands ein klares Nein gesprochen werden. Immerhin hat die rot-grüne Regierung zum Irak-Krieg ein klares Nein gesprochen. In der Sache hatte Schröder recht, leider hat er aber die Amerikaner während des Wahlkampfes unnötig provoziert. Und nun versuchen sie, sich den Amerikanern wieder kriechend anzunähern.

Eine europäische Armee

W.W.: Braucht Europa eine gemeinsame Armee?

P. Scholl-Latour: Aber selbstverständlich. Großbritannien wird wohl nicht mitmachen, aber wenn Deutschland, Frankreich und Belgien eine solche Armee gründen, dann vertreten sie immerhin 150 Millionen Menschen, mehr als die Bevölkerung Rußlands. Und ich halte es für lebensnotwendig, daß man in diesen Staaten ein vernünftiges Militärbudget einrichtet. Zu diesem Kernblock Europas können auch noch andere Staaten hinzustoßen, allerdings sollten es nicht zu viele sein, weil dann keine echte Koordinierung mehr möglich ist. Man müßte die Luftwaffe verschmelzen und auch die französische Atomwaffe in diese Armee integrieren.

Das ist keine Atomwaffe, die man gegenüber den USA oder Rußland einsetzen kann, aber gegenüber den sogenannten Schurkenstaaten. Die Franzosen haben Atom-U-Boote, Interkontinentalraketen, auch Mehrfachsprengköpfe – und das sind hervorragende Waffen gegenüber den genannten Staaten.

Aber an eine solche Armee denkt in Berlin niemand ernsthaft, und auch die Franzosen sind hier sehr zögerlich. In Frankreich ist die Vorstellung der eigenen Rolle in der Welt noch zu stark vorhanden, weiterhin weiß man nicht, wie sich der nächste Bundeskanzler zu einer solchen Armee verhalten wird. Der jetzige Bundeskanzler schwankt ohnehin, und wenn Frau Merkel an die Macht käme, dann gäbe es ohnehin nur noch Bittgänge nach Washington.

W.W.: Wäre eine solche von Ihnen vorgestellte Armee eine Verteidigungsarmee oder eine weltweite Interventionsarmee?

P. Scholl-Latour: Eine reine Interventionsarmee. In Europa werden wir von keinen Staaten angegriffen. Mit den USA werden wir sicherlich des öfteren großen Krach haben, aber ein Krieg mit den USA ist nicht vorstellbar, mit Rußland ebenfalls nicht. Ich denke eher an Konflikte in unmittelbarer Nähe, z.B. auf dem Balkan. Dort ist nichts geregelt, und es gibt Protektorate. Es ist ein unhaltbarer völkerrechtlicher Status, daß das Kosovo immer noch Bestandteil der Jugoslawischen Union ist.

Als Rumsfeld neulich das neue Europa definierte, nannte er die Staaten Polen, Rumänien und Albanien. Polen kann ich noch verstehen, weil es schwer unter den Russen und den Deutschen gelitten hat, aber die Irak-Politik Polens wird auch nicht von der Bevölkerung Polens mitgetragen. Albanien aber ist nun wirklich das Mafia-Zentrum Europas. Es hat ein Regime, das von Verbrechen umspült ist. Und ein solches Land als Modell dem übrigen Europa gegenüberzustellen, ist nun vollkommen absurd. Und in Rumänien regieren noch immer die alten Stalinisten. Es ist einfach ungeheuerlich, solche Staaten den übrigen Europäern als leuchtendes Beispiel vorzuhalten.

W.W.: Warum macht Rumsfeld so etwas?

P. Scholl-Latour: Er kann es sich leisten. Er ist ein recht hartgesottener Typ.

W.W.: Wie sehen Sie die Rolle der UNO in der Zukunft?

P. Scholl-Latour: Ich habe von der UNO nie viel gehalten. Man sieht es derzeit am Einsatz im Kongo. Dort sitzen die Uruguayer und sehen wieder zu, wie die Schwarzen abgeschlachtet werden. Ich habe die Kongo-Mission der UNO zur Zeit Kennedys miterlebt. Das waren 30.000 Mann, aber es wurde ein vollkommenes Fiasko. In Kambodscha wird immer die Rolle der UNO gerühmt, aber sie konnte die internen Spannungen nicht bereinigen. Auch im Süden Libanons sitzen 5.000 UNO-Soldaten, aber sie verhindern nichts. Als die Israelis in den 80er Jahren mit ihren Panzern durchs Land rollten, haben die UNO-Soldaten nur die Panzer gezählt. In Sierra Leone ist ein ganzes Bataillon UNO-Soldaten von Kindersoldaten zur Kapitulation gezwungen worden, und es mußte ein britisches Bataillon eingeflogen werden, um die Situation wieder zu retten. Also, die UNO ist militärisch untauglich. Auf der anderen Seite hat die UNO große Erfahrungen mit Nahrungsprogrammen und anderen humanitären Aktionen.

Weltordnungen des Tötens

Dierk Lorenz*

Das Ereignis vom 11. September 2001 markiert bis auf weiteres einen Wendepunkt in der Weltlage. Aufmerksame Beobachter des globalen Geschehens werden an dieser Markierung einiges zu deuteln haben, aber die weltöffentliche Wahrnehmung ist sich sicher genug, um schon deshalb nicht ganz falsch zu sein. Solche Markierungen funktionieren als bildgebende Verfahren, sie fassen im Bild zusammen, was bis dahin war, und korrespondieren deshalb mit älteren Markierungen.

Der Tod lernt fliegen

Eine interessante Möglichkeit wäre es, den Zeitraum zwischen der Konstituierung der nuklearstrategischen Nachkriegsordnung, beginnend mit dem 6. August 1945, dem Tag des Atombombenabwurfs auf die japanische Stadt Hiroshima, und dem 11. September 2001 als eine solche Spanne ins Auge zu fassen. Das hätte einen Anschaulichkeitsvorteil, denn die beiden Ereignisse haben relevante Gemeinsamkeiten, auf deren Hintergrund bedeutsame Unterschiede besonders sichtbar werden können. Es handelte sich jeweils um großtechnisch ins Werk gesetzte Massentötungen von Zivilisten. Und in beiden Fällen war es ein Töten in der Draufsicht, ermöglicht durch die weltgeschichtlich neue Fähigkeit des Menschen, sich mit Maschinen in die Luft zu erheben. Der Tod lernt fliegen, so könnte ein Motto der bezeichneten Zeitspanne heißen. Der aus der Luft getötete Mensch ist endgültig kein Gegenüber mehr, die Verantwortung wird radikal entdramatisiert durch die Aufhebung des Vis-à-vis.

Das deutsche KZ-System aus der vorausgegangenen Periode war demgegenüber vergleichsweise bürokratisch und personell aufwendig gewesen. Die Menschen wurden an den Ort ihrer Vernichtung transportiert, sie wurden sortiert, zum Teil ließ man sie arbeiten, bevor man sie tötete, sie mußten bewacht werden und vieles mehr. Auf einen an den Tötungen beteiligten SS-Mann oder Wehrmachtsangehörigen kamen vergleichsweise

* **Dierk Lorenz,** geb. 1958 in Hamburg. Seit 1993 in einer Einrichtung der anthroposophischen Sozialtherapie in der Betreuungsarbeit mit geistig behinderten Menschen, seit 2000 auch als Autor für die Zeitschrift *Info3* tätig.

wenig Getötete, weniger jedenfalls als etwa auf die Piloten der Enola Gay, des Flugzeuges aus dem die Atombombe abgeworfen wurde.

Der 6. August 1945 ist also ein Datum, das für einen „Rationalisierungserfolg" steht. Der Begriff der Rationalisierung trifft hier in doppeltem Sinne zu: Zum einen ist der technisch-personelle Aufwand pro zu tötendem Menschen viel geringer geworden. Zum anderen wurde das Töten rationalisiert, im Sinne einer neuartigen Vernünftigkeit der Organisierung der ethischen Verantwortung. Die Aufarbeitung der deutschen Massenmord-Vergangenheit kreiste in ihrer gesellschaftlichen Dimension noch viel um die Frage des Wissenkönnens. Der 6. August 1945 kündigt die Zeit an, in der jeder weiß, daß der Massenmord allenthalben vorbereitet wird.

Die Vielheit der involvierten Einzelgewissen, die in die Handlungsketten der bürokratischen Menschenvernichtung eingespannt waren, wurde ersetzt durch eine neue Art von Verantwortungsraum, in dem jeder involviert ist. In diesem Raum hat niemand mehr Verantwortung, an jede Handlung heftet sich nur mehr ein moralisches Spurenelement. Im Gegensatz zu KZ-Kommandanten bekamen die Besatzungsmitglieder der Atombombenflugzeuge den Status von bedauernswerten Traumatisierten, weil sie bereits der Zeit der hochverdünnten Ethik angehörten, aber beim Betätigen des Abwurfmechanismus einer hochgesättigten Verantwortungsatmosphäre ausgesetzt gewesen waren. Die Entwicklung ballistischer Raketen sollte hier Abhilfe schaffen.

„Atomkrieg aus Versehen"

Die für die 80er Jahre typische Angst vor dem „Atomkrieg aus Versehen", der die Erde unbewohnbar macht, weil einmal in Gang gesetzte Automatiken nicht mehr aufzuhalten sind, ist ebenfalls bezeichnend für dieses ethische Verdünnungsphänomen. Die Absurdität einer weltumspannenden Menschenvertilgung, die niemand gewollt hat, ist jedoch nicht der kritische Punkt des nuklearen Wettrüstens, sondern dessen logisches Hauptgesetz. Tatsächlich ist es absurd, einen Unterschied zwischen einem Atomkrieg aus Versehen und einem Atomkrieg aus Absicht zu machen, in beiden Fällen stehen sich größtmögliche Folgen und feinstmögliche Zerstäubung der Verantwortung gegenüber. In beiden Fällen wird es für die Überlebenden herzlich egal sein, welchen Namen der Wahnsinn bekommt. Das Verhältnis jeder erdenklichen absichtlichen Ursache zu den Folgen ist an

Absurdität nicht mehr zu überbieten, auch nicht durch einen Kurzschluß oder einen Softwarefehler. Die Sorge, etwas könnte aus Versehen passieren, ist eine Verkleidung in der die Sorge auf den Plan tritt, an etwas beteiligt zu sein, das grundsätzlich nicht verantwortbar ist.

Eine Weltordnung, deren Emblem der Atompilz war

Die Epoche der nuklearen Abschreckung war auf das Zeichen Hiroshima geeicht. Der Atompilz stand für das, was sich ereignen kann, scheinbar jenseits jeder zurechenbaren Urheberschaft, wenn jemand einen Fehler macht, nicht so sehr für das, womit konkrete Menschen anderen konkreten Menschen drohen. Die Weltordnung, deren Emblem der Atompilz war, funktionierte als Kodex von zu unterlassenden Handlungen, das war eine Vermeidungsordnung. Auf diskrete Weise wurde darin auch deshalb ein moralischer Fortschritt gesehen, weil nun das massenhafte Töten ohne Ansehen der Person geplant wurde. Das Verglühen von Menschenmassen hatte eine egalisierende Erneuerung erfahren. Die Modernisierungsleistung des 6. August 1945, das war vor allem die Abschaffung der Selektionsrampe – die Notwendigkeit, daß Menschen einander massenhaft zu vernichten hätten, wurde als weltpolitisches Paradigma eher bekräftigt.

Die Welt war insgesamt zur Bombe geworden. Weltpolitiker waren Bombenentschärfer, die sich über einen nur halb durchschauten Zündmechanismus beugten, mit einer Vielzahl verschiedenfarbiger Drähte hantierten und jedes Problem daraufhin überprüften, wie es mit der potentiellen Massenvernichtung verschaltet sein könnte. Unter dieser geopolitischen Lebensbedingung wurden moralisch aufgeladene Begriffe, die gerade erst in internationales Recht eingeflossen waren, in zynische Zweideutigkeit getaucht.

Menschenrechte wurden einem Relativismus unterworfen

Die Idee der universellen Menschenrechte z.B. wurde einem Relativismus der nuklearstrategischen Opportunität unterworfen. Wenn man den Machthabern im Kreml oder der Nomenklatura in Peking Vorhaltungen wegen der Menschenrechte machte, dann war allen Beteiligten der symbolische Charakter klar, den diese diplomatisch verpackten Beschwerdehäppchen hatten. Hinsichtlich der konkreten Verwirklichung von Menschenrechten existierte zwar ein Gefälle, die demokratischen Gesellschaften des kapitalistischen Westens hatten einen offenbaren Glaubwürdigkeitsvorteil, aber in der Schicht, auf der man sich gegenseitig nuklear in Schach hielt, also mit millionenfacher Auslöschung bedrohte, herrschte ein äquivalenter Grad der Verrohung und Verachtung gegenüber den Menschenrechten.

Die Abschreckungsdoktrin lebte von der Verleugnung dieser Schicht, d.h. von der Fiktion, die gegeneinander in Stellung gebrachten Arsenale seien als reine Potentiale moralisch unerheblich und unwirksam. Daß die glaubwürdige Drohung mit der Auslöschung von Millionen tatsächlich eine tiefgreifende Wirkung auf die Drohenden hatte, das zeigte sich im Westen immer wieder daran, daß brutale Unterdrückungssysteme in den Ländern Lateinamerikas, Afrikas und Asiens allemal unterstützt wurden, wenn sie sich nur westlich orientierten. An der jüngeren Geschichte Chiles etwa läßt sich nachvollziehen, wie neben den Menschenrechten auch der Wert der Demokratie für die Weltordnungspolitiker des Westens ein zweitrangiger war. Der Sturz der demokratisch gewählten Regierung durch die Militärs 1973 wurde mehr oder weniger offen unterstützt.

Ähnliche Beispiele gibt es viele aus den Jahren zwischen 1945 und 2001. Es war nicht der Vorrang der Blocklogik vor moralischen Erwägungen, was sich hier manifestierte, sondern es war zuerst die Zerstörung der Voraussetzungen für moralische Erwägungen überhaupt. Alle moralischen Argumente in der Weltpolitik haben in dieser Zeit den falschen Klang bekommen, der ihnen bis heute anhaftet. Der habituell gewordene Tonfall der Resignation, mit dem die aufgeklärten Menschen des Westens sich stets zu weltpolitischen Themen äußern, rührt nicht von der Erfahrung der Schwerfälligkeit internationaler Institutionen her, sondern diese Resignation ist das Ergebnis des Umgehens mit moralisch entkernten Begriffen. Internationale Institutionen, an die die Verwaltung von Ideen wie Völkerrecht und Menschenrecht delegiert werden, können nur schwerfällig sein, solange nukleare Auslöschungsdrohungen im Raum stehen, durch die diese Ideen in ihrem Kerngehalt dementiert werden.

Der 11. September 2001 als Wende?

Der 11. September kann die Wende in der Periode der ethischen Hyperverdünnung und moralischen Entkernung bedeuten. Der westliche Mensch – hier zählt auch Osteuropa zum Westen – hatte sich nach dem Ende der Selektionsrampenbürokratie auch aus den atombombentragenden Flugkörpern zurückgezogen und schließlich sogar, als hier intelligente technische Systeme Einzug hielten, von den Schaltpulten der Raketenabschußbasen.

Mit den Verkehrsflugzeugattacken könnte das Ende dieser Epoche angedeutet sein und eine neue ihren ersten Höhepunkt haben, eine, die dadurch gekennzeichnet ist, daß sich die Menschenvertilgung nun wieder in verantwortungsgesättigteren Atmosphären abspielt. Horizontal, einem überzeitlich kurzem Vis-à-vis mit den arglosen Opfern entgegen, steuerten die Piloten die Maschinen in die Gebäude. Das eigentlich Unfaßbare an den Anschlägen von New York und Washington war ja weder deren Grausamkeit noch die Zahl der Opfer, unfaßbar war vor allem, daß die Täter bereit waren, sich moralisch extrem zu exponieren durch ihre Tat und durch deren Zeichenhaftigkeit.

Selbst wenn man sie auch wieder besseres Wissen in einen quasi-militärischen Befehlszusammenhang stellen will, kann man schlechterdings nicht verkennen, daß die Täter durch den unbedingten Einsatz des eigenen Lebens individuell hochgradig verantwortlich sind. In dieser Hinsicht sind sie eben Helden und genießen Bewunderung, offene in der islamischen Welt und heimliche im Westen. Das an moralische Feinstaromen gewöhnte moderne westliche Bewußtsein wird sich an diesen Taten eines eigenen moralischen Appetits bewußt.

Moralische Spaltungsphänomene

Es entsteht an der Frage nach der Antwort auf die Anschläge ein Spaltungsphänomen. Die einen – in gewisser Hinsicht die eigentlichen Konservativen – betonen die Wertegemeinschaft des Westens und die polizeitechnisch-politische Bekämpfung des Terrorismus. Die Bedeutung der Al-Qaida und ähnlicher Organisationen wird auf dieser Seite deshalb so hoch angesetzt, weil die Fiktion eines wohlorganisierten Terrorismus die ethische Dimension von dessen Erscheinungen wieder in einen Verdünnungszusammenhang bringt, der sie konsumierbar machen soll.

Die andere Seite repräsentiert die entgegengesetzte Tendenz, sie betont die moralische Sättigung des Ereignisses und macht es in dieser Hinsicht zum Modell, um sich selbst wieder an dichtere Moralatmosphären zu gewöhnen. Die Zustimmung zur heutigen Politik der Bush-Regierung hat eine starke gefühlsmäßige Komponente, die mit der Sehnsucht nach moralischer Authentizität zusammenhängt. Die Verachtung gegenüber den internationalen Institutionen und den Rechtsbegriffen, mit denen sie hantieren, die in dieser Politik zum Ausdruck kommt, macht für diese Sehnsucht kein Problem, sie ist im Gegenteil geradezu der Test auf die Authentizität der moralischen Geste dieser Politik.

Die Debatte des Westens über den Krieg gegen den Terrorismus und die politische Manifestation der moralatmosphärischen Spaltung in Gestalt der Koalitionen Williger und Unwilliger handeln von nichts Geringerem als einer neuen Weltordnung bzw. von der Bewahrung der alten. Wirklich?

Tatsächlich lassen sich Themen wie „Sind die USA das neue Rom?“ aus der weltpolitischen Situation im Ernst nicht herleiten. Die Hegemonie, die hier gemeint sein könnte, gibt es schon lange. Der Blockantagonismus ist entfallen, die langfristig bedeutsameren Gegensätze sind geblieben: Hunger, ökologische Katastrophen, medizinische Unterversorgung, wirtschaftliche Unterentwicklung, ungerechter Welthandel und organisierte Verletzungen der Menschenrechte, das sind die Themen, die Menschen bewegen, die deren Auswirkungen am eigenen Leib erfahren.

„Kampf der Kulturen“ – eine gefälschte Verfremdung

„Kampf der Kulturen“ lautet ein anderes Stichwort. Westliche Journalisten sind neuerdings als Wiedergänger der Entdeckungsfahrer unterwegs und entdecken eine fremde Welt im Nahen und Fernen Osten. Diese Wiederbelebung der Fremdheit ist eine doppelbödige Angelegenheit. In ihr könnte der Schlüssel zum Verständnis des anderen liegen. Die Fremdheit, die nun aber konstruiert wird, trägt alle Züge der Verfeindung, es ist eine gefälschte Verfremdung. Die Lebensgefühle der arabischen Welt und des Islam werden in eine Geheimnisatmosphäre getaucht, aus der unerklärliche Phänomene auftauchen, die böse genug sein sollen, um das westliche Lebensgefühl wieder mit Gutsein aufzuladen.

Diese Verfeindung ist also eine Immunreaktion gegen ein Klima moralischer Indifferenz. Das gilt auch für die Terroristen. Es ist zu Recht immer wieder darauf hingewiesen worden, daß die Attentäter vom 11. September 2001 keine Biographien hatten, an denen sich exemplarisch die Demütigung der arabischen Nation hätte nachvollziehen lassen. Sie gehörten arabischen Eliten an und konnten sich in westlichen Gesellschaften bewegen. Sie machten dort die Erfahrung der Freiheit der Religionsausübung und überhaupt einer überwältigenden bürgerlichen Freiheit. Das alles und nicht zuletzt die eigene Privilegierung erlebten sie vermutlich vor allem als die große unerträgliche Indifferenz. Die Aufregung des Westens über den 11.

September 2001 hat viel mit der Sorge zu tun, sie könnten uns in den Wahnsinn nur vorausgegangen sein, denn im Leiden an der Indifferenz fühlen wir uns mit ihnen verwandter, als wir wahrhaben möchten.

Die Bombe als Weltordnerin

Die Weltordnung vor dem 6. August 1945 war die Ordnung von Staatsmännern wie Hitler, Stalin, Churchill, Roosevelt, von patriarchalischen Figuren, die sich über Kartentische beugten, Armeen opferten, einander die Hände schüttelten und zum Gruppenfoto zusammenkamen, wenn sie Grenzen neu gezogen hatten. Die Bombe wurde die begrüßte neue Weltordnerin, nachdem sich einige der Weltordnungspatriarchen als psychopathische Vollstrecker von Massenneurosen herausgestellt hatten.

Die Sprengköpfe, oder um es in der tagesaktuellen Sprache zu sagen, die Massenvernichtungswaffen bleiben vorerst die weltordnenden Köpfe. Wenn Staaten von massenvernichtungsbereiten Staaten angegriffen werden, weil sie sich massenvernichtungsbereit machen wollen, wenn Staaten angegriffen werden, weil sie die Menschenrechte nicht beachten, und andere, die sich ähnlich verhalten, nicht angegriffen werden, weil sie zugleich massenvernichtungsbereit und -fähig sind, dann ist das ganz die alte Weltordnung. Das ist immer noch eine Ordnung des Tötens und der moralischen Indifferenz.

„Die Atombombe ist der wirkliche Buddha des Westens“

Peter Sloterdijk hat in seiner „Kritik der zynischen Vernunft“ 1983, in dem kleinen Kapitel „Bombenmeditation“, das Wesentliche zur Herrschaft der Massenvernichtung gesagt:

„Die Bombe trägt die letzte Hoffnung und Aufgabe der westlichen Philosophie, doch ihr Unterrichtsverfahren erscheint uns noch ungewohnt; es ist so zynisch kraß und so überpersönlich hart, daß man sich erinnert fühlt an die östlichen Zen-Meister, die nicht zögern, ihren Schülern mit der Faust ins Gesicht zu schlagen, wenn das deren Vorwärtskommen zur Erleuchtung hilft. Die Atombombe ist der wirkliche Buddha des Westens, eine perfekte, losgelöste, souveräne Apparatur. [...] Sie ist der Inbegriff der kosmischen Energien und der menschlichen Teilhabe an diesen, höchste Leistung des Menschenwesens und dessen Zerstörerin, Triumph technischer Rationalität und deren Aufhebung ins Para-Noetische. Mit ihr verlassen wir das Reich der praktischen Vernunft, wo man Zwecke mit angemessenen Mitteln verfolgt."

Sloterdijk weist auch bereits auf die Konsequenzen hin, auf die Demoralisierung durch das Bombenregiment, deren krisenhafte Zuspitzung wir zur Zeit erleben:

„[...] Haben wir sie gebaut, um uns zu ‚verteidigen', so hat sie uns in Wahrheit eine beispiellose Wehrlosigkeit eingebracht. Sie ist eine Vollendung des Menschen nach seiner bösen Seite. Böser, intelligenter und defensiver können wir nicht mehr werden. Tatsächlich ist die Bombe der einzige Buddha, den auch die westliche Vernunft versteht. Unendlich ist ihre Ruhe und ihre Ironie. Ihr ist es gleich, wie sie ihre Mission erfüllt, ob im stummen Abwarten oder als Feuerwolke; für sie zählt der Wechsel der Aggregatzustände nicht. Wie beim Buddha ist alles, was zu sagen wäre, durch ihr bloßes Dasein gesagt. Die Bombe ist keine Spur böser als die Wirklichkeit und um kein Haar destruktiver als wir." (Peter Sloterdijk: Kritik der zynischen Vernunft. Band 1, Frankfurt a.M. 1983, S.258 ff.)

Welche Hoffnung kann man demgegenüber in der gegenwärtigen Lage haben? Wie könnte sich die Mission der Bombe als Buddha erfüllen? Das mögliche Neue der heutigen Situation scheint beiderseits der oben beschriebenen Spaltung zu liegen. Das Erlebnis der moralischen Desorientierung ist tatsächlich eine große Not. Wer sich nach Entschiedenheiten und Deutlichkeiten sehnt, hat ein richtiges Gespür für die Engstelle, die nach der Auflockerung des Blockantagonismus entstanden ist. Nur bemißt sich Entschiedenheit eben nicht nach überschrittenen Grenzen, abgefeuerten Raketen und abgeworfenen Bomben. Sie bemißt sich nach ihrer Übereinstimmung mit sich selbst. Die ist eher da zu finden, wo weltpolitisch in Entwicklungszusammenhängen gedacht wird, wo Probleme gelöst werden. Ein Ende der moralischen Indifferenz im Zeichen des Atompilzes kommt erst in Sicht, wenn in der Weltpolitik solche Entschiedenheiten zum Tragen kommen.

Der Preis für das Überleben

Interview mit Sabah Alnasseri

von Wolfgang Weirauch

Dr. Sabah Alnasseri, *Exil-Iraker aus Basra, lebt seit Ende 1988 in Frankfurt. Doktorand der Politikwissenschaft an der Johann-Wolfgang-Goethe-Universität Frankfurt und Stipendiat der Rosa-Luxemburg-Stiftung. 2003 Doktor der Politologie. Redaktionsmitglied der ehemaligen sozialistischen Zeitschrift* Links, *aktuell Redaktionsmitglied des Internet-Publikationsprojekts* links-netz. *Veröffentlichungen meist zu politökonomischen Themen, nach dem 11. September 2001 mehr zur Konfliktformation im arabischen Raum, letzte Veröffentlichungen dazu sind: „Zur Krisensituation in den arabischen Gesellschaften", in* Prokla, *Dezember 2001, erschienen, und eine verkürzte und modifizierte Version in der Frankfurter Studentenzeitschrift* Diskurs, *April 2002, sowie einige Artikel zum Irak seit Dezember 2002, in* links-netz.de, Neues Deutschland *und* ak (analyse + kritik) *u.a.*

Während des Irak-Krieges und in den Tagen danach tauchten im deutschen Fernsehen vermehrt Exil-Iraker auf, die vor allem dadurch auffielen, daß sie den US-Angriff auf den Irak fast bedingungslos unterstützten und gegen die weltweiten Friedensdemonstrationen polemisierten. Ihr Hauptargument war, daß das mörderische Regime Saddam Husseins Hunderttausende Iraker durch Krieg und Folter ermordet habe und daß die Menschen des Irak die Befreiung durch die USA begrüßten.

Diese Argumente wirkten bestechend, zumal es über die Brutalität des irakischen Regimes niemals zwei Meinungen gab. Andererseits war ihre Argumentation hoffnungslos einseitig und ließ die entscheidenden Fragen offen:

- Warum werden nicht alle gleichermaßen brutalen Regime oder solche, die ebenfalls im Besitz von Massenvernichtungswaffen sind, angegriffen?
- Warum hat man den Krieg nicht schon viel früher geführt, als der Irak nicht so stark kooperierte und mit Sicherheit mehr Massenvernichtungswaffen besaß als in den Monaten vor dem Krieg?
- Was wird in der Weltgemeinschaft dadurch zerstört, daß die USA und ihre Alliierten einen von der UN nicht legitimierten Angriffskrieg geführt haben?
- Was sind die wirklichen Kriegsgründe der USA?

Um einen Blick in den Irak zu werfen, sprach ich mit dem Exil-Iraker Sabah Alnasseri, der eine ganz andere Meinung als viele seiner Kollegen vertritt. Ich sprach zweimal mit ihm, einmal vor dem Krieg am 30.09.2002 über die Kriegspläne der USA, die Not der Menschen im Irak sowie die Unterdrückung jeglicher demokratischer Bewegungen durch das irakische Regime und über die derzeitigen oppositionellen Gruppen, und im zweiten Interview nach dem Krieg am 30.06.2003 über den Irak-Krieg, die Exil-Iraker sowie die Situation im Irak derzeit.

Wolfgang Weirauch: Voraussichtlich müssen wir mit einem US-Militärschlag im Irak rechnen. Welche Ziele verfolgen die USA mit einem gewaltsamen Vorgehen?

Sabah Alnasseri: Die USA haben seit langem aus geostrategischen Gründen Interesse an dem Raum des Nahen Ostens und Zentralasiens. In diesem Zusammenhang ist der Irak seit den 50er Jahren umkämpftes Gebiet. Ab 1915 war der Irak unter britischer Vorherrschaft, und bereits in den 20er Jahren des letzten Jahrhunderts bekamen die Briten Ölkonzessionen. Der 1955 geschlossene Bagdad-Pakt mit der Türkei und Großbritannien scheiterte. Seit dieser Zeit war den USA der Zugang zum Irak verwehrt, ähnlich wie auch in anderen Golfstaaten. Diese Situation änderte sich erst mit dem zweiten Golfkrieg 1991 in bezug auf die Golfstaaten, aber für den Irak noch nicht.

Weltweiter Umstrukturierungsprozeß

Das derzeitige Problem ist vor dem Hintergrund der weltweiten ökonomischen und politischen Krise zu sehen. Derzeit findet ein Umstrukturierungsprozeß unter der Vorherrschaft der USA statt, vor allem in Nahost und im asiatischen Raum bis nach Afghanistan. Den USA geht es um eine verhältnismäßig langfristige Strategie der Umstrukturierung in diesem Raum unter ihrer Vorherrschaft. Das ist aber nur dann möglich, wenn die USA auch in diesem Raum Verbündete finden, denn sonst ist das Szenario von vornherein zum Scheitern verurteilt. Es geht um ökonomische Interessen, aber noch mehr um geopolitische Interessen.

Wenn die USA den Irak politisch kontrollieren können, dann sind sie in der Lage, den ganzen umliegenden Raum zu kontrollieren. Sie können dann den Iran eindämmen und die Golfstaaten schützen. Und durch ihre gleichzeitige Anwesenheit in Afghanistan und verschiedenen ehemaligen Sowjetrepubliken dominieren sie dann fast den gesamten zentralasiatischen Raum wie früher Lateinamerika. Insofern hat der regionale Konflikt zwischen den USA und dem Irak eine globale Bedeutung.

Denn global stehen die USA in Konkurrenz zu Europa und Japan. Aufgrund dieses Kräfteverhältnisses kann man momentan die unterschiedlichen Positionen von Europa und den USA, Deutschland, Frankreich, Rußland und Großbritannien erklären. Auch wenn alle so tun, als hätten sie ein gleiches Ziel und ähnliche Mittel, so haben sie doch alle unterschiedliche Interessen.

Das uneingelöste Versprechen

W.W.: Sind nicht die ökonomischen Interessen, vor allem die Ölinteressen, das vordringlichste Ziel der USA im Irak? Immerhin hat der Irak die zweitgrößten Ölreserven der Welt und kann zukünftig zu einer Alternative für Saudi-Arabien werden.

S. Alnasseri: Selbstverständlich geht es auch um das Öl. Und wenn die USA den Irak kontrollieren, können sie natürlich auch Saudi-Arabien kontrollieren. In den USA weiß man, daß die Golfmonarchien unter einem enormen politischen Druck stehen, und zwar schon seit Anfang der 90er Jahre. Diese Regime sind mit unterschiedlichen politischen Kräften konfrontiert. Der Fehler der USA nach dem zweiten Golfkrieg 1991 war, daß sie nicht darauf hingewirkt haben, daß sich die ultrakonservativen Regime in den Golfstaaten demokratisieren. Denn dann hätten auch andere politische Kräfte in diesen Staaten eine Teilhabe an der Macht gehabt. Das ist ein offenes, nicht eingelöstes Versprechen. Deshalb gibt es z.B. in den Golfstaaten immer mehr gewaltbereite Menschen, deren Hintergründe nicht primär kulturelle oder islamische sind, sondern die Ursache liegt darin, daß sie ihre politischen Interessen in den jeweiligen Staaten nicht artikulieren und umsetzen können.

Osama bin Laden ist eine Konstruktion

W.W.: Seitens der USA wird in letzter Zeit immer wieder eine Verbindung zwischen Al-Qaida-Mitgliedern und dem Irak ins Spiel gebracht, z.B. daß gewisse Al-Qaida-Mitglieder im Irak ausgebildet worden sein sollen. Stimmt das?

S. Alnasseri: Das ist schwer zu beurteilen, aber ich bin sehr skeptisch. Ich glaube nicht einmal daran, daß hinter dem Anschlag auf das World Trade Center und das Pentagon Osama bin Laden gestanden hat. Beweisen kann ich es zwar nicht, aber wenn meine These stimmt, ist alles andere, was aus den bisher offiziell verkündeten Thesen abgeleitet wird, sehr problematisch. Osama bin Laden ist zwar eine politische Kraft, aber in dem Szenario vom 11.09.2001 sehe ich ihn als eine Konstruktion. Er dient als Konstruktion für die Intervention der USA in dem besprochenen geographischen Raum. Ferner gibt es in westeuropäischen Staaten und in den USA politische Verschiebungen, die ohne den 11. September nicht möglich gewesen wären, z.B. die Einschränkung demokratischer Rechte und das Zunehmen des Überwachungsstaates.

Von daher gehe ich davon aus, daß wir momentan eine globale Krisensituation haben. In dieser Krisensituation ist es seitens der USA nicht ganz sicher, wie sich die arabischen Staaten entwickeln werden, und deswegen ist es um so wichtiger für die USA, das Terrorszenario und die Bin-Laden-Konstruktion aufrechtzuerhalten. Seit Monaten bekommen wir häppchenweise neue Nachrichten über Osama bin Laden und sein Netzwerk – neue Videos, neue Fotos, neue Erkenntnisse –, aber das erinnert mich eher an einen Horrorfilm, bei dem ständig neue Spannung erzeugt wird.

W.W.: Aber wenn Osama bin Laden ein Konstrukt ist – nehmen wir das einmal an –, wer hat dann den Anschlag vom 11. September geplant und durchgeführt?

S. Alnasseri: Man sollte nicht auf die Verschwörungstheorien hören, daß die Amerikaner es selbst gemacht haben. Nach meiner Überzeugung war es leichter und zweckmäßiger für die USA, den Anschlag in die Schuhe von Al-Qaida zu schieben, als nach den wahren Tätern zu suchen, was eine politisch sehr aufgeladene Zeit in Anspruch nehmen würde. Für eine Administration, die gerade einige Monate im Amt war und die, was ihre Startbedingungen und ihre politische Bilanz anging, bis dato alles andere als erfolgreich war, könnte diese Zeit ihr politisches Ende bedeuten. Die Bin-Laden-Konstruktion bedeutet in diesem Sinne einerseits Ablenkung von innenpolitischen Schwierigkeiten und andererseits eine Chance, in eine ohnehin auf der Interventionsliste stehende Gegend der Welt einzumarschieren.

Vor allem die vielen „Beweise", die man recht bald nach dem Anschlag überall gefunden hat, bestätigen diese These. Die Spur der „Beweise" war einfach zu auffällig. Wer einen solchen Anschlag inszeniert, hinterläßt nicht derartige Spuren. Vor dem 11. September wußten die Geheimdienste angeblich nichts, nach dem 11. September wußten sie dagegen sehr schnell, wer hinter den Anschlägen steht. Hier paßt etwas nicht zusammen. Besonders wenn man sich die Passagierlisten der betroffenen Flugzeuge anschaut, deutet vieles eher auf Konstruktionen hin, statt auf Beweise. Für mich deutet alles darauf hin, daß der 11. September dazu benutzt wird, um geostrategisch eine politische, ökonomische und ideologische Umstrukturierung vorzunehmen.

Die USA als Feindbild

W.W.: Wie werden die USA momentan bei den Menschen der muslimisch-arabischen Welt angesehen?

S. Alnasseri: Etwa seit den 50er Jahren, seit dem Wechsel der liberalkonservativen Monarchien in vielen arabischen Staaten zu Regierungen, die aus nationalen Befreiungsbewegungen entstanden, seit der Entstehung des Kalten Krieges, hat sich in den meisten arabischen Staaten ein starker Antiamerikanismus entwickelt. Diese antiamerikanische Stimmung hält bis heute an und hat sich in verschiedenen Ländern sogar noch massiv verschärft.

Hintergrund sind die ungelösten politischen Konflikte im arabischen Raum, sei es der israelisch-palästinensische Konflikt, das Embargo gegen den Irak, das Embargo gegen Libyen und vieles mehr. Es gibt im arabischen Raum viele Konfliktfelder, in die die USA direkt oder indirekt verwickelt sind. Für die arabische Bevölkerung sind die USA keine neutrale Macht, sondern ein Akteur mit einer bestimmten politischen Position. Bei der Bevölkerung geht es keineswegs nur darum, daß die USA im palästinensisch-israelischen Konflikt immer auf seiten Israels stehen, sondern auch darum, daß die USA Bündnispartner vieler arabischer Regierungen sind, die von großen Teilen der Bevölkerung mehr oder weniger abgelehnt werden. Und man geht mehrheitlich in der Bevölkerung davon aus, daß diese Regime ohne die Unterstützung der USA, und auch der von Großbritannien und Frankreich, nicht überleben könnten. Durch die Unterstützung dieser Regime werden die USA zum Feindbild der arabischen Massen.

Aber daraus kann man folgendes ableiten: Hätten sich die USA, nachdem der Großteil der Araber 1991 für den Krieg gegen den Irak war, in politischer Verantwortung in dieser Region eingesetzt, dann hätten sie die Mehrheit der konservativen und liberalen Kräfte dieser Region – und das ist die Mehrheit der Menschen – auf ihrer Seite gehabt. Dann wäre auch das Image der USA in diesem Raum zum Positiven verschoben worden. Mit dem Nahost-Friedensprozeß haben die USA einen gewissen Schritt in diese Richtung gemacht, aber dann endete ihr Engagement. Statt eines weiteren Engagements im israelisch-palästinensischen Friedensprozeß, und statt sich um die ökonomischen und demokratisch-politischen Belange in den arabischen Ländern zu kümmern, war man zunehmend bemüht, dort amerikanische Truppen zu stationieren.

W.W.: Angenommen, es kommt zu einem Krieg der USA gegen den Irak. Wird der Irak dann wieder Raketen auf Israel feuern? Und angenommen, diese Raketen würden nicht abgefangen werden, würde Israel dann mit einem Atomschlag auf den Irak reagieren?

S. Alnasseri: Meiner Überzeugung nach wird beides nicht geschehen. Dumm ist Saddam Hussein nicht. Er hat während des Golfkrieges 1991 bewußt keine chemisch-biologisch bestückten Raketen auf Israel geschossen, denn hätte er dies getan, dann wäre das sein Regime ausgelöscht worden. Das weiß Saddam Hussein auch heute, und dementsprechend wird er auch bei einem weiteren Irak-Krieg reagieren. Die Raketen auf Israel hatten vielmehr den Sinn, die arabischen Bevölkerungen und vielleicht auch einige Regime auf die Seite Saddam Husseins zu bringen.

W.W.: Das Regime des Irak ist weder bei den arabischen Regierungen noch bei den arabischen Volksmassen beliebt. Ist es deshalb nicht im Interesse Saddam Husseins, dieses Mißverhältnis zu seinen Gunsten aufzuwerten, indem er Israel bombardiert und damit einen Atomschlag Israels auf den Irak provoziert? Denn dann wären sowohl die arabischen Regierungen wie auch die arabischen Massen wahrscheinlich geschlossen auf der Seite des Irak bzw. seines Regimes.

S. Alnasseri: Theoretisch ist das sicherlich richtig, aber Israel wird keinen Atomschlag riskieren, da sich Israel nicht wieder wie in den 70er Jahren eine geschlossene Front der arabischen Staaten gegen sich leisten kann. Schließlich sind die einzelnen Regime nicht auf den Kopf gefallen, und sie wissen ganz genau, was sie tun. – Viel eher denke ich, daß es im Irak zu bürgerkriegsähnlichen Zuständen, ähnlich wie in Afghanistan, kommen wird. Ich erkenne es daran, daß die USA in den letzten Wochen gewisse Kreise der irakischen Opposition anerkannt haben.

Massenvernichtungswaffen

W.W.: Wie schätzt Du das Potential der Massenvernichtungswaffen im Irak ein? Ist es so groß, wie neuerdings vom Westen proklamiert, oder hat der Irak fast überhaupt keine Massenvernichtungswaffen mehr?

S. Alnasseri: Genaue Informationen werden der Öffentlichkeit nie zugänglich gemacht. Wir haben keinen Zugang zu geheimem Material verschiedener Regierungen. Die Proklamierung eines Bedrohungspotentials von chemischen, bakteriologischen und atomaren Waffen im Irak dient vielmehr dazu, die Öffentlichkeit gegen den Irak und für einen Irak-Einsatz der USA zu mobilisieren. Ähnlich war es im Golfkrieg 1991, als im vorhinein das militärische Potential des Irak über die Maßen hochgeredet wurde. Man mußte damals fast den Eindruck bekommen, als wäre der Irak einer der militärisch stärksten Staaten der Welt. Nur deshalb konnte man eine derartig gigantische Kriegsmaschinerie mobilisieren.

Die Proklamierung der Bedrohung durch Massenvernichtungswaffen des Irak dient also der ideologischen und politischen Untermauerung für einen Militärschlag der USA. Das heißt natürlich nicht, daß der Irak keine Massenvernichtungswaffen hat.

Das häßliche Gesicht eines brutalen Regimes

W.W.: Was ist Saddam Hussein eigentlich für ein Mensch?

S. Alnasseri: Es ist unbestritten, daß er ein vollkommen brutaler Mensch ist. Aber es ist falsch, das irakische Regime nur zu personifizieren. Saddam Hussein stellt bloß das häßliche Gesicht dieses brutalen Regimes dar. Aber das hat man schon seit 20 oder 30 Jahren gewußt. Seit dieser Zeit hat man um die Brutalität und Gewaltbereitschaft dieses Regimes gewußt, sowohl gegenüber der eigenen Bevölkerung als auch gegenüber den Nachbarn.

W.W.: Mit welchen Mitteln schaffte es dieses Regime, seine Macht aufrechtzuerhalten?

S. Alnasseri: In den 70er Jahren gab es einige strategische Fehler der Opposition, vor allem der damaligen kommunistischen Partei. Sie hat damals falsch kalkuliert, indem sie mit der Baath-Partei zusammen eine nationale Front gebildet hat. Sie spekulierte darauf, daß sie in dem Moment, in dem sie in den Staatsapparat eindringen würde, die politische Richtung der Regierung in ihrem Sinne beeinflussen könnte. Dadurch hatte aber die Baath-Partei zunächst freie Hand gegenüber den Schiiten. Hunderttausende von Schiiten wurden z.B. in den Iran abgeschoben. Und später ging man gegen die Kurden im Nord-Irak vor. Und dann kamen die Kommunisten an die Reihe; sie wurden gnadenlos verfolgt und ermordet.

Ende der 70er Jahre putschte der rechte Flügel der Baath-Partei unter Saddam Hussein gegenüber dem Präsidenten Al-Bakr. Aber dieser Flügel der Baath-Partei hatte weder in der Partei noch in der Bevölkerung eine Mehrheit. Was also mußte dieser rechte Flügel der Baath-Partei tun, um die Mehrheit der Partei und der Bevölkerung zu gewinnen?

Autos für Kriegsgefallene

Er mußte die Kriegspropaganda schüren und die nationalistischen Kräfte im eigenen Land aufrufen. Durch die Kriegsökonomie und die Kriegspropaganda gegen den Iran schaffte es der rechte Flügel der Baath-Partei, breite Schichten der Bevölkerung hinter sich zu bringen. Gleichzeitig boomte auch die Ökonomie im Lande. Das nahm während des ersten Golfkrieges zwischen 1980 und 1988 teilweise so absurde Formen an, daß die Kriegstoten in Kapital für die Angehörigen umgewandelt wurden. Jeder, der einen Mann, Bruder oder Vater im Krieg verlor, bekam beispielsweise ein Auto, ein Haus oder ähnliches.

Während des Krieges hat Saddam Hussein alle Staatsapparate mit seinen eigenen Leuten besetzt und sich endgültig der oppositionellen Kräfte, der konservativ-schiitischen, der kommunistischen und der kurdischen, entledigt. Hinzu kam, daß die USA, die UdSSR und die Golfstaaten den Irak gegenüber dem Iran unterstützten, denn nach der erfolgreichen Revolution im Iran wollte man weitere Revolutionen in anderen Staaten verhindern.

Nach dem ersten Golfkrieg geriet das Regime wieder in eine ökonomische, ideologische und politische Krise. Sehr viele Menschen, auch im Staatsapparat, fragten nach dem Sinn dieses Krieges, und anstatt die ökonomische Krise zu überwinden, flüchtete sich das Regime in das Kuwait-Abenteuer im Sommer 1990. Das irakische Regime schaffte es also stets, sich durch Formen der Gewalt am Leben zu erhalten.

Sporadischer Widerstand

W.W.: Gibt es heute im Irak noch Oppositionelle, oder sind sie alle ausgeschaltet worden?

S. Alnasseri: Selbstverständlich gibt es Oppositionelle, aber sie arbeiten alle im Untergrund. Vor allem die Mitglieder der kommunistischen Partei haben nach ihrem Verbot Ende der 70er Jahre bis heute im Untergrund gearbeitet. Seit dem zweiten Golfkrieg gibt es auch ständig Selbstmordattentate und Putschversuche, auch kleinere Gefechte mit den Schiiten in den Sumpfgebieten im Süden und mit den Kurden im Norden. Selbst in Bagdad gab es mitunter kleinere Gefechte. Aber die einzelnen Gruppen des Widerstands konnten sich wegen der kriegerischen Auseinandersetzungen und auch wegen des Embargos nicht für eine gemeinsame Strategie zusammenschließen. Deswegen ist der Widerstand bis heute fraktioniert, vereinzelt und sporadisch. Auf dieser Basis kann sich keine politische Kraft entwickeln.

Die Oppositionsgruppen

W.W.: Welche bedeutenden oppositionellen Gruppen gibt es im Ausland?

S. Alnasseri: Bis zum zweiten Golfkrieg 1990/91 gab es im Ausland drei große oppositionelle Gruppen, zum einen die kurdische Befreiungsbewegung in Kurdistan, ferner die kommunistische Partei und dann die konservativ-schiitischen Kräfte, die sich wiederum in zwei Gruppen aufteilen: die Al-Hakim-Gruppe im Iran, die sich der „Hohe Kongreß der islamischen Revolution“ nennt, und dann die Al-Da'wa-Partei, die in den 50er Jahren von Al-Sadr gegründet wurde. Die beiden schiitischen Kräfte sind sich nicht einig. Hier im Westen wird oft von der Einheit dieser Kräfte gesprochen, in Wirklichkeit sind sie sich aber überhaupt nicht einig. Sie unterscheiden sich in Fragen der Taktik, Strategie, in Organisation und Sozialstruktur. Somit sind ihre politischen Positionen und Bündnisentscheidungen unterschiedlich.

1991 kam in die exil-irakischen oppositionellen Gruppen plötzlich Bewegung, und es entstanden nach dem zweiten Golfkrieg 70 bis 100 verschiedene Oppositionsgrüppchen, die alle ihre Chance witterten, weil man glaubte, daß das Regime Saddam Hussein nach dem Golfkrieg am Ende sei. Es entstand eine neue oppositionelle Kraft, der INC, der Iraqi National Congress. Das ist ein konservativ-liberaler Block mit dem Vorsitzenden Chalabi. Der INC ist heute vor allem in Großbritannien und den USA verankert. Und dieser INC wurde in den letzten Wochen zusammen mit der Al-Hakim-Gruppe in die USA eingeladen und quasi als politische Kraft anerkannt. Das sind die Kräfte, die jetzt auf der politischen Bühne erscheinen. Es sind die konservativ-liberalen Kräfte, die aber de facto nicht alle oppositionellen Kräfte des Irak abdecken. Viele kommunistische, andere linke und intellektuelle Kräfte werden ausgegrenzt. Deswegen fürchte ich, daß es nach einem Sturz des irakischen Regimes zu bürgerkriegsähnlichen Zuständen kommen wird. Es gleicht dem Szenario von Afghanistan.

Beteiligung aller an der politischen Macht

W.W.: Siehst Du nach einem gewaltsamen Sturz des irakischen Regimes noch eine Alternative zu einem Bürgerkrieg?

S. Alnasseri: Ich möchte nicht sagen, daß es auf jeden Fall zum Bürgerkrieg kommt, aber er ist ziemlich wahrscheinlich. Die USA sind nicht dumm und wissen somit, daß die Verhältnisse im Irak ganz andere als in Afghanistan sind. Die politischen Kräfte im Irak sind differenzierter und viel fester verankert als in Afghanistan. Im Irak gibt es über lange Zeit gewachsene politische Kräfte, die sehr stark im Land verwurzelt sind und die man nicht einfach durch ein Modell von außen ablösen kann.

Vielleicht machen sich die USA deshalb Gedanken, wie sie eine solche zukünftige politische Macht kulturell und ideologisch unterstützen und ökonomisch im Irak einbetten können. Das könnte beispielsweise eine Übergangsregierung sein, die darauf hinwirkt, daß es im Irak zu demokratischen Verhältnissen kommt. Wenn man eine solche politische Kraft im Irak verankern kann, die gleichzeitig glaubhaft deutlich macht, daß sich alle politischen Kräfte in naher Zukunft an der Macht beteiligen können, dann könnte man einen Bürgerkrieg verhindern. Diese politische Kraft muß im Dialog zu allen oppositionellen Kräften stehen, um ihnen zu versichern, daß sie nicht vom politischen Leben ausgeschlossen werden.

Eine neue irakische Regierung muß sich mit allen oppositionellen Gruppen auf unterschiedlichen Ebenen ins Benehmen setzen, gleichzeitig muß sie sich mit anderen arabischen Staaten, z.B. den Golfstaaten, verständigen. Denn jede Veränderung im Irak könnte zu einer gravierenden Wirkung auf diese Staaten führen. Wenn es im Irak zu einer Demokratie kommen sollte, dann würden starke Kräfte in den Golfstaaten ebenfalls nach einer Demokratie verlangen. Das sind die Probleme, die wir momentan haben und die bis zu einem möglichen Irak-Krieg geklärt werden müssen.

„Bei Kriegen geht es fast nie um die Bevölkerung"

W.W.: In den USA haben das Repräsentantenhaus und der Senat dem Präsidenten die Vollmacht erteilt, einen Krieg im Irak zu führen. Ebenfalls hat der Präsident noch die Mehrheit der Bevölkerung für einen Irak-Krieg hinter sich. In Europa ist die Stimmung aber ganz gegenteilig. Unabhängig davon wären wahrscheinlich die meisten Menschen, sowohl im Irak als auch außerhalb des Irak, und die meisten Regierungen froh, wenn Saddam Hussein und sein Regime gestürzt werden würden. Wie ist Deine persönliche Meinung zu einem Krieg mit der Folge eines Sturzes des bisherigen Regimes?

S. Alnasseri: Ich bin auf jeden Fall gegen den Krieg, denn ich halte nichts von einem imperialistischen Krieg.

W.W.: Auch nicht, wenn das Ergebnis eine Demokratie im Irak wäre?

S. Alnasseri: Damit sprichst Du ein Problem an, denn eine Demokratie wäre wünschenswert, ein Krieg für eine Demokratie dagegen nicht. Man braucht sich nur das Szenario in Afghanistan anzuschauen oder auch im Kosovo und in Serbien. Hätte man in den 90er Jahren die serbische Opposition diplomatisch, finanziell und politisch unterstützt, dann hätte es zu einer politischen Verschiebung zuungunsten des Milosevic-Regimes in Serbien kommen können. Leider geht es bei den Kriegen allerdings fast nie um die Bevölkerung, sondern um geopolitische Interessen. Während des Golfkrieges 1991 haben die Amerikaner zwar gewisse Versprechungen gemacht, aber sie haben sie danach aufgrund verschiedener Entwicklungen nicht mehr eingelöst.

Dann entsteht, wie schon so oft, folgendes Szenario: Die USA geraten politisch in eine Zwickmühle, und dann greifen sie zu den klassischen ordnungspolitischen sicherheitsstrategischen militärischen Mitteln. Und dann bekommt man eine Situation wie in Afghanistan. Deshalb sage ich noch einmal: Ein Krieg kann keine Lösung bringen!

Das irakische Regime ist schwach

Das irakische System ist nicht so stark, wie es derzeit an der Oberfläche erscheint und von den USA dargestellt wird. Es ist sehr viel schwächer als in den 80er Jahren. Bereits seit Jahren werden der Norden und der Süden des Irak nicht mehr von diesem Regime kontrolliert. Und ein großer Teil der Bevölkerung, der während des ersten Golfkrieges gegen den Iran vermutlich noch wohlwollend gegenüber dem eigenen Regime war, steht jetzt nicht mehr zu diesem Regime. Wenn man die irakische Opposition unterstützt, dann kann die Bevölkerung das irakische Regime selbst stürzen.

W.W.: Ist das denn militärisch im Irak möglich?

S. Alnasseri: Ja, das ist möglich. Das irakische Regime ist momentan militärisch nicht stark. Wenn das irakische Regime militärisch stark wäre, dann würden nicht so viele Generäle, Offiziere und andere dem Regime nahestehende Kräfte das Land verlassen. Das deutet daraufhin, daß sie die Privilegien, die sie einstmals hatten, verloren haben. In der westlichen Presse scheint es, als wäre die Militär- und Geheimdienstmaschinerie des Irak gigantisch, de facto wird das Regime aber wahrscheinlich zusammenbrechen, wenn es zu einem ernsthaften Aufstand im eigenen Land kommt. Wenn ein solcher Versuch scheitert, kann man sich immer noch andere Strategien überlegen.

Das ungelöste Kurdenproblem

W.W.: Schauen wir ein wenig auf die Menschen im Irak: Wie stehen die Kurden zu einem möglichen US-Angriff? Werden sie die USA, ähnlich wie die Nordallianz, dabei unterstützen?

S. Alnasseri: Nein, das glaube ich nicht. Im Vordergrund wird der Pragmatismus der kurdischen Führung – einerseits Talabani, andererseits Barsani – stehen. Bedingt ist dies durch die geostrategische Lage ihres Gebiets im Norden des Irak. Sie sind abhängig von den Verhältnissen im Irak, der Türkei und von denen im Iran. Ihr Pragmatismus ist keine politische Option, sondern er ist vorgegeben. Das kurdische Problem hängt mit den Bodentruppen zusammen. Solange der Irak durch Großbritannien und die USA nur aus der Luft angegriffen wird, wird der Nord-Irak voraussichtlich unberührt bleiben.

Wenn aber Bodentruppen einmarschieren, dann kann es sein, daß diese nicht nur aus dem Süden, sondern auch aus dem Norden kommen, also aus der Türkei. In letzterem Fall wird dann der Nord-Irak wahrscheinlich von türkischen Truppen besetzt. Die Türkei wird die Gelegenheit nutzen, die kurdische Befreiungsbewegung zu bekämpfen, andererseits wird die Türkei auch imperiale Interessen durchsetzen, z.B. die Besetzung von Ölquellen. Das ist die berechtigte Befürchtung der Kurden im Nord-Irak, eine Befürchtung, die solange aufrechterhalten bleiben wird, wie in der Türkei de facto das Militär herrscht. Deswegen versuchen die USA alles, um die Kurden einzuladen und sie davon zu überzeugen, daß es zu keiner türkischen Besetzung des Nord-Irak kommen wird und daß sie ihre Autonomie behalten können.

Aber auch die Kurden sind nicht dumm, und sie haben in den letzten 50 Jahren so viele schlechte Erfahrungen mit unterschiedlichen Regimen gemacht, daß sie keineswegs auf bloße Versprechungen eingehen werden. Aber das ist ein Problem, das momentan noch nicht gelöst ist.

Die Not der Iraker ist dramatisch

W.W.: In welcher Not befindet sich die irakische Bevölkerung im Mittelirak? Wie stark leiden sie ökonomisch und medizinisch unter den Sanktionen?

S. Alnasseri: Das kann ich anhand meiner Schwester klarmachen. Ein Großteil meiner Familie lebt noch im Irak, und meine Schwester war vor einigen Wochen in Jordanien, weil sie gesundheitliche Probleme hat. Es fehlt im Irak an fast allen Medikamenten. Und die Medikamente, die meine Schwester im Ausland kaufen müßte, kann sie nicht bezahlen. Deshalb kam sie nach Jordanien, und alle im Ausland lebenden Verwandten haben Geld gesammelt, damit ihr Aufenthalt und die medizinische Betreuung dort bezahlt werden konnte. Und im Verhältnis zur übrigen irakischen Bevölkerung lebt meine Schwester im Irak noch verhältnismäßig gut.

Das zeigt, wie ernst die Verhältnisse für die irakische Bevölkerung sind. Die während des ökonomischen Booms in den 80er Jahren entstandene Mittelschicht ist mittlerweile völlig zerstört und verarmt. Und insofern kann man sich vorstellen, wie es um die ärmere Bevölkerung, die einfachen Arbeiter und Bauern, bestellt ist. Die Verhältnisse im Irak sind sehr dramatisch.

W.W.: Was hat das Programm „Oil for Food" für die Bevölkerung im Irak gebracht?

S. Alnasseri: Es gibt die Regelung, daß die Bevölkerung aufgrund von ausgegebenen Karten ihr Kontingent an Brot bekommt. Durch das Embargo ist der Irak wirtschaftlich stärker geworden. Das Problem ist aber, daß alle Märkte – vom Gemüse- bis zum Ölmarkt – monopolisiert worden sind und die Bauern, Angestellten und Arbeiter von bestimmten Kräften im Irak abhängig sind. Die Monopole bestimmen die Preise und die Mengen und haben in den letzten zehn Jahren ein gewaltiges Kapital akkumuliert. Und diese Kräfte haben Interesse an der Aufrechterhaltung des Embargos. Was die Menschen durch das „Oil for Food"-Programm bekommen, ist eigentlich nur ein Witz; es reicht nicht einmal für die Grundbedürfnisse. Das zeigt sich z.B. daran, daß mittlerweile die Mehrheit der Kinder im Irak arbeiten muß und nicht mehr in die Schule geht, damit sich die Familie überhaupt ernähren kann.

W.W.: Wie stark ist die Arbeitslosigkeit im Irak?

S. Alnasseri: Eigentlich ist es etwas bizarr, bei einer völlig zerstörten Ökonomie von Arbeitslosigkeit zu sprechen. Sie ist natürlich gravierend.

Sie sterben unter ihren Händen

W.W.: Wie steht es mit der medizinischen Versorgung und mit sauberem Trinkwasser?

S. Alnasseri: Sehr schlecht. Besonders die Kinder leiden sehr häufig an Durchfall. Obendrein verlassen die medizinischen Fachkräfte und Ärzte zunehmend das Land, und zwar nicht, weil sie nach besseren Möglichkeiten suchen, sondern weil sie im Irak kaum arbeiten können. Denn es gibt kaum Apparate und Medikamente. Viele Ärzte können es aus moralischen Gründen auch nicht mehr aushalten, daß die Menschen unter ihren Händen sterben und sie nichts dagegen tun können. Das ist eine außerordentlich tragische Situation. Als ich letztes Jahr in Jordanien war, habe ich viele Leute aus dem Irak getroffen, u.a. Ärzte, die mir von der dramatischen medizinischen Situation des Landes erzählt haben. Verschärft wird die Situation noch dadurch, daß man nicht den Mund aufmachen kann, um diese Zustände zu beklagen.

„Meine Uni-Zulassung wurde zerrissen“

W.W.: Wann und warum bist Du aus dem Irak ausgereist?

S. Alnasseri: Ich habe den Irak 1981, am Anfang des Iran-Irak-Krieges, verlassen. Damals hatte ich gerade Abitur gemacht und wollte in meiner Geburtsstadt Basra studieren, aber aus politischen Gründen habe ich dann das Land verlassen. Ich habe in verschiedenen Ländern gelebt, bis ich 1988 nach Frankfurt gekommen bin, wo ich seither lebe. Eigentlich ist die Frage nicht, warum man den Irak verläßt, sondern warum man im Irak bleibt.

W.W.: Bist Du seitdem wieder einmal im Irak gewesen?

S. Alnasseri: Nein.

W.W.: Was passiert, wenn Du wieder in den Irak einreist?

S. Alnasseri: Ich reise erst wieder in den Irak, wenn es zu politischen Veränderungen kommt. Nach meiner Überzeugung legitimiere ich das derzeitige Regime, wenn ich in den Irak zurückkehre. Ich will diejenigen, die im Irak verbleiben bzw. zurückreisen, nicht verurteilen, halte diese Position aber für falsch. Hinzu kommt bei mir das Problem, daß ich meine Publikationen unter meinem vollen Namen veröffentliche.

W.W.: Müssen Deine Familienmitglieder im Irak mit Repressionen rechnen, weil Du hier unter Deinem vollen Namen irak-kritisches Material veröffentlichst?

S. Alnasseri: Nein, davon gehe ich nicht aus. Meine Familie lebt im Süden des Irak, und die Arme des irakischen Regimes reichen nicht mehr bis dorthin. Im Gegenteil: Das Regime macht ständig Angebote an oppositionelle Kräfte, in das Land zurückzukehren, und verspricht die Rehabilitation. Und in der Tat, die zahlreichen Oppositionellen, die über die gesamte Welt verstreut sind, wären für den Irak ein gewaltiges Kapital.

Der spontane Aufstand 1991

W.W.: Die Schiiten wurden in der Endphase des zweiten Golfkrieges von den USA verraten und von Saddam Husseins Republikanergarde vernichtend geschlagen. Wie stehen die Schiiten heute zu dem Regime in Bagdad, und wie stehen sie zu einem Angriff der USA auf den Irak?

S. Alnasseri: Der Aufstand der Schiiten im Süden des Irak war ein spontaner Aufstand und wurde nicht von den USA angeheizt. Es waren aus Kuwait zurückkehrende irakische Soldaten, die in Basra auf ein großes Bildnis von Saddam Hussein schossen. Das war eine spontane Reaktion, durch die sie erstmals ihre Angst überwunden haben. Daraus folgte ein spontaner Aufstand breiter Volksmassen, zuerst in Basra, und dann breitete er sich blitzartig in vielen Provinzen des Südirak aus.

W.W.: Ohne die Unterstützung der USA?

S. Alnasseri: Ja. Seitens der USA hat man vor der Welt proklamiert, daß man auf diesen Aufstand der Schiiten gehofft hat. Die Aussage, daß die USA die Schiiten zu einem Aufstand angeheizt hätten, impliziert, daß es zu einer schiitischen Machtübernahme im Irak kommen könnte. Das aber wäre aus Sicht der USA eine Bedrohung für die gesamte Region, und deshalb haben sie den Aufstand nicht unterstützt. Sie haben indirekt verlautbaren lassen, daß die Schiiten das Land besetzen wollten und voraussichtlich eine Koalition mit dem Iran eingehen würden. Es wurde auch immer wieder so dargestellt, als hätten nur die Schiiten diesen Aufstand bewerkstelligt.

In Wirklichkeit haben sich kurdische Kräfte im Norden, linke Kräfte und auch völlig unabhängige Menschen daran beteiligt. Selbst einfache Hausfrauen und Mütter haben Waffen getragen und gekämpft. Fast alle Teile der irakischen Bevölkerung haben an diesem Aufstand teilgenommen. Aber vor der Weltöffentlichkeit wurde dieser Aufstand als eine Bedrohung dargestellt, und insofern entschieden die USA, sich lieber mit dem toten Löwen Saddam Hussein zu arrangieren als mit den aufständischen Schiiten. Diese Haltung behielten sie in den letzten zehn Jahren bei, und sie führte dazu, daß man die Opposition nicht unterstützte.

Dieses Mal aber haben die USA oppositionelle Gruppierungen, wie z.B. die Al-Hakim-Gruppe, eingeladen, um mögliche Beteiligte an einer späteren Regierung teilnehmen zu lassen. In Wirklichkeit haben die USA überhaupt keine Probleme mit gegensätzlichen oppositionellen Gruppierungen, denn man denke einmal an die Unterstützung Osama bin Ladens und der Taliban durch die USA, die nun wirklich nicht auf der politischen Linie der USA liegen. Also gewisse politische Differenzen zu oppositionellen Kräften im Irak sind nichts als ein vorgeschobenes Argument, um die Interessen der USA und der Golfstaaten in diesem Raum zu sichern.

W.W.: Die Heiligtümer in Nadschaf und Kerbela sind während des Aufstandes durch Saddam Hussein zerstört worden, später wurden sie wieder exakt aufgebaut. Wollte er damit wieder auf die Schiiten zugehen?

S. Alnasseri: Ja. Das Problem ist aber, daß die Schiiten keine politische Kategorie sind. Sie sind kein homogener Block und gehören auch nicht nur Al-Hakim oder Al-Da'wa an, genausowenig wie alle Christen hinter der CDU stehen. Viele Schiiten sind z.B. Angehörige der kommunistischen Partei, der Baath-Partei oder liberaler Parteien. Und Al-Hakim rekrutiert seine Mitglieder vor allem aus der in den 70er und 80er Jahren nach dem Iran abgeschobenen Bevölkerung. Bei diesen Menschen gibt es natürlich ein Rachepotential gegen das irakische Regime. Aber innerhalb des Irak ist die schiitische Bevölkerung nicht homogen, deshalb muß man in bezug auf die politischen Optionen dieser Menschen sehr differenziert hinschauen.

W.W.: In den letzten Tagen hat man hier in der Presse von einem Kontaktversuch des Irak zum Iran gelesen. Sind diese Kontakte ernstzunehmen?

S. Alnasseri: Gerade vorgestern (28.09.2002) war der irakische Außenminister im Iran. Der Irak versucht, dem Iran, vielleicht auch Syrien, zu vermitteln, daß bei einem Sturz des irakischen Regimes auch der Iran und Syrien an der Reihe seien. Das wären die nächsten Gegner der USA, wenn es nach der sogenannten „Achse des Bösen" geht. Der Irak versucht also zu vermitteln, daß das Überleben des Iran und Syriens von einem Überleben des irakischen Regimes abhinge. Aber das Regime im Iran hat in den letzten Jahren viel gelernt und eine andere Position eingenommen. Zwar denke ich, daß sie gegen einen Krieg der USA im Irak sind, aber wenn es zu einem Krieg kommt, dann würden sie nicht gegen die USA intervenieren. Sie würden sich genau wie 1991 neutral verhalten.

W.W.: Wie steht es mit der religiösen Toleranz im Irak? Können beispielsweise die christlichen Chaldäer und andere Gruppen ihre Religion frei ausüben?

S. Alnasseri: Das ist eine sehr schwierige Frage. Normalerweise ist der Irak in bezug auf religiöse und kulturelle Fragen sehr liberal. Das kenne ich auch aus meiner Stadt Basra. Bis Ende der 60er Jahre, bis zum Antritt der Baath-Partei, haben dort die Sunniten, Schiiten, Juden und Christen zusammengelebt und miteinander gearbeitet. Das irakische System Saddam Husseins hat anschließend versucht, eine neue soziale Basis im Irak zu schaffen, und zwar durch Fraktionierung der irakischen Bevölkerung entlang ethnischer, religiöser und politischer Gruppen. Anhand der Fraktionierung nach Kurden, Arabern, Christen, Muslimen versuchte er, sein Regime zu stabilisieren, indem er immer mit diesen ethnischen und kulturellen Unterschieden kalkuliert und gespielt hat. Er versuchte, sich als eine homogene und völkerverbindende Kraft darzustellen. Deshalb spielt Saddam Hussein in der Öffentlichkeit immer diese verschiedenen Rollen. Trotzdem ist in bezug auf die Religionskontrolle der Irak auch heute noch eine relativ liberale Gesellschaft.

Der Mythos der arabischen Einheit

W.W.: Wie stark war nach dem Ersten Weltkrieg die Enttäuschung der arabischen Bevölkerung, nachdem der von den Engländern versprochene einheitliche arabische Staat nach Besiegung des Osmanischen Reichs keine Wirklichkeit wurde und der nahöstliche Raum in einzelne Nationalstaaten aufgeteilt wurde?

S. Alnasseri: Auf den ersten Blick war die Enttäuschung groß. Aber je tiefer man in die politischen Kräfteverhältnisse schaut, desto größere Differenzen wird man wahrnehmen. Diese Differenzen traten auch unter den damaligen herrschenden feudalen Klassen auf, und die Engländer und Franzosen wußten damals ganz genau um diese Unterschiede. Sie konnten an diese Unterschiede und Widersprüche anknüpfen, um ihre Interessen durchzusetzen. Die Vermeidung eines einheitlichen arabischen Staates schien sich für die imperialen Mächte zu bestätigen, nachdem die Nationalstaaten gegründet worden waren und sie zunehmend ihre Eigenständigkeit betonten. Die immer wieder erwähnte arabische Einheit gab es eigentlich in diesem Sinne nie.

W.W.: Die Differenzen haben ja bis heute nicht abgenommen.

S. Alnasseri: Ganz genau. Die arabische Einheit ist ein Mythos, der im Westen und im arabischen Raum von konservativen und liberalen Intellektuellen in die Welt gesetzt worden ist. Und dieser Mythos hat mit dem 1.400jährigen arabischen Reich, und vor allem mit dem Osmanischen Reich, überhaupt nichts zu tun.

Das gesamte Land wurde aufgeteilt

W.W.: Einige Jahre nach dem Ersten Weltkrieg wurde der Irak zu einer Monarchie unter Faisal I. Was waren die Grundzüge dieser Monarchie?

S. Alnasseri: Faisal I. war Haschemit und kam auf Vermittlung der Engländer im Irak an die Macht. Als der Staat Irak 1920 begründet wurde, wurden die ehemaligen traditionellen herrschenden Kräfte im Land durch den britischen Kolonialismus auf einen Schlag von traditionellen Herrschern zu Privateigentümern. Das gesamte Land wurde unter lediglich 400 Familien aufgeteilt. Das vollzog sich ähnlich wie damals in Indien. Diese Familien wurden über Nacht in eine kapitalistische Klasse verwandelt. Die Staatsform war eine konstitutionelle Monarchie. Und die Vertreter dieser kapitalistischen Klasse stellten damals das Parlament. Diese Staats- und Ökonomieform dauerte bis 1958, bis zur Revolution. Es ist keineswegs so, daß in den arabischen Staaten keine Demokratie möglich wäre, denn bis in die 50er Jahre gab es ein liberales Regime und Parteien. Erst mit der Revolution entstand das Einparteien-Regime. In vielen anderen arabischen Staaten war dies ganz ähnlich.

W.W.: 1932 kam die Unabhängigkeit von England. Welche Ölkonzessionen hat England damals erworben?

S. Alnasseri: Daß britische Ölkonzerne das irakische Öl fördern und verkaufen dürfen. Das politische Regime im Irak hat daran mitverdient, aber im Vergleich zu den britischen, US-amerikanischen und saudi-arabischen Ölkonzernen waren das nur Peanuts. Das ist ein Grund, warum das Land unterentwickelt blieb. Erst Anfang der 70er Jahre, mit der Verstaatlichung des Öls, wurde dies anders. Früher mußten sie sich mit Peanuts zufrieden geben, dann kamen gigantische Einnahmen. Aber diese Peanuts waren der Preis für ihr politisches Überleben. Sie wurden durch den Westen politisch und militärisch gesichert.

Die Revolution gegen das Königshaus

W.W.: Was änderte sich 1958 mit dem Sturz der Monarchie und dem Ministerpräsidenten Kassem?

S. Alnasseri: Vieles. Seine Zeit war einmalig in der Geschichte des arabischen Raums. Die Revolution wurde von breiten Teilen der irakischen Bevölkerung getragen. Es war kein Palastputsch wie in Ägypten oder Syrien. Auch die kommunistische Partei spielte damals eine wichtige Rolle. Die kommunistische Partei war die einzige im arabischen Raum, die in einem Staat an die Macht kam. Und diese Revolution war Großbritannien, Frankreich und den USA ein Dorn im Auge, denn man befürchtete, daß die Sowjetunion im Irak Fuß fassen könnte.

W.W.: War Kassem Kommunist?

S. Alnasseri: Nein, er war Nationalist, aber er ging in eine Koalition mit der kommunistischen Partei gegen das Königshaus. Aber das Regime machte viele strategische Fehler, die dazu führten, daß andere gesellschaftliche Kräfte, besonders die der Baath-Partei, stärker wurden. Und alles muß man vor dem Hintergrund des Kalten Krieges sehen.

1963, als die Baath-Partei putschte, hatte sie weder in der Bevölkerung noch im Militär eine Basis. Aber weil die irakische Regierung, vor allem die kommunistische Partei, in diesem Jahr auf eine Anweisung aus der UdSSR wartete und nicht gegen die Putschisten handelte, wurde die Regierung gestürzt.

Die zunehmende Brutalisierung

W.W.: Welche Ziele hat die Baath-Partei?

S. Alnasseri: Die Baath-Partei war 1963 eine nationalistische Partei mit panarabischen Zügen. Ihr Charakter war vom Zweiten Weltkrieg und der Ost-West-Polarisierung geprägt. Ihre Strategie setzte darauf, sich von der Sowjetunion und der Nato abzusetzen. Man suchte eine Art dritten Weg. So einen Weg gab es in vielen arabischen Ländern. In Algerien nannte man es islamischen Nationalismus, in Ägypten arabischen Sozialismus. Auch die Baath-Partei nannte diesen Weg arabischen Sozialismus. Es war eine nationale ethnische Form des Sozialismus.

Bis 1968 war der liberale Teil der Baath-Partei unter General Aref an der Macht. Mit der Machtübernahme von Al-Bakr, dem rechten Flügel der Baath-Partei, wurde die Macht der Partei untergraben, und sie wurde zu einem Anhängsel eines bestimmten Regimes. Die Partei wurde zu einer Rekrutierungsmaschinerie der Regierung entwickelt. Ihr Ziel waren nicht mehr Einheit, Freiheit und Gerechtigkeit, sondern die gesamte irakische Bevölkerung als Baath-Parteimitglieder zu behandeln, damit es keinen Raum mehr für andere politische Kräfte gibt. Das ist allerdings nie gelungen.

W.W.: Inwieweit begann mit der Regierungsübernahme von Al-Bakr die Brutalisierung gegenüber Oppositionellen?

S. Alnasseri: In seinen ersten Regierungsjahren gab es das noch nicht, weil das Regime erst Fuß fassen mußte. Al-Bakr mußte deshalb Kompromisse mit der kommunistischen Partei eingehen. Das Regime war mit drei großen Gruppen von Oppositionellen konfrontiert, den Schiiten, Kurden und Kommunisten. Wie die Regierung die Kommunisten vereinnahmte und dann gegen die Schiiten, Kurden und letztlich auch gegen die Kommunisten vorging, haben wir schon besprochen. Das Vorgehen gegen diese drei großen Oppositionsgruppen war äußerst brutal. Das brutalste Kapitel begann allerdings mit der Machtübernahme von Saddam Hussein im Jahre 1979.

W.W.: Wie kam Saddam Hussein 1979 an die Macht?

S. Alnasseri: Al-Bakr war krank, man schob ihn ab, und Saddam Hussein trat als sein Stellvertreter auf. So übernahm er seine Geschäfte, aber de facto war dies ein interner Putsch. Der Putsch war aber nicht nur intern, sondern man muß ihn auch global betrachten. Die Revolution im Iran 1979 zwang die USA und Westeuropa dazu, innerhalb der irakischen Baath-Partei nach Kräften zu suchen, die als eine Konterkraft zu dem schiitischen Regime im Iran aufgebaut werden konnte. Und diese sunnitische Karte spielte Saddam Hussein hervorragend. Er setzte sich als Gegengewicht zur schiitisch-persischen Revolution in Szene.

Nach dem Krieg

Interview mit Sabah Alnasseri*

von Wolfgang Weirauch

Eine historische Chance wurde vertan

Wolfgang Weirauch: Hattest Du in den Monaten vor dem Irak-Krieg noch Hoffnungen, daß der Krieg nicht stattfinden würde – und wie zerbrachen diese Hoffnungen, als es dann doch zum Angriff auf den Irak kam?

Sabah Alnasseri: Ich hatte nicht nur Hoffnungen, daß der Krieg nicht stattfindet – und zwar wegen der schweren humanitären, sozialen, ökonomischen und ökologischen Folgen –, sondern weil vor dem Krieg eine historische Chance zur friedlich-demokratischen Lösung im Irak möglich schien. Aber diese Chance wurde durch den Krieg zunichte gemacht. Darüber hinaus ist durch den Krieg ein politisches Vakuum entstanden, in dem Chaos – wie momentan – entstehen kann. Diese Zusammenhänge haben mich am meisten betroffen. Denn das Regime Saddam Hussein war noch nie so schwach wie vor dem Krieg, und eine friedlich-demokratische Lösung war noch nie so nahe. Aber diese Chance ist durch den Krieg ad acta gelegt worden.

W.W.: Warum war der Krieg so überraschend schnell zu Ende?

S. Alnasseri: Die USA und Großbritannien haben den Krieg gegen den Irak geführt, weil er schwach war, nicht aber weil er bedrohlich war, über Massenvernichtungswaffen verfügte oder gar seine Nachbarstaaten bedrohte. Wegen der zwölf Jahre des Embargos wußten die USA genau, daß das irakische Militär demoralisiert war, daß große Teile des Militärs und der privilegierten Schichten den Irak verlassen hatten und daß es auf jeden Fall einen Sieg geben wird. Trotzdem bestand eine Unsicherheit über den Verlauf des Krieges und über die bewaffneten Auseinandersetzungen. Die Unsicherheit über den Ausgang des Krieges hat man in den ersten beiden Kriegswochen genau bemerkt.

Man kann auch vermuten, daß es zum Deal zwischen den Besatzungsmächten und einer bestimmten Clique der führenden Schichten um Sad-

---

* Biographische Daten und Vorwort siehe das vorangehende Interview mit Sabah Alnasseri.

dam Hussein gekommen ist, anders kann man nicht verstehen, wieso u.a. die Truppen nach Norden befohlen und dort stationiert wurden, obwohl der Angriff aus Kuwait im Süden kam. Als diesen entsetzlichen Mördern klar war, daß sie alles verlieren würden, vor allem ihr Leben, haben sie einen Deal mit den USA gemacht. Denn es ist auffällig, daß bestimmte Leute, wie z.B. Almajid (alias Ali Chemie), Taha Jassin Ramadan, Maruf, Saddam und seine Söhne Udai und Kousi etc., bis heute nicht gefangengenommen worden sind. Statt dessen hat man nur harmlosere Militärs festgenommen.

Weil diejenigen, die am meisten zu verlieren hatten, diesen Deal gemacht haben, gab es offensichtlich einen Bruch zwischen den führenden Schichten des Militärapparates (engerer Kreis von Saddam Hussein, weil die wichtigsten Militärposten, vor allem der republikanischen Garde, von Cousins Saddams besetzt waren) und den jeweiligen Truppen. Die Truppen wurden alleingelassen, ohne Befehle, ohne Ordnung, ohne Logistik. Dadurch kam es zu diesem raschen Ende des Krieges und zu der Anarchie und Wut innerhalb der Truppen.

Politische Kurzsichtigkeit der Exil-Iraker

W.W.: Sehr befremdet haben mich verschiedene Exil-Iraker, die hier im deutschen Fernsehen aufgetreten sind und die den Angriffskrieg der USA auf den Irak gelobt und gutgeheißen haben, meist mit dem einzigen Argument, daß es um die Menschen im Irak gehe und das brutale Regime Saddam Hussein abgesetzt worden sei. Wie siehst Du das?

S. Alnasseri: Das Problem einiger Exil-Iraker und Oppositioneller des ehemaligen Regimes ist es, daß sie die persönlichen Verhältnisse zu sehr politisieren. Ihre Einschätzung des Regimes Saddam Hussein entspringt meist aus ihrer eigenen Erfahrung und Rachegelüsten gegenüber bestimmen Mitgliedern dieses Regimes. Vielleicht spielt auch eine gewisse Scham mit, daß sie das Regime bisher nicht stürzen konnten. Aber daß sie die Lösung der Probleme des Landes nur im Krieg der USA gegen den Irak sehen, ist wirklich sehr befremdlich.

Sie müßten wissen, daß der Krieg der USA nicht die Probleme des Irak löst, sondern daß durch das Zusammenspiel der USA mit dem Regime Saddam Hussein in den letzten 20 Jahren alle politischen Erneuerungen unterdrückt und ausgeschaltet worden sind. Und daß mit diesem Krieg ein politisches Vakuum und Chaos im Land entstehen würden, war so sicher abzusehen wie das Amen in der Kirche. Aber diese Zusammenhänge hat man in Kreisen vieler Exil-Iraker scheinbar verdrängt. Insofern überwog bei ihnen politische Kurzsichtigkeit und subjektives Empfinden.

W.W.: Ich verstehe ihre Freude über den Sturz des Regimes Saddam Hussein sowie ihre Hoffnung, daß es Verwandten und Freunden im Irak jetzt besser geht. Ich verstehe aber nicht, daß man völlig verdrängt, daß die USA einen Angriffskrieg gegen den Irak vom Zaun gebrochen und damit alle internationalen Vereinbarungen gebrochen haben, und ich verstehe nicht, daß man verdrängt, daß es gerade die USA sowie andere westliche Staaten waren, die das Regime Saddam Hussein jahrzehntelang gestützt und auch in den 70er und 80er Jahren mit Massenvernichtungswaffen beliefert haben, und daß man die derzeitigen geostrategischen und ökonomischen Interessen der USA ausblendet.

S. Alnasseri: Ganz genau. USA und Großbritannien sind es beispielsweise, die an dem Embargo schuld waren, durch das bis zu 1,5 Millionen Menschen gestorben sein sollen. Wenn es schon einen Krieg hätte geben müssen, dann hätte er vielleicht mit Legitimation der UNO oder durch die arabischen Staaten stattfinden müssen, und zwar spätestens nach Hallabscha im März 1988, nicht aber im Jahre 2003.

Ein Problem der hiesigen Medien ist auch, daß man die Verhältnisse in den arabischen Staaten zu schematisch und einfach darstellt. Oft beschreibt man nur eine scheinbare politische Homogenität der Bevölkerung und der politischen Eliten. Das aber darf man nicht. Viele Menschen im Exil gehörten einst zu politischen und ökonomischen Eliten, sind in den 50er und 60er Jahren, oft auch in den 80er Jahren, ins Ausland gegangen, und sie wollen jetzt ihr Comeback feiern. Viele von ihnen wollen unbedingt in den Irak zurück, man denke dabei nur an El-Hakim und Chalabi. Wenn man diese Verhältnisse näher beleuchtet, sieht man, daß dahinter klassenspezifische und machtpolitische Interessen stecken, keineswegs aber nur moralische.

Die Kurden als zuverlässiger Partner

W.W.: Wie stehen die Kurden zu der amerikanischen Besatzung, und welche Rolle werden sie in Zukunft einnehmen?

S. Alnasseri: Ich gehe davon aus, daß die Kurden den Krieg zwar nicht wollten, aber genau konstatiert haben, daß sie ihn nicht verhindern konnten, und deswegen haben sie ja zum Krieg gesagt. Man hat ihnen auch verschiedene Versprechungen gemacht. Mittlerweile stellen die US-Amerikaner fest, daß die Kurden ihre zuverlässigsten Partner sind, denn sie haben in ihrem Gebiet innerhalb der letzten zehn Jahre einen halbwegs autonomen Staat mit relativer Sicherheit für die Menschen aufgebaut. Auf jeden Fall sind die Kurden für die Zukunft des Irak in einer privilegierten Position. Die beiden Kurdenführer Barsani und Talabani werden alles tun, um als zuverlässiger Partner gegenüber Großbritannien und den USA aufzutreten. Dadurch werden alle anderen Kräfte Kurdistans verdrängt.

Komplizierte Machtverhältnisse

W.W.: Kommen wir zu den Sunniten bzw. zu den Menschen, die im mittleren Irak leben. Einige von ihnen sind erstaunlicherweise diejenigen, die den Amerikanern derzeit am meisten Schwierigkeiten machen. Wie ist das zu erklären?

S. Alnasseri: Ich habe ein gewisses Problem mit den religiösen Bezeichnungen der Sunniten und Schiiten, weil Saddam Hussein diese Begriffe in bezug auf die irakische Bevölkerung instrumentalisiert hat. Auf diese Weise kann man aber nicht die irakische Bevölkerung fraktionieren. Und ein Problem ist, daß die USA wiederum diese Fraktionierungsbegriffe übernommen haben.

Man sollte also nicht über *die* Sunniten als scheinbar einheitliche Gruppe sprechen, sondern über eine privilegierte Schicht von Händlern, Finanziers und anderen Privilegierten, die in das Regime Saddam Husseins eingebunden waren und eine gewisse soziale Basis des Regimes darstellten. Darüber hinaus gibt es aber große Massen sunnitischer Arbeiter, Bauern, Studenten und Handwerker, die genauso arm dran sind wie die kurdische und schiitische Bevölkerung.

Der Widerstand, der in diesen Wochen von sunnitischer Seite aus erfolgt, ist meines Erachtens nicht so zu bewerten, wie Chalabi es tut, nämlich daß Saddam Hussein dahinter stecke, sondern es gab den schon erwähnten Bruch zwischen einigen führenden Militärs, die den Irak verlassen haben, und diesen privilegierten Schichten, die nun auf eigene Faust und mit eigenen Milizen versuchen, ihre Privilegien sowie ihr Eigentum zu sichern. Sie möchten sich als neue politische Kraft etablieren. Ich gehe aber nicht davon aus, daß sie diese Form des Widerstands langfristig aufrechterhalten. In dem Moment, in dem sie bemerken, daß sie von den Besatzungsmächten akzeptiert werden, werden sie sich nur noch auf politischer und ideologischer Ebene bewegen.

W.W.: War es richtig, die Baath-Partei zu verbieten?

S. Alnasseri: Die USA glaubten zunächst, daß die Baath-Partei im Irak das Sagen hätte und daß man nur den inneren Machtapparat um Saddam Hussein ausschalten müßte, damit der Staat normal funktionieren würde. Sie haben aber übersehen, daß es seit den 80er Jahren de facto keine funktionierende Baath-Partei mehr gibt. Die Linken wurden alle ausgeschaltet oder ideologisch degradiert. Statt dessen wurde das Regime von Clans, der Militärjunta, Funktionären und anderen Cliquen beherrscht. Und verschiedene dieser Clans sind nun dabei, paramilitärische Milizen aufzubauen, um ihre Besitztümer zu wahren. Deswegen haben mit Beginn der Bombardierung des Irak fast alle Staatsdiener ihre Ämter verlassen, so daß es zu einem Bruch in der Versorgung des Irak und der Bevölkerung gekommen ist.

Das alles hatten die USA nicht vorhergesehen, weil sie glaubten, daß die Baath-Partei hierarchisch strukturiert sei und den Irak organisatorisch im Griff habe. Die Partei und die Organisation des Landes funktionierten allerdings nicht reibungslos, als man nach Vorstellung der USA den Machtzirkel um Saddam Hussein absetzte. Die politischen und gesellschaftlichen Verhältnisse des Irak sind in Wirklichkeit wesentlich komplizierter. Schon vor dem Krieg habe ich darüber geschrieben, daß die Dramatik des Krieges vor allem in der Simplifizierung der Vorstellungen über die irakischen Verhältnisse liegt.

Die Stimmung kippt

W.W.: Schauen wir noch einmal auf die Bevölkerung des Südens, die vorwiegend aus Schiiten besteht. Diese haben sich bisher in ihrem Widerstand vornehm zurückgehalten. Warum gibt es unter ihnen nicht mehr Proteste gegen die Besatzungsmächte?

S. Alnasseri: Nicht nur unter den Schiiten, sondern unter der Mehrheit der irakischen Bevölkerung wurde dieser Krieg nicht als der eigene Krieg betrachtet. Natürlich sind sie froh über das Ende des Regimes. Aber die Mehrheit der Bevölkerung war nicht für den Krieg, und sie sieht die Amerikaner auch nicht als Befreier an. Der Widerstand der südirakischen Bevölkerung, vor allem in Basra, gegen das Zentralregime von Bagdad war im letzten Jahrzehnt noch größer als der der Kurden. Die Menschen im Süden haben unter dem Embargo und der Gewaltherrschaft Husseins mehr gelitten als die Menschen in Bagdad und in Kurdistan. In Kurdistan gab es humanitäre Organisationen, die der Bevölkerung geholfen haben, aber im Süden des Landes gab es rein gar nichts.

Deshalb empfinden die Bewohner des Süd-Irak das Ende des Regimes als Erleichterung, aber hegen auch keine Begeisterung für ihre neue Situation. Deshalb hat sich die Mehrheit der südirakischen Bevölkerung in der Tat vornehm zurückgehalten, denn es war ihnen nicht von vornherein klar, was die USA beabsichtigten. Aber mittlerweile ist die Stimmung am Umkippen, nicht zuletzt deswegen, weil die verschiedenen schiitischen Parteien untereinander zerstritten sind und ihre Partikularinteressen verfolgen. Alle Gruppen versuchen, die schiitische Bevölkerung für sich zu gewinnen, erreichen damit aber nur eine Fraktionierung der Bevölkerung. Diese Fraktionierung ist von antiamerikanischer Stimmung begleitet. Und wenn es nicht in den nächsten Monaten zu einer Verbesserung der sozialen und ökonomischen Situation kommt, kann es hier zu flächendeckenden Übergriffen und Auseinandersetzungen kommen.

Optionen für Iraks Zukunft

W.W.: Ich möchte einmal eine rein theoretische Frage stellen: Was würde mit dem Irak geschehen, wenn sich jetzt die britischen und US-amerikanischen Besatzungsmächte komplett aus dem Irak herausziehen würden?

S. Alnasseri: Dieser Rückzug wäre das Beste, was dem Irak passieren kann. Wenn man genau hinschaut, sieht man, daß die Sicherheitslage nicht im gesamten Land angespannt ist, sondern nur in bestimmten Zentren, in denen die herrschenden Cliquen besonders gewirkt haben, z.B. in Tikrit, Falludscha oder gewissen reicheren Gegenden Bagdads. Im Süden und in Kurdistan ist eine ganz andere Situation, weil dort das ehemalige Regime weder kulturell noch ökonomisch verankert war. Es hatte dort keine soziale Basis. In dem Moment, in dem das Hussein-Regime kippte, boten sich vor allem im Süden lokale Kräfte an, die eine gewisse Sicherheit versprachen. Das haben sie auch erreicht, weil es keinen bedrohlichen Feind mehr gibt, der sie wie einst unterdrückte.

Interessant sind derzeit die Anschläge gegen die Ölanlagen und Pipelines. Dort ist etwas anderes im Gange, das ist nicht der Protest aus der Bevölkerung. Durch das politische Vakuum im Irak werden auch Banditen und radikale, meist nationalistische Kräfte angezogen, die mit einer Art Raub-Ökonomie versuchen, ihre Eigeninteressen zu verwirklichen.

W.W.: Aber was für ein Staat würde sich ohne die Besatzungsmächte bilden? Würde das eine Demokratie, ein islamischer Gottesstaat werden, käme ein neuer Gewaltherrscher oder würde sich der Irak zerteilen?

S. Alnasseri: Einen islamischen Gottesstaat würde ich ausschließen. Selbst El-Hakim will diesen nicht. Zum einen gibt es nicht eine absolute Mehrheit der Schiiten wie im Iran, zum anderen sind viele der Schiiten auch säkular eingestellt und trauen den schiitischen Führern nicht. Wenn es zu Wahlen käme, würde keiner dieser Führer eine Mehrheit bekommen.

Ich selbst sehe zwei Möglichkeiten, auch in der jetzigen realen Situation: zum einen eine Kantonisierung des Irak. Wenn die Besatzungsmächte es nicht in den nächsten ein bis zwei Jahren schaffen, eine einigermaßen funktionierende Zivilverwaltung sowie eine Verbesserung der ökonomischen und politischen Verhältnisse herzustellen, wenn den Menschen nicht ermöglicht wird, ihre eigenen politischen und ökonomischen Interessen zu artikulieren, wird es zu einer Fraktionierung des Irak kommen, zu verschiedenen Herrschaftszonen im Irak. Das kann z.B. bedeuten, daß Kurdistan seine Grenzen nach Süden korrigiert. Denn das einzige, was die Besatzungsmächte wissen, ist, daß sie den Irak von innen her kontrollieren wollen, aber wie, wissen sie nicht genau. Darüber hinaus haben sie überhaupt keine zukünftigen konkreten Vorstellungen.

Die zweite Situation wäre die Selbstorganisation der irakischen Bevölkerung. Wenn die Iraker es schaffen, ihre eigenen Parteien, Gewerkschaften, Vereine, Verbände etc. zu gründen, können diese eine Basis sein, auf der sich in den nächsten Jahren eine neue politische Strukturierung des wie auch immer verwirklichten Staates entwickeln kann, und zwar im demokratischen Sinne. Beide Möglichkeiten – die Kantonisierung sowie die Demokratisierung – sind Optionen für die Zukunft.

Ohne Demokratie kein Frieden

W.W.: Aber die Besatzungsmächte werden so schnell den Irak nicht verlassen. Werden sie Deiner Meinung nach denn einer Demokratisierung des Irak zustimmen?

S. Alnasseri: Das Problem der USA ist, daß sie von vornherein festgelegt haben, was sie unter Demokratie verstehen und was ihre Vorstellung von einer möglichen Zukunft eines Staates Irak ist. Diese vorgegebenen Vorstellungen sind das Problem. Aber nur, indem man alle Kräfte miteinschließt – die verschiedenen religiösen Gruppen, konservative Kräfte, sozialistische Kräfte, Reste der Kommunistischen Partei etc. –, kann nach und nach ein demokratisches Staatswesen entstehen. Denn in dem Moment, in dem man die religiösen Gruppen, die Kommunisten, die Sozialisten und die Baathisten, die von Saddam verfolgt waren, ausschließt, reduziert man den Irak auf die Herrschaft kleinerer Cliquen, die den Irak ohnehin schon seit 20 Jahren beherrschen. Und das wird die Mehrheit der Bevölkerung auf die Barrikaden bringen.

Wenn ich im Irak leben würde, würde ich bei einer möglichen Wahl vielleicht eine linke Partei wählen, aber wenn die politischen Grenzen festgelegt sind und ich entweder Chalabi oder El-Hakim wählen muß, dann kann ich diese nicht wählen, selbst dann nicht, wenn ich nichts gegen die US-Besatzermacht hätte. Die Menschen müssen ihre politischen Interessen artikulieren können. Wenn die USA sich nicht von diesen Absurditäten, daß man verschiedene Kräfte nicht mit in den demokratischen Prozeß einbinden kann, befreien, wird weder eine Demokratie entstehen noch Frieden im Land kommen. Zwar haben die Menschen seit Jahrzehnten keine Möglichkeit der politischen Artikulation gehabt, aber das heißt noch lange nicht, daß die Menschen im Irak nicht demokratisch denken und handeln. Die Tatsache, daß die Besatzungsmächte keine Übergangsregierung zugelassen, alle kommunalen und regionalen Ausschüsse aufgelöst und durch das Militär ersetzt haben, spricht dafür, daß sie eine sehr autoritäre und im modernistischen Sinne etatistische Vorstellung von Politik haben. Aber das wird nicht funktionieren.

W.W.: Welche Auswirkungen hat der Irak-Krieg auf die anderen arabischen Staaten und deren Bevölkerung?

S. Alnasseri: Viele arabische Staaten fürchten, daß ein neuer Staat Irak in irgendeiner Weise funktionieren kann, vielleicht sogar eine Demokratie. Das aber bedeutet das Ende ihres eigenen Regimes. Weniger fürchten sie das Regime der Besatzungsmächte, sondern die sich immerhin doch bietende Chance, daß im Irak eine Demokratie entsteht. Denn dann könnten die arabischen Massen der jeweiligen Länder auch auf eine Demokratisierung des eigenen Landes drängen.

Eine zweite Befürchtung ist, daß sich der Zustand der gesamten Region in den nächsten ein bis zwei Jahren dramatisiert, vor allem dann, wenn es nicht zu einer einigermaßen friedlichen Einigung zwischen Israelis und Palästinensern kommt. Denn dann wird sich das Gefühl des Verlorenseins und der Erniedrigung in vielen Staaten weiter radikalisieren, und vor allem die konservativen und radikalen Kräfte werden enormen Zulauf aus der

Bevölkerung bekommen. Dann würde es in vielen Staaten zu afghanischen Verhältnissen kommen. In diesem Fall würde der Irak zu einem Sammelbecken radikaler Kräfte werden, wie der Libanon in den 80er und Afghanistan in den 90er Jahren. Das wäre aus Sicht der verschiedenen arabischen Regime eine noch dramatischere Variante als die Demokratisierung des Irak.

Spuren des Todes

Interview mit Gabriele Kraatz-Wadsack

von Wolfgang Weirauch

Dr. Gabriele Kraatz-Wadsack, *geb. 1953, ist eigentlich Fachtierärztin für Mikrobiologie. 1985 trat sie bei der Bundeswehr als Sanitätsoffizierin ein und arbeitete im Institut für Mikrobiologie der Sanitätsakademie München. 1990 Mitarbeit an der Entwicklung eines Milzbrandimpfstoffes am US-Militärforschungsinstitut für Infektionskrankheiten (USAMRIID).*

1995–1998 Chefinspektorin der UN-Kommission zur Abrüstung Iraks (UNSCOM). Insgesamt nahm sie an 26 Inspektionen teil, um für die Vereinten Nationen das Biowaffenprogramm der Bagdader Führung unter Saddam Hussein zu kontrollieren. 1999–2001 Chief of the Biological Weapons Operations Section für die Nachfolgeorganisation UNMOVIC. Seit 2001 arbeitet sie als Beraterin im Berliner Robert-Koch-Institut in der seinerzeit neu eingerichteten zentralen Informationsstelle Bioterrorismus.

Gabriele Kraatz-Wadsack ist verheiratet und hat vier Kinder.

Hat er nun oder hat er nicht? Die Suche nach Massenvernichtungswaffen war ein jahrzehntelanges Katz-und-Maus-Spiel zwischen den irakischen Behörden und den UNO-Inspektoren.

Nach dem zweiten Golfkrieg 1991 wurde die UN-Kommission UNSCOM (UN Special Commission) gebildet, um das irakische Potential an Massenvernichtungswaffen unschädlich zu machen. Worum ging es dabei?

Schon in den 70er, aber verstärkt in den 80er Jahren baute der Irak mit westlicher Hilfe seine ABC-Programme auf. Damals galt Saddam Hussein aus westlicher Sicht noch als „guter Schurke" – im Gegensatz zu Chomeini und dem islamischen Gottesstaat Iran, dem Alptraum eines Landes aus westlicher Sichtweise – und wurde im ersten Golfkrieg gegen den Iran (1980–88) massiv vom Westen unterstützt.

Atomwaffen

Das Nuklearprogramm begann bereits Anfang der 70er Jahre, und 1976 unterzeichnete der Irak einen Vertrag zum Bau eines AKW mit Frankreich. Jedem war klar, daß es der eigentliche Wille Saddam Husseins war, damit Atombomben zu bauen. Dieser Reaktor wurde allerdings kurz vor seiner Fertigstellung 1981 von den Israelis bombardiert und zerstört. Aber der Irak verfolgte sein Atomwaffenprogramm weiter und versuchte sich in mehreren Methoden der Urananreicherung.

1990 befahl Saddam Hussein, eine Atombombe zu bauen, die er gegen Israel richten wollte. Dieser Plan scheiterte sowohl an den nötigen Raketen als an dem nicht vorhandenen spaltbaren Material.

Chemische Waffen

1974 begann der Irak sein chemisches Waffenprogramm, zuerst mit der Produktion von Senfgas, später mit den Nervengasen Tabun und Sarin. 1983 setzte der Irak das wesentlich giftigere VX-Nervengas gegen die Iraner ein, 1988 gegen die Kurden im Nord-Irak. Insgesamt soll der Irak 4.000 Tonnen chemischer Kampfstoffe produziert haben, u.a. in der Todesfabrik in Samarra.

Biologische Waffen

Das biologische Waffenprogramm begann im Jahr 1972. Dieses Programm hielt der Irak so lange geheim wie möglich und gab immer nur das zu, was in den 90ern von den UNO-Inspektoren entdeckt wurde. Dabei handelte es sich um die Produktion von Milzbrand (Anthrax), Botulinumtoxin und Aflatoxin. Die Inspektoren entdeckten auch Testreihen für Wundbrand, Ricin und Pestbakterien.

Aufrüstung durch den Westen

Das Material, das der Irak für seine ABC-Waffen benötigte, kam in den 70er und 80er Jahren fast ausschließlich aus westlichen Ländern, China und Rußland. Rußland verkaufte dem Irak beispielsweise in den 80er Jahren 819 Scud-B-Raketen, und deutsche Techniker bastelten daraus die sogenannte Al-Hussein-Rakete mit einer Reichweite von 600 km. Die US-Regierung unter Reagan strich den Irak 1982 von der Liste der Staaten, die den Terrorismus unterstützen, weil die USA den Irak gegen den Iran unterstützen wollten. Washington leistete gegenüber dem Irak massive Wirtschaftshilfe, lieferte Hubschrauber und Spitzentechnologie. Großbritannien lieferte Nahrungsmittel und High-Tech-Güter, Frankreich Panzer, Luftabwehrraketen, Mirage-Kampfflugzeuge und Exocet-Raketen. Auch deutsche Firmen waren nicht unbeteiligt und lieferten Lkws und die Fabriken für die Produktion chemischer und biologischer Waffen.

Niemand im Westen stellte Fragen nach der Moral und was Saddam Hussein wirklich vorhatte. Erst nach dem Krieg gegen den Iran (1988) änderte der Westen seine Position und forderte die Einstellung aller Giftprogramme sowie die Zerstörung der Massenvernichtungswaffen.

Die UNO-Inspektoren

Die UNSCOM-Kontrolleure und die der IAEO (Internationale Atom-Energiebehörde) begannen aufgrund der UNO-Resolutionen 1991 mit der Suche nach Massenvernichtungswaffen. Und man fand viel, zumindest nach und nach. Im Juni 1991 entdeckte man ein nichtdeklariertes Uran-Anreicherungsprogramm, einen Monat später einige Kilogramm hochangereichertes Uran, noch einen Monat später die Superkanone von Gerald Bull. Im September 1991 schließlich fand man 60.000 Dokumente zur Entwicklung von Atomwaffen, und im Mai 1992 mußte das Programm zur biologischen Kriegsführung offenbart werden.

Durch die Flucht und Aussagen des irakischen Geheimdienstchefs im Dezember 1994 erfuhr man, daß der Irak noch 40 Scud-B-Raketen, VX-

Nervengas sowie biologische Waffenprogramme besaß. Die Flucht von Saddam Husseins Schwiegersohn Kamil im Jahre 1995 brachte dann die entscheidende Wende, denn durch ihn erfuhr man, wie stark die irakischen Behörden die UNO-Inspektoren an der Nase herumgeführt hatten.

Bis 1998, mittlerweile hatte Richard Butler Rolf Ekeus als Chef der UNO-Inspektoren abgelöst, durchsuchten die Inspektoren den Irak und fanden sehr viel, aber nicht alles. Im Oktober 1998 schickte der Irak die Inspektoren außer Landes, aber Großbritannien und die USA drohten mit Angriffen, so daß die Inspektoren wieder zurückdurften. Im Dezember 1998 gingen sie aber freiwillig. Einen Tag später begannen die USA und Großbritannien mit der Operation „Wüstenfuchs". Insgesamt wurden 650 Lufteinsätze geflogen.

Seit dieser Zeit gab es bis zum Herbst letzten Jahres keine Kontrollen mehr im Irak, und die Spekulationen über die letzten Liter Gift schossen ins Kraut. Rumsfeld wußte angeblich sicher, daß der Irak noch 6.000 Liter Milzbrandspuren, 6.000 Tonnen VX und 30.000 Liter Botulinumtoxin besitze. – Aber in den Monaten vor dem Irak-Krieg suchten die Inspektoren unter der Leitung von Blix und Baradei unermüdlich. Der Irak kooperierte weitgehend, und die Inspektoren fanden fast nichts. Die Inspektoren sowie Deutschland, Frankreich und Rußland forderten eine längere Frist für die Inspektoren, aber die USA sowie Großbritannien widersetzten sich dieser Forderung und begannen Mitte März 2003 mit dem Irak-Krieg.

Dieser Krieg wurde vor allem wegen der angeblich vorhandenen Massenvernichtungswaffen geführt. Aber auch nach dem Krieg wurde bis heute keine einzige gefunden. Es ist zwar nicht ausgeschlossen, daß man noch hier oder da fündig wird, aber die Wahrscheinlichkeit wird immer geringer. Blairs und Bushs Glaubwürdigkeit hängen an diesen Waffen, die sie immer noch zu finden hoffen.

Ich interviewte Gabriele Kraatz-Wadsack, die in den 90er Jahren vier Jahre zu den UNO-Inspektoren gehörte und im Irak nach biologischen Waffenprogrammen suchte. Wir sprachen über die verschiedenen Gifte, die Aktionen der Inspektoren und das Katz-und-Maus-Spiel mit den irakischen Behörden. Das Interview wurde am 25. Oktober 2002 geführt.

Wolfgang Weirauch: Sie waren von 1995 bis 1998 UNO-Waffeninspektorin im Irak. Welche Aufgaben hatten Sie?

Gabriele Kraatz-Wadsack: Als ich im Januar 1995 in den Irak kam, hatte ich die Aufgabe, dort die biologische Langzeitüberwachung zu etablieren. Dazu überwacht man die zivile Industrie, vor allem auch die Infrastruktur, indem man die jeweiligen Anlagen vor Ort aufsucht und analysiert, ob dort biologische Waffen hergestellt werden können.

Biologische Waffen in einer Brauerei?

W.W.: Wie kann man solche Einrichtungen überwachen? Wie sind Sie vorgegangen, und wer gab Ihnen die Informationen über die verschiedenen Anlagen?

G. Kraatz-Wadsack: Der Irak mußte uns die zivile Infrastruktur offenlegen und uns ähnlich einem Handelskammerverzeichnis alle Einrichtungen benennen. Dabei handelte es sich um die Anlagen, die im Anhang der UNO-Resolution genannt wurden, also Anlagen, in denen Krankheitserreger hergestellt werden konnten. Es ging dabei um die zivilen und militärisch nutzbaren Geräte und Krankheitserreger. Das Problem ist, daß die Produktion von biologischen Krankheitserregern leicht im zivilen Bereich verborgen werden kann. Man kann z.B. in einer Brauerei Bier brauen, genauso kann man dort aber auch biologische Waffen herstellen.

W.W.: Kann man die Nutzung einer Fabrik in kürzester Zeit verändern, also z.B. eine Futtermittelfabrik in eine Biowaffenfabrik verwandeln?

G. Kraatz-Wadsack: Ja, das kann man. Die Iraker mußten dazu oft nur die jeweilige Crew auswechseln. Man übernahm z.B. eine Impfstoffproduktionsanlage und wechselte einfach die Mitarbeiter aus. Das muß man allerdings tun, denn man kann nicht als Impfstoffexperte plötzlich Biowaffen herstellen. So hat das irakische Regime die Crew von Fabriken mit ziviler Nutzung in den bezahlten Urlaub geschickt und durch Experten für Biowaffenherstellung ersetzt.

Die verschwiegenen Giftgasprogramme

W.W.: Inwiefern haben die Iraker Sie bei Ihren Untersuchungen behindert und in die Irre geführt?

G. Kraatz-Wadsack: Wenn man dafür Beispiele nennt, entsteht leicht ein einseitiger Eindruck, denn es gab nicht immer Behinderungen, sondern auch viel Kooperation. In den ersten Jahren unserer Inspektionstätigkeit hatte der Irak sein Biologiewaffenprogramm der Vergangenheit verheimlicht, aber als die Wissenschaftler ungestraft Teile des Biologiewaffenprogrammes offenlegen durften, haben die Behörden kooperiert. Diese

Offenlegung wurde aber erst nach viereinhalb Jahren unserer Inspektionstätigkeit, die 1991 begann, erreicht, und zwar aufgrund unserer Beweisführung.

Bei dem Waffenstillstandsabkommen von 1991 hieß es seitens des Irak, daß man keine biologischen Waffen habe. Und der Status quo bis Juli 1995 war, daß der Irak lediglich ein Defensivprogramm zugab. Auch bei der Offenlegung im Juli 1995 hat Irak die Waffenbefüllung noch verschwiegen. Diese wurde erst einen Monat später zugegeben, weil der Schwiegersohn Saddam Husseins nach Jordanien ausgereist war. Man wollte ihm zuvorkommen, bevor er seine Informationen preisgibt.

„Wir mußten der Vergangenheit nachjagen"

Die Iraker gaben damals zu, daß sie mit Erregern gefüllte Waffen besessen haben, aber behaupteten gleichzeitig, daß alle Waffen 1991 heimlich vernichtet wurden. Das Regime proklamierte also, sich selbst abgerüstet zu haben. Zu dieser Zeit waren die Inspektoren aber schon im Land, und da die UN-Überwachung bei der Abrüstung vorgeschrieben war, hätten sie uns unterrichten müssen. Das Ganze ist also eine Behinderung: Der Irak hätte gar nicht ohne uns abrüsten dürfen, er hätte alles zum Zweck der bestätigten Abrüstung offenlegen müssen. Und es wäre sehr nützlich gewesen, wenn wir jeden Schritt dieser Vorgänge überwacht hätten, denn so mußten wir nach viereinhalb Jahren den Spuren der Vergangenheit nachjagen.

Die konkreten Behinderungen zu meiner Zeit waren eher die kleineren alltäglichen Tricks. Ein üblicher Trick war, daß der Schlüssel zu einer Fabrikhalle nicht vorhanden sei und der einzige Schlüsselbesitzer gerade nicht auffindbar sei. Er hätte Feierabend oder sei bei einer kranken Tante zu Besuch oder sonstwo. Wir waren aber immer entsprechend gewappnet und hatten ein Schneideisen dabei. Wir boten den Irakern dann an, daß sie doch damit die Türen öffnen könnten, da wir selbst die Schlösser nicht anrührten. Oft lehnten sie dann dankend ab und fanden den Schlüssel rein zufällig unter einer Fußmatte. Das Ganze war eine Zermürbe- und Hinhaltetaktik. Oft ging es gar nicht darum, daß man in diesen Anlagen etwas versteckte, sondern das irakische Regime wollte uns zermürben und ermüden, damit wir unsere Inspektionen beenden.

W.W.: Gab es auch eklatante Verletzungen und Behinderungen in Ihrer Überwachungszeit?

G. Kraatz-Wadsack: Ja. Ein Iraker hat mir ein Dokument aus der Hand gerissen, das nichtoffengelegte Chemiewaffen belegte, um mir den Beweis zu entwenden. Das widersprach natürlich jeder UNO-Resolution. Um diesen Vorgang gütlich zu regeln, haben wir mit dem irakischen Regime eine politische Vereinbarung getroffen: Die Versiegelung des Dokuments und die spätere Übergabe an den damaligen Vorsitzenden unserer Kommission, Richard Butler. Aber dieses Dokument blieb verschwunden und wurde nicht übergeben. – Es gab also subtile und eklatante Behinderungen seitens des Irak.

W.W.: Haben Sie oft Überraschungsaktionen geplant, ohne den Irakern vorher zu sagen, welche Anlage Sie besichtigen und untersuchen wollten?

G. Kraatz-Wadsack: Ja, eigentlich sollte jede Inspektion eine Überraschungsaktion sein. Wir sind z.B. am nächsten Tag zu derselben Einrichtung zurückgekehrt, die wir bereits am Vortag inspiziert hatten. Damit haben sie nicht gerechnet. Wir haben auch nichtoffengelegte Einrichtungen untersucht, die uns aufgrund von Satellitenaufnahmen verdächtig erschienen. Auch das waren wirkliche Überraschungsmomente.

W.W.: Wie lief das praktisch ab?

G. Kraatz-Wadsack: Wir haben uns mit den irakischen Regierungsbeamten, die uns auf unseren Inspektionen begleitet haben, vor unserem Zentrum in Bagdad getroffen. Dann sind wir losgefahren, und wir fuhren grundsätzlich an der Spitze des Konvois, um mit Hilfe von Landkarten und Kompaß zu den jeweiligen Einrichtungen zu gelangen. Die Iraker in den Fahrzeugen hinter uns haben jeweils per Satellitentelefon durchgegeben, an welchen Anlagen wir gerade vorbeigefahren sind. So haben sie den einzelnen Direktoren der Anlagen Entwarnung gegeben. Deswegen war die Überraschung groß, wenn wir plötzlich wendeten und zurückfuhren, um eine Fabrik, für die sie schon Entwarnung gegeben hatten, doch zu untersuchen.

Jedes Wort wurde abgehört

W.W.: Wurden Sie auch bespitzelt und abgehört?

G. Kraatz-Wadsack: Immer. Sowohl im Hotel als auch in unserem Amtssitz. Dabei ging es mehr um die operativen Elemente als um Privatsachen.

W.W.: Wie haben Sie dann Ihre Ziele untereinander besprochen? Konnten Sie überhaupt ungestört miteinander sprechen?

G. Kraatz-Wadsack: Wir haben darüber nicht gesprochen, wir haben uns höchstens über das Wetter unterhalten. In unserem Zentrum gab es zwar einen Operationsraum, der schalldicht war, aber auch dem haben wir nicht getraut und ihn ständig nach Wanzen abgesucht. Wir hatten ein weißes Board an der Wand, auf das wir schrieben. Der operative Einsatzplan konnte nur auf diese schriftliche Weise zwischen uns geplant und verabredet werden. Und jeder von uns war zum Schweigen verpflichtet.

W.W.: Können Sie ein Resümee Ihrer vier Jahre Untersuchungstätigkeit ziehen? War die Gesamtsituation frustrierend?

G. Kraatz-Wadsack: Das Katz-und-Maus-Spiel stand für mich weniger im Vordergrund. Es gab UNO-Resolutionen, die eingehalten werden mußten. Aber eklatant ist das Leid der Bevölkerung aufgrund der Tatsache der fortdauernden Sanktionen. Aber weil der Irak seine Abrüstungsprogramme nicht preisgegeben hat, geht die Zeit der verzögerten Inspektionen auf sein Konto, nicht auf unseres. Und das ist ein Jammer. Denn es wurden Dinge verzögert, die längst hätten erledigt sein können. Dann hätte der Irak in die internationale Gemeinschaft zurückkehren können. Diese Situation bedrückt mich viel mehr, als daß man mir z.B. ein Dokument aus der Hand gerissen hat.

Das stärkste Gift der Welt

W.W.: Das stärkste Gift der Welt ist Botulinumtoxin. Wie wirkt es auf den Menschen?

G. Kraatz-Wadsack: Es ist ein Nervengift, das vor allem die Erregungsübertragung zu den Muskeln lähmt. Die Synapsen werden lahmgelegt, wodurch es zu einer Lähmung kommt. Diese Lähmung ist eine aufsteigende, bis hin zur Atemlähmung, und dann tritt der Tod ein. Es gibt zwar ein Antiserum gegen Botulinumtoxin, aber es ist schwierig einzusetzen. Botulinumtoxin, Milzbrand und Aflatoxin waren 1991 im Golfkrieg in Raketensprengköpfen und in Bomben einsatzbereit.

W.W.: Aber es ist nie eingesetzt worden?

G. Kraatz-Wadsack: Nein. Biologische Waffen sind nicht eingesetzt worden.

W.W.: Wie ist die Wirkung von Milzbrand, Anthrax, auf den Menschen?

G. Kraatz-Wadsack: Milzbrand wurde vor allem durch die Anschläge mit Briefen in den USA bekannt. Biowaffen sind dann am „effektivsten", wenn ihre Stoffe eingeatmet werden. Sie könnten alternativ auch in Lebensmitteln enthalten sein. Dann zeigen sie aber andere Symptome, und ich spreche jetzt nur von eingeatmeten Krankheitserregern. Denn Krankheitserreger in biologischen Waffen werden nach einem Einsatz von den Menschen über die Lunge eingeatmet.

Wenn Milzbranderreger eingeatmet werden, kommt es zu Blutungen, vor allem zu massiven Blutungen in der Lunge und zu Lungenentzündungen schwersten Ausmaßes. Wenn ein Mensch dann nicht mit Antibiotika behandelt wird, ist er dem Tode geweiht. Das dauert allerdings länger als bei Botulinumtoxin. Aber wenn die Milzbranderreger erst einmal in der Lunge sind, führt das schließlich zu einem erweiterten Lungenraum, bis die Atmung kollabiert.

W.W.: Gab es im Irak auch das krebserregende Pilzgift Aflatoxin?

G. Kraatz-Wadsack: Ja, es war genau wie Botulinumtoxin und Milzbrand in Raketensprengköpfen und Bomben eingefüllt. Daß man Aflatoxin verwendet hat, erscheint mir etwas seltsam, denn es ist ein Pilzgift, das zu Leberkrebs führt, allerdings erst nach fünf bis zehn Jahren.

W.W.: Dann macht es eigentlich keinen militärischen Sinn, Aflatoxin in Raketensprengköpfe zu füllen und einzusetzen.

G. Kraatz-Wadsack: Genau, strategisch macht es keinen Sinn. Manche Experten schätzen es so ein, daß der Irak 1991 sein biologisches Waffenprogramm noch nicht so weit ausgebaut hatte, wie es ursprünglich geplant war. Es war ein langfristig angelegtes industrielles Programm, das 1991 mit dem Golfkrieg nicht abgeschlossen war. Die Experten gehen davon aus, daß der Irak 1991 alles verwendet hat, was er seinerzeit hatte. Nur so kann man sich die Verwendung von Aflatoxin erklären.

Dr. Keim

W.W.: Woher hatten die Iraker ihr Know-how für ihr biologisches Waffenprogramm?

G. Kraatz-Wadsack: Vor allem von Dr. Taha, der Frau, die auch Dr. Germ, Dr. Keim, genannt wird. Die Expertisen für dieses Programm stammen alle aus dem Irak. Die entsprechenden Wissenschaftler haben in Bagdad studiert, aber ihre Dissertationen haben sie im Ausland gemacht. Ihre Ausbildungen waren sehr vielfältig, denn niemand von ihnen wurde zu einem Biowaffenexperten ausgebildet. Dr. Taha wurde als Pflanzenpathologin ausgebildet. Das bedeutet allerdings noch nicht, daß sie Milzbrand produzieren kann. Andererseits, wenn sie Mikrobiologin ist, sich weitere Fachgebiete angelesen hat, die Techniken versteht und steril arbeitet, kann sie es schon.

Sie hat in Großbritannien studiert, aber dabei handelte es sich um ganz normale Pflanzenpathologie. Als sie in den Irak zurückkehrte, hat man sie sofort für das Biologiewaffenprogramm rekrutiert. 1985, im Jahre ihrer Rückkehr, war dieses Programm noch in das Chemiewaffenprogramm eingebettet. Die chemischen Waffen wurden im ersten Golfkrieg gegen den Iran eingesetzt. Später hat man dann das biologische Waffenprogramm aus dem Chemiewaffenprogramm ausgelagert und es zu einem Top-Secret-Programm deklariert.

W.W.: Wenn man die Bakterienstämme besitzt, ist es dann ohne weiteres möglich, sie auch militärisch zu nutzen?

G. Kraatz-Wadsack: Das sind zwei ganz unterschiedliche Bereiche. Als erstes hat man den Bakterienstamm. Von einigen Stämmen kann man nur Impfstoffe herstellen, weil sie nicht die Pathogenität haben, die man zum Auslösen von Krankheiten benötigt. Nur aufgrund eines Stammes, der die Pathogenitätsmechanismen aufweist, kann man Biowaffen herstellen. Mit dem einen Stamm testet man den anderen, mit dem einen entwickelt man Impfstoffe für denjenigen, der die Krankheiten auslösen soll. Darüber hinaus kann man sie auch in diagnostischen Systemen einsetzen.

In den 80er Jahren war es noch international üblich, sich Mikroorganismen an Universitäten schicken zu lassen. So hat auch Dr. Taha sich entsprechende Mikroorganismen an die Universität in Bagdad kommen lassen. Wenn man solche Kulturen verschickt, weiß der Versender natürlich nicht, zu welchem Zweck sie eingesetzt werden sollen. Mittlerweile gibt es hier allerdings neue Regularien; die Import- und Exportkontrolle ist sehr viel restriktiver. Vor dem zweiten Golfkrieg wurden solche Mikroorganismen auch in den Irak verschickt, aber man hat nie gewußt, wie sie verwendet wurden. Selbst wenn es Stämme sind, die geeignet sind, Krankheiten zu verbreiten, können sie trotzdem für diagnostische Zwecke und für die Erprobung des Impfstoffes verwendet werden.

Chemische Waffen

W.W.: Wie wirken die Nervengifte Sarin, Tabun und Soman?

G. Kraatz-Wadsack: Über chemische Waffen kann ich nicht viel sagen. Im Unterschied zu Mikroorganismen verbreiten sie sich nicht weiter, sind seßhaft oder flüchtig und rufen keine Infektionen hervor. Die Chemiewaffen haben also einen lokal begrenzten Einsatzbereich. Sie sind auch leichter zu kontrollieren und einfacher herzustellen. Die von Ihnen genannten Stoffe rufen Nervenschädigungen hervor, während Senfgas Hautschädigungen erzeugt.

W.W.: Aber Sarin, Tabun, VX und Senfgas waren im Irak vorhanden?

G. Kraatz-Wadsack: Ja, der Irak hat alle diese Stoffe offengelegt und die Chemiewaffenexperten konnten eine beaufsichtigte Abrüstung zum großen Teil vornehmen. Insgesamt konnte die Abrüstung von 40.000 chemischen Waffen überwacht werden.

Im Biologiewaffenbereich war es schwieriger. Gefunden haben wir die Waffen nicht, da man Spuren der Vergangenheit nicht finden kann, aber der Irak hat zugegeben, daß diese Stoffe früher produziert worden sind. Wenn der Irak z.B. in bezug auf das Biologiewaffenprogramm behauptet, er hätte sich selbst abgerüstet, so kann man diese Abrüstung nicht nachweisen oder höchstens einige Trümmer von gesprengten Raketensprengköpfen und Bomben finden. Natürlich haben wir von dem, was wir auffinden konnten, Probenmaterial entnommen und haben auch in zerstörten Raketensprengköpfen den genetischen Fingerabdruck von Milzbranderregern nachweisen können. Den wirksamen Milzbranderreger selbst haben wir aber nicht mehr gefunden.

Widersprüche

Dann gab es Widersprüche zwischen der Offenlegung des irakischen Regimes und unseren Untersuchungen. Man sagte, daß man Milzbrand in fünf Raketensprengköpfe abgefüllt hätte, wir fanden aber in sieben von ihnen Spuren. Insgesamt nannte man uns 25 Biowaffen im Raketenbereich und 157 im Bombenbereich. Es gibt eine bestimmte Zuordnung von Erregern von der Menge her zu einer bestimmten Anzahl von Sprengköpfen. Aber die Mengenverhältnisse stimmten selten. Daraus folgend mußten wir entnehmen, daß die ursprüngliche Produktion von z.B. Milzbranderregern höher war, als der Irak zugegeben hatte. In einen Sprengkopf passen 135 Liter. Wenn man aber nur 5 x 135 Liter Produktion zugibt, woher stammen dann die restlichen 2 x 135 Liter? Das ist die Diskrepanz, wenn man der Vergangenheit nachspürt.

Die Anzahl der Scud-Raketen war bekannt. Einige von ihnen, konventionelle, hat der Irak auf Israel, Bahrain und Saudi-Arabien abgeschossen, andere wurden zerstört bzw. abgerüstet. Diese Zahlen konnte man mit der Zahl der eingeführten Scud-Raketen vergleichen, denn diese Anzahl war bekannt. Bei den Chemiewaffen war es genauso. Der Irak hatte Chemiewaffen gegen die Kurden und den Iran eingesetzt. Jeder wußte, daß der Irak chemische Waffen hatte, und deswegen hat der Irak auch sein Chemiewaffenprogramm offengelegt. Und 40.000 dieser Waffen wurden dann abgerüstet. Aber wir haben nicht herausbekommen, ob es alle Waffen waren. Es ging immer um die 100-%-Frage, und diese Frage blieb immer ungelöst.

Und das Biowaffenprogramm war immer das ominöse und geheimnisvolle Programm, von dem niemand genau wußte, ob es vorhanden war. Niemand wußte vor unseren Untersuchungen, daß dieses Programm bereits Industriestandard mit Waffenproduktion hatte. Nur deshalb konnte es viereinhalb Jahre verheimlicht werden.

W.W.: Wie weit hatte der Irak Anlagen zur Urananreicherung und Plutoniumseperation?

G. Kraatz-Wadsack: Dazu müßten Sie die Atomenergiebehörde in Wien befragen. Diese Untersuchungen waren von uns getrennt, auch wenn sie zeitgleich mit uns im Irak durchgeführt wurden. Ich kann im Grunde nur das wiederholen, was jeder sagt bzw. was in der Presse steht, nämlich daß der Irak 1991 sechs bis zwölf Monate vor dem Erreichen des Ziels, dem Bau einer Atombombe, war.

„Ein Wissenschaftler kann nicht durchgängig lügen"

W.W.: Welches Potential an atomaren, biologischen und chemischen Waffen hat der Irak heute? Was weiß man gesichert?

G. Kraatz-Wadsack: Das Problem ist, daß der Irak beweisen muß, daß er nichts hat. Die negative Beweislast liegt beim Irak. Viele Juristen fragen, wie so etwas möglich sein soll. Aber wir sind nicht in einem Gericht, sondern im Bereich der Abrüstung. Die Abrüstung arbeitet anders. Wir sind ein Verifikationsregime, und wir müssen bestätigen, was der Irak uns offenlegt. Dazu nenne ich Ihnen ein Beispiel.

Der Irak hat uns eine bestimmte Menge von Tonnen Rohmaterialien für das Anwachsen und Vermehren von Mikroorganismen, vor allem von Milzbrand, genannt. Man sagte, man hätte die Menge X importiert und für die jeweiligen Programme verwendet. Aufgrund unserer Analyse gab es hier allerdings eine Diskrepanz. Die Menge, die wir nicht aufrechnen konnten, hätte zur dreifachen Produktion von Milzbranderregern gereicht. Der Irak gab 8.500 Liter zu, aber wir errechneten 25.000 Liter.

Dieses Verhalten und eine solche Diskrepanz in den Angaben und Berechnungen muß man auf die heutige Situation übertragen. Unser Fazit, nachdem wir 1998 aus dem Irak ausgereist sind, war, daß man aufgrund der Offenlegung des Irak niemals 100%ig feststellen konnte, ob das Biologiewaffenprogramm vollständig beendet ist. Die Diskrepanzen waren einfach zu groß. Oft wurde auch behauptet, daß Materialien gestohlen worden seien, aber Irak konnte dies nicht beweisen.

Und diese Situation gilt auch heute. Wie kann der Irak beweisen, daß er nichts hat? Die Iraker müssen wahrheitsgemäß offenlegen, was sie hatten, und wir müssen die Abrüstung der Waffenprogramme überwachen und bestätigen. Wir müssen fernerhin zu allen Einrichtungen Zutritt erhalten, ohne irgendeine Restriktion. Außerdem müssen wir völlig freien Zugang zu allen Wissenschaftlern bekommen. In meiner Inspektionszeit wurde das oft verhindert, mit manchen Wissenschaftlern durften wir nicht sprechen. Die besten Informationen, die wir im Biologiewaffenbereich bekamen, erhielten wir immer von den Wissenschaftlern. Ein Wissenschaftler kann nicht durchgängig lügen, denn irgendwann stimmt die Mathematik nicht mehr. Wenn er nur 25 Sprengköpfe mit der entsprechenden Menge an Material zugeben darf, wir ihm aber nachweisen, daß die Mengenverhältnisse nicht stimmen, dann gerät ein Wissenschaftler in eine aussichtslose Situation. Sie rechnen von hinten nach vorne, aber wir rechnen von vorne nach hinten. Wir erstellen Materialbilanzen, die durch die Abrüstung auf Null zurückgefahren werden sollten, aber diese Rechnungen gingen nie auf.

Die Wahrheit wurde verschwiegen

W.W.: Der US-Verteidigungsminister Rumsfeld behauptete vor kurzem, der Irak besäße heute 6.000 Liter Milzbrandsporen, 6.000 Tonnen VX und 30.000 Liter Botulinumtoxin. Ist das eine Vermutung, eine Schätzung, oder ist es falsch?

G. Kraatz-Wadsack: Ich würde sagen, daß es eine Schätzung ist. Man kann die Mengenverhältnisse nur analytisch vermuten. Der Irak hat die Fähigkeit zu den chemischen und biologischen Waffenprogrammen. Die zivile Infrastruktur ergibt ungeheuer viele Möglichkeiten, an diesen Programmen weiterzuarbeiten und entsprechende Waffen zu produzieren. Der

Irak hat etliche Impfstoff-Produktionsanlagen und pharmazeutische Industrieanlagen und Brauereien. Die technischen Gerätschaften sind also vorhanden. Die Expertisen haben sie auch, denn die Techniker und Wissenschaftler haben 20 Jahre in diesen Programmen gearbeitet. Deswegen kann man momentan nur Vermutungen und Schätzungen abgeben. Aber was wir immer festgestellt haben, ist, daß der Irak so gut wie niemals die Wahrheit gesagt hat. Und dann muß man sich die Frage stellen, warum etwas verschwiegen wird.

Keine Ausweisung der UNO-Inspektoren

W.W.: Es heißt in der Presse meist, daß die UNO-Inspektoren 1998 ausgewiesen worden seien. Stimmt das?

G. Kraatz-Wadsack: Nein, wir sind selbst gegangen. Der damalige Vorsitzende, Richard Butler, hat uns abgezogen. Man hatte ihm Hinweise gegeben, daß der Irak im Dezember 1998 von Großbritannien und den USA bombardiert werden würde. Nach unserer Ausreise kamen wir dann nicht mehr in den Irak hinein. Die UNO-Organisation UNSCOM wurde vom Irak diskreditiert, aber schon im nächsten Jahr gab es eine Nachfolgeorganisation, und es gibt keinen Grund für den Irak, dieser Organisation den Zutritt zu verweigern. Dann gab es eine dreieinhalbjährige Hinhaltetaktik, und erst kürzlich haben wir vom Irak das Einladungsschreiben zur Rückkehr bekommen. Deshalb muß man davon ausgehen, daß der Irak wahrscheinlich etwas zu verbergen hat. Aber gesicherte Erkenntnisse gibt es nicht.

Die Geheimdienste am Werk?

W.W.: Ein Grund für die Weigerung des Irak, die Inspektoren zurückkehren zu lassen, ist die Behauptung, daß unter den UNSCOM-Inspektoren auch Geheimdienstler gewesen seien, daß z.B. ein Krankenwagen zu einer Abhörzentrale umgerüstet worden sei. Was können Sie darüber sagen?

G. Kraatz-Wadsack: Wow. Ich weiß nichts von einem Krankenwagen mit Abhörgeräten. Woher haben Sie diese Story? Das hat nicht einmal Scott Ritter gesagt.

W.W.: Das stand in der *Süddeutschen Zeitung* vom 17.09.2002, verfaßt von Heiko Flottau: „Die irakische Kritik an der UNSCOM kristallisiert sich nicht nur an der Person Richard Butlers. Wie der ehemalige Waffenkontrolleur Scott Ritter und auch Kofi Annan zugeben mußten, hatten westliche Geheimdienste viele ihrer Leute in die Kommission eingeschleust. Hans von Sponeck, der deutsche UN-Diplomat, der einige Zeit das UN-Hilfsprogramm ‚Öl für Lebensmittel' in Bagdad leitete, erinnert sich, daß seine Leute keinerlei Krankenwagen zur Verfügung gehabt hätten. Als er einmal einen Krankenwagen der UNSCOM habe ausleihen wollen, sei ihm dies verweigert worden. Später habe sich herausgestellt, daß in dem UNSCOM-Krankenwagen hochsensible Abhörgeräte installiert gewesen seien."

G. Kraatz-Wadsack: Ehrlich, davon weiß ich nichts. Die Frage, die hier immer wieder kritisch beleuchtet wird, ist, ob es bei den UNO-Inspektoren nur um Abrüstung ging oder ob auch Informationen für andere Zwekke gesammelt worden sind. Darauf weist Scott Ritter kritisch hin. Wir hatten zwar einen Krankenwagen mit Bahre, aber in diesen konnte man hineinschauen, er hatte keine abgedunkelten Fenster. Das war ein ganz normaler Toyota mit Vierradantrieb. Deswegen bin ich sehr skeptisch, solange ich einen solchen Krankenwagen mit Abhörgeräten nicht selbst gesehen habe. Scott Ritter ist im August 1998 aus dem Irak ausgereist und hat sein kritisches Buch „Endgame" Anfang 1999 veröffentlicht. Aber von dieser Krankenwagengeschichte hat er nichts geschrieben. Die ganze Geschichte gefällt mir nicht.

„Krieg oder Frieden darf nicht von den Inspektoren abhängen"

W.W.: Warum will das irakische Regime eigentlich überhaupt chemische, biologische und atomare Waffen haben? Die Iraker haben dadurch doch nur Nachteile. Sie können ihr Öl nicht verkaufen, das Volk leidet und vieles mehr.

G. Kraatz-Wadsack: Ich habe keine Ahnung. An dem leidenden Volk ist das irakische Regime allerdings wenig interessiert. Der Regierung geht es gut. Die Machthaber haben auch oft kurz vor den Bombardements Menschen ihres Volkes in die Raketenanlagen beordert, um sie als Human shields zu benutzen. Die Bevölkerung ist ihnen weitgehend egal. Aber warum sie die Waffen produzieren wollen, ist im Grunde rätselhaft. Vielleicht glaubt Saddam Hussein, daß ihn diese Waffen vor Angriffen der Nachbarstaaten schützen und ihn an der Macht halten. Saddam Husseins Analyse in bezug auf den Iran-Irak-Krieg ist die, daß er den Krieg nur durch den Einsatz von unkonventionellen Waffen gewonnen hätte. Die biologischen Waffen, so ist die Analyse des Irak, galten immer als letzte Möglichkeit für einen Krieg.

W.W.: Werden die Inspektoren jetzt zurückkehren, oder wird es vorher zu einem Krieg kommen?

G. Kraatz-Wadsack: Das ist schwer einzuschätzen. Es gibt fast jeden Tag eine neue Situation. Natürlich wünsche ich mir, daß die Inspektoren zurückkehren. Aber vorher müssen die Kriterien stimmen. Die Inspektoren dürfen nicht diejenigen sein, von denen Krieg oder Frieden abhängt. Der Krieg ist eine politische Entscheidung. Als Inspektor muß man Fakten berichten, darf aber keine Bewertungen abgeben. Die Bewertung erfolgt politisch.

W.W.: Wenn die Inspektoren zurückkehren, sind Sie dann dabei?

G. Kraatz-Wadsack: Nicht sofort. Zuerst reist ein technisches Team ein, das unser Zentrum wieder einrichten muß, also die Computer und andere Kommunikationsmittel. Nach diesen Technikern wird eine kleinere Gruppe einreisen, die gemischte Aufgabenbereiche bewerkstelligen muß. Erst dann kommen die Inspektoren, und ich stehe auf der Liste von Herrn Blix. Nächste Woche reise ich erst einmal nach Wien und trainiere die einzelnen Inspektoren. Vorerst bin ich also für diesen Ausbildungskurs eingeteilt. Ich werde Trainingskurse mit Fachleuten durchführen.

Massenmord im Dschungel

Interview mit Michael Bitala

von Wolfgang Weirauch

Michael Bitala, *geb. 1965 im oberbayerischen Murnau am Staffelsee. Nach dem Studium der Kommunikationswissenschaft, Politischer Wissenschaft, Soziologie und Geschichte und der Ausbildung an der Deutschen Journalistenschule in München arbeitete er von 1992 an zunächst zwei Jahre als Redakteur im Ressort Münchner Kultur der* Süddeutschen Zeitung, *anschließend im Ressort Medien. Seit 1999 ist er Afrika-Korrespondent der SZ und lebt in Nairobi, Kenia. Im August erscheint sein Buch „Der Löwe im Keller des Palastes – Ostafrikanische Erfahrungen“, Picus-Verlag, Wien 2003.*

Haben Sie bei Ihrem letzten Handy-Gespräch darüber nachgedacht, daß es vielleicht nur geführt werden konnte, weil ein Mensch dafür sein Leben lassen mußte?

Wie bitte? Absurd!? Übertrieben!?

Keineswegs! Für die Speicherchips eines Handys benötigt man Coltan, ein Mineral, das im Kongo in großen Mengen gewonnen wird, und zwar auf Kosten der Einwohner, die von marodierenden Rebellengruppen gequält, vergewaltigt, verstümmelt, ermordet oder sonstwie in den Tod getrieben werden – genauso wie vor 100 Jahren, als man zwar nicht mit Handys telefonierte, aber das Elfenbein liebte und den Kautschuk benötigte.

„Da stehen 40 ausgemergelte Söhne eines afrikanischen Dorfs in einer Reihe, ein jeder trägt sein Körbchen mit Kautschuk. Der Tribut an Kautschuk wird gewogen und angenommen, aber [...] vier Körbe erreichen nicht das geforderte Gewicht. Der Befehl ist unmenschlich knapp und scharf. Unverzüglich wird der erste Delinquent von vier sehnigen ‚Bütteln' ergriffen, auf den nackten Boden geworfen, an Händen und Füßen gefesselt, während ein fünfter hinzutritt, der eine lange Peitsche aus geflochtener Nilpferdhaut in der Hand hält. Rasch und ohne Unterlaß saust die Peitsche herunter, und ihre scharfen, gerippten Enden schneiden tief ins Fleisch ein, an Rücken, Schultern und Gesäß spritzt das Blut aus einem Dutzend Wunden. Vergeblich windet sich das Opfer im Griff des Büttels, und dann schneidet die Peitsche in andere Körperteile des wehrlos Zitternden – und bei einem der vier in das empfindlichste Teil des menschlichen Körpers. ‚Hundert Hiebe für jeden', und zurück bleiben vier leblose Körper mit blutenden Wunden und bebenden Leibern auf dem glitzernden Sand der Kautschuksammelstation.

Auf diesen entscheidenden Vorfall folgte gleich noch ein anderer. Wir hatten gerade das Frühstück beendet, als ein afrikanischer Vater die Stufen zur Veranda unseres Lehmhauses hinaufstürzte und auf dem Fußboden Hand und Fuß seiner kleinen Tochter niederlegte, die nicht älter als fünf Jahre sein mochte." (Adam Hochschild: Schatten über dem Kongo. Freiburg 2000, S.308 f.)

Dies berichtete das Ehepaar Harris, das 1906 als Baptisten-Missionare aus dem Kongo nach England zurückkehrte. 10 Millionen Menschen wurden vor gut 100 Jahren im Kongo ermordet und entsprechend viele verstümmelt. Diesen Massenmord verübten nicht die Schwarzen, sondern Weiße, vorwiegend Belgier. 1885–1908 hatte der belgische König Leopold

II. das immens große Reich in Zentralafrika zu seinem Privatbesitz deklariert, nachdem Henry Morton Stanley es von Ost nach West durchquert hatte. Fast ungestört von den Augen der Weltöffentlichkeit beutete Leopold II. das Land aus. Die Einwohner wurden als Arbeitstiere gehalten und mußten Elfenbein und Kautschuk liefern. Wer das Soll nicht erfüllte, wurde im besten Falle ausgepeitscht, oder es wurden ihm die Hände abgehackt, oder er wurde umgebracht.

Die Grausamkeiten sprengten jedes Maß. Und so entstanden vor 100 Jahren die ersten weltweiten Menschenrechtsbewegungen, die ohne mutige Männer wie Edmund Morel nicht entstanden wären, die aber Leopold II. zur Aufgabe seines „Freistaates" zwangen. Und wenn der Kapitän Joseph Conrad seine Eindrücke vom Kongo nicht in seinem Buch „Herz der Finsternis" aufgezeichnet hätte, wäre der Massenmord im Kongo vielleicht wie stille Tränen im Urwald versunken.

Und heute? Hat sich irgend etwas nach der jahrzehntelangen Kleptokratie Mobutus geändert? Für die Einwohner des Kongos nicht, und in bezug auf die Einstellung vieler Westler ebenfalls nicht.

Die Demokratische Republik Kongo – fast so groß wie Westeuropa – ist von ihren Bodenschätzen her eines der reichsten Länder der Erde: Diamanten, Gold, Erdöl, Edelhölzer und seltene Mineralien wie Coltan haben schon seit längerer Zeit die Raffgier und die Begehrlichkeit der Menschen auf diese Reichtümer geweckt.

Noch stockt uns der Atem wegen des Völkermordes in Ruanda, bei dem 1994 in wenigen Wochen fast eine Million Menschen brutal ermordet wurden (siehe dazu auch das Interview mit Hans-Josef Dreckmann, „Auf den Trümmern von Mobutos Herrschaft", und den Artikel von Wolfgang Weirauch, „Der Völkermord in Ruanda", in FLENSBURGER HEFTE 57: „Die Welt im Umbruch. Globalisierung und Kampf aller gegen alle"), schon morden wieder verschiedene Rebellengruppen im Nordosten des Kongos, im Ituri-Distrikt, unterstützt durch die Nachbarländer Uganda und Ruanda. 3,3 Millionen Tote zählt man bereits seit einigen Jahren, Tote, über die man im Westen kaum spricht.

Denken Sie an die 3.000 Toten vom 11. September 2001. Wie haben wir um sie getrauert, wie haben wir mit ihnen gelitten! Zu Recht! Und seitdem habe sich die Welt verändert, wie es immer so schön heißt. Aber wer trauert um die 3,3 Millionen Toten des Kongos? Wer erwähnt sie überhaupt? 1.000mal so viele Tote wie in New York – aber durch ihren Tod hat sich die Welt nicht verändert. Ihre Schreie verhallen ungehört im

Urwald, im sogenannten Herz der Finsternis. – Afrika stirbt. Afrika wird geplündert. Und wir schauen zu. Auch das ist Bestandteil der neuen Weltordnung.

Michael Bitala, Auslandskorrespondent der *Süddeutschen Zeitung* in Kenia, schreibt seit Jahren über die grausamen Zustände Afrikas und erinnert die Menschheit an die vergessenen Kriege. Ich interviewte Michael Bitala über die Zustände im Kongo, in Liberia und der Elfenbeinküste – Länder, die er erst kürzlich bereist hat.

Wolfgang Weirauch: Sie waren Anfang Juni dieses Jahres im Kongo. Wer kämpft im Nordosten des Kongos, im Ituri-Distrikt, gegen wen?

Michael Bitala: Das ist eine relativ schwierige Frage, weil in dieser Region mehrere Konflikte ineinandergreifen. Das Hauptproblem ist, daß es dort seit vielen Jahrzehnten Streitereien zwischen den beiden Hauptbevölkerungsgruppen, den Hema und den Lendu, gegeben hat. Die Lendu sind den Bantu zuzurechnen, während die Hema Nilloten sind. Dieser Krieg ist dem Hutu-Tutsi-Konflikt in Ruanda, Burundi und Kongo sehr ähnlich. In Ituri gibt es zwischen Hema und Lendu seit Jahrzehnten Streit um die Nutzungsrechte des Bodens.

Dieser Konflikt eskalierte vor etwa vier Jahren, als der Krieg im Kongo schon seit etwa einem Jahr im Gange war. Die Ugander hatten dieses Gebiet besetzt und arbeiteten zunächst mit den Hema zusammen. Als ich vor drei Jahren in Bunia war, haben mir damals viele unabhängige Menschen bestätigt, daß die Ugander den Hema Waffen verkauft haben und sich auch als Auftragskiller der Hema kaufen ließen. Damals wurde der Preis von einem Dollar für die Beseitigung eines Lendu genannt, mit dem die Ugander ihren Sold aufbesserten. Vor allem weil die Ugander Schnellfeuerwaffen in diese Gegend brachten, eskalierte der Krieg. Damals kam es zu den ersten großen Massakern.

Gleichzeitig ist diese Gegend schon zur Zeit von Mobutu sehr vernachlässigt worden. Die Korruption war in dieser Gegend besonders hoch, die Infrastruktur ist nach und nach kaputtgegangen. Die Hema, die den Handel und die Verwaltung kontrollierten, haben diese Gegend beherrscht und auch ausgenutzt. Meines Wissens kam es 1999 zum Eklat, weil eine korrupte Hema-Gouverneurin einigen Lendu die Landnutzungsrechte wegnahm und Hema gab.

Ein weiterer Konflikt, der sich gerade in Ituri abspielt, ist der Stellvertreterkrieg der verfeindeten Kongo-Besatzer Uganda und Ruanda. Die Ruander unterstützen die Hema-Miliz, die derzeit Bunia beherrscht, Uganda deren Feinde.

Kinder müssen ihre Eltern ermorden

W.W.: Gibt es viele Kindersoldaten im Kongo?

M. Bitala: Ja, es gibt bei allen Milizen Kindersoldaten. Es gibt derzeit allein in Ituri fünf Rebellengruppen. Es gibt zwei verschiedene Hema-Milizen, und es gibt Lendu-Milizen sowie ugandische Milizen. Alle zusammen sorgen für die Unruhe im Ituri-Distrikt.

W.W.: Auf welche Weise werden die Kindersoldaten rekrutiert?

M. Bitala: In der Regel werden die Kinder ihren Eltern weggenommen. Die Milizen streifen durch die Dörfer, fordern Kinder für ihre Truppen oder brandschatzen, plündern, rauben, vergewaltigen und ermorden die Bewohner. Die Kinder werden dann gefällig gemacht, ähnlich wie es auch in anderen afrikanischen Ländern der Fall ist, z.B. in Liberia oder Sierra Leone. Dieser Prozeß ist äußerst grausam. Teilweise werden die Kinder gezwungen, ihre eigenen Eltern zu ermorden. Auch Drogen, die den Kindern verabreicht werden, spielen dabei eine große Rolle.

Die Bevölkerung wird grausam ausgerottet

W.W.: Welche persönlichen Eindrücke haben Sie in Bunia gewonnen? Gibt es überhaupt noch Arbeit, Essen oder Strom? In welcher Not leben die Menschen dort?

M. Bitala: Die Lage ist extrem dramatisch im gesamten Ituri-Distrikt. Ich war auch 150 km südlich von Bunia, wo sich etwa 130.000 Flüchtlinge in Sicherheit bringen konnten. Von ihnen habe ich erfahren, auf welch ungeheuer grausame Weise die Menschen umgebracht bzw. zugerichtet worden sind. Oft wurden sie, auch von betrunkenen oder unter Drogen stehenden Kindersoldaten, auf brutale Weise zerhackt. Einige Flüchtlinge hatten Fotos dabei, und der Anblick ist kaum zu beschreiben.

Niemand hat den totalen Überblick über den Ost-Kongo. Entweder ist man bei den Hema-, den Lendu- oder auch privaten Milizen organisiert, die plündernd durch die Gegend ziehen. Bunia selbst ist eine Stadt, die fast ausgestorben ist, fast alle Läden sind geschlossen oder geplündert, und in den Straßen patrouillieren die Hema-Milizen. Es gibt keinen Strom, kein Wasser, und ein normales Leben ist nicht möglich.

W.W.: Rotten die einzelnen Milizen nach und nach die gesamte Bevölkerung aus?

M. Bitala: Der Konflikt begann im Nordosten und verlagert sich immer weiter südlich. Nach und nach werden große Teile der Bevölkerung getötet. Sicherlich ist es nicht übertrieben, daß die einzelnen Milizen darauf aus sind, die jeweils andere Volksgruppe auszurotten. Allerdings stellen Hema und Lendu zusammen nur etwa 40 % der Bevölkerung im Ituri-Distrikt.

W.W.: Stimmen die Zahlen, daß in den letzten vier Jahren ca. 3,3 Millionen Menschen im Kongo umgebracht worden sind?

M. Bitala: Die Zahl 3,3 Millionen gilt als ziemlich verläßlich, allerdings sind die wenigsten durch Kämpfe umgebracht worden. Sehr viele sind auch durch mangelnde Ernährung und Krankheiten umgekommen, Folgeerscheinungen, die allerdings eindeutig kriegsbedingt sind. Hätte es keinen Krieg im Kongo gegeben, würden diese Menschen noch leben.

Coltan

W.W.: Bei dem ganzen Konflikt geht es vorwiegend um Rohstoffe, nicht zuletzt um das seltene Mineral Coltan. Wofür wird Coltan verwendet, und wieviel der Welt-Coltan-Vorräte kommen im Kongo vor?

M. Bitala: Coltan ist ein Mischmineral aus Tantalit und Columbit. Vor allem Tantalit wird für Mobiltelefone, Laptops und Spielkonsolen verwendet. Es ist sehr hitzebeständig und wird wegen seiner großen Energiedichte auf kleinstem Raum für die Herstellung der leistungsstarken Chips verwendet. Etwa 80 % der weltweiten Coltan-Vorkommen werden in Afrika vermutet, davon wiederum 80 % im Kongo.

W.W.: Und im Hintergrund stehen die beiden Länder Uganda und Ruanda und machen mit ihren jeweiligen Milizen das Geschäft im Coltan-Handel?

M. Bitala: Das ist ganz eindeutig so. Aber es sind nicht nur die Geschäftsinteressen dieser beiden Länder, welche zu den Massakern in den letzten vier Jahren geführt haben, sondern auch der Haß beider Volksgruppen aufeinander.

W.W.: Welche westlichen Länder und Firmen stehen hinter den Coltan-Geschäften mit Uganda und Ruanda?

M. Bitala: Es sind weniger einzelne Staaten, die hinter diesem Geschäft stehen, als vielmehr einzelne Milizen im Kongo sowie westliche Firmen, die von der Plünderung profitieren. Der Hauptprofiteur im Coltan-Handel ist eindeutig Ruanda, aber auch verschiedene westliche Firmen aus den USA, Belgien, Großbritannien und Deutschland.

W.W.: Wie steht es mit Erdöl, Edelhölzern und Diamanten?

M. Bitala: Alles ist im Kongo reichlich vorhanden. Es gibt die Vermutung riesiger Ölvorkommen am westlichen Ufer des Albertsees, aber bisher ist noch kein Tropfen gefördert worden. Der Ituri-Distrikt ist einer der goldreichsten in ganz Afrika. Edelhölzer gibt es wie im ganzen Kongo, denn der Regenwald dieses Landes ist riesig. Der Verkauf von Edelhölzern war bisher eine der Haupteinnahmen im Ost-Kongo.

Kein Völkerrecht für die Afrikaner

W.W.: Könnte man bei einer UNO-Abstimmung mit Sanktionen gegen Uganda und Ruanda rechnen?

M. Bitala: Wahrscheinlich nicht. Uganda und Ruanda gehören aus der Sicht des Westens zu den fortschrittlichen Staaten. Clinton hat sie Mitte der 90er Jahre zur Generation der neuen Staatschefs erkoren ...

W.W.: ... die sogenannten Clinton-Boys!

M. Bitala: ... genau. Es gibt viele Hilfsprogramme für beide Länder aus den USA, genauso aber große Waffenlieferungen. Wenn jetzt die Franzosen im Kongo eingreifen, entsteht ein neuer Konflikt zwischen Amerikanern und Franzosen. Die Franzosen haben ein sehr schlechtes Image in Ruanda, weil sie angeblich den Hutu-Mördern geholfen haben, in den Ost-Kongo zu fliehen.

W.W.: Hat man gegenüber Ruanda ein schlechtes Gewissen wegen des Völkermords von 1994, oder warum erhebt man gegen Ruanda keine Sanktionen?

M. Bitala: Ich weiß nicht, ob gegenüber Ruanda ein schlechtes Gewissen besteht. Aber ich weiß, daß sich Ruanda vom Rest der Welt nichts sagen läßt. Man weiß, daß die Welt weggeschaut hat, als etwa 800.000 Menschen in wenigen Wochen abgeschlachtet worden sind.

W.W.: Hat man überhaupt in Afrika, vor allem in Ruanda, Uganda oder im Kongo, Verständnis für die Proteste in Europa gegenüber den USA, weil die USA einen Angriffskrieg gegen den Irak gestartet haben?

M. Bitala: Nach meiner Beobachtung eher weniger. In den europäischen Zeitungen werden die USA kritisiert, weil sie gegen das Völkerrecht verstoßen haben, aber in der afrikanischen Presse wird zu Recht darauf hingewiesen, daß das Völkerrecht in Afrika noch nie angewandt worden ist. Und in Europa wurde nicht für das Völkerrecht bzw. gegen den Bruch des Völkerrechts in Afrika demonstriert.

W.W.: Ich verstehe die Feindschaft zwischen Uganda und Ruanda derzeit nicht. Einstmals waren Museveni und Kagame, die Staatschefs von Uganda und Ruanda, eng befreundet, und die ugandische Regierung half der jetzigen Tutsi-Regierung in Ruanda an die Macht. Woher rührt nun die derzeitige Feindschaft beider Staaten?

M. Bitala: Das Hauptmotiv wird sein, daß Museveni sich immer mehr durch Kagame in Ruanda gestört fühlt. Kagame war früher eine Art Ziehsohn von ihm, und er hat ihn in seiner Exilzeit in Uganda gefördert. Auch hat er seine Tutsi-Armee massiv unterstützt. Aber seitdem Kagame Regierungschef in Ruanda ist, ist er immer stärker geworden.

Weiterhin gab es mehrere Schlachten zwischen Uganda und Ruanda um die strategisch wichtige Diamantenstadt Kisangani im Kongo, und diese Schlachten hat Ruanda gewonnen. Wahrscheinlich spielen auch starke psychologische Momente bei diesem Konflikt mit.

W.W.: Haben die USA mittlerweile etwas gegen die brutale Coltan-Ausbeutung im Kongo unternommen?

M. Bitala: Soweit ich orientiert bin, sind die USA das einzige Land, das in ihrem Repräsentantenhaus den Kauf von Coltan aus Uganda, Ruanda, Kongo und Burundi unterbunden hat. Ganz im Gegensatz zu den Europäern, die immer gern für die Menschenrechte eintreten.

Deutsche Entwicklungshilfe

W.W.: Wie steht es mit der Entwicklungshilfe Deutschlands gegenüber Uganda und Ruanda? Sie fließt nach wie vor weiter. Warum wird sie angesichts der Greueltaten beider Länder im Kongo nicht unterbunden?

M. Bitala: Bis vor zwei Jahren wurden etwa 70 % des Staatshaushaltes von Ruanda aus der Entwicklungshilfe bestritten. Und das Geld fließt weiter nach Ruanda, weil man den Aids-Kranken helfen will bzw. in Schulen oder in die Wasserversorgung investiert. Und man argumentiert, daß ein Einfrieren der Entwicklungshilfe nur den Ärmsten der Armen schaden würde.

W.W.: Stimmt das denn? Sollte man, Ihrer Ansicht nach, die Entwicklungshilfe für Uganda und Ruanda einstellen?

M. Bitala: Soweit ich orientiert bin, beschränkt sich die Entwicklungshilfe nicht nur auf Aids-Stationen und Wasserleitungen, sondern in Uganda leistet man konkrete Militärhilfe. Man finanziert zwar keine Waffen, aber man hilft bei der Militärausbildung. Nach meiner Einschätzung sollte man sehr viel härter gegen die beiden Länder vorgehen.

W.W.: Den Coltan-Handel aus dem Kongo soll eine Frau organisieren. Was ist das für eine Dame?

M. Bitala: Das ist eine indischstämmige Kongolesin, die Goldhändlerin Aziza Gulamali Kulsum, die früher in Burundi die Hutu mit Waffen beliefert hat. Sie ist mit den RCD-Rebellen von Goma verbunden, die von Ruanda unterstützt werden. Diese kongolesische Frau verkaufte längere Zeit das Coltan, zahlte Ruanda und den RCD-Rebellen einen gewissen Anteil, von dem diese wiederum Waffen kauften, mit denen sie dann weiter im Kongo Krieg führten. Es gibt aber auch Deutsche, die vom Coltan-Handel profitieren.

W.W.: Welche Firmen sind das?

M. Bitala: Die UN hat herausgefunden, daß fünf Firmen aus Deutschland am Rohstoffhandel mit dem Kongo profitieren, vor allem die Bayer-Tochter H. C. Starck. Sie soll Hauptabnehmer des Coltans sein, streitet es aber ab. Außerdem soll der Unternehmer Karl Heinz Albers von dem Coltan-Handel aus Ost-Kongo profitieren. Er hat sich vor kurzem eine staatliche Coltan-Schmelze in Ruanda gekauft.

W.W.: Können die UNO-Truppen im Kongo irgend etwas ausrichten?

M. Bitala: Meiner Meinung nach nicht. Sie haben den Auftrag, den Flugplatz von Bunia, ferner ein Flüchtlingslager sowie das UN-Lager zu sichern. Aber das ist nur ein winziger Flecken des riesigen Landes Kongo. Und die Massaker finden meist außerhalb Bunias statt.

W.W.: Ich las in Ihren Berichten in der *Süddeutschen Zeitung*, daß Sie bei Ihrem Aufenthalt in Bunia einen Überfall der Lendu-Milizen erlebt haben. Was hatte es damit auf sich?

M. Bitala: Wir wurden bei Sonnenaufgang von Granaten geweckt, die sehr nahe neben dem UN-Gelände einschlugen. Das UN-Gelände liegt genau auf der Frontlinie der verfeindeten Milizen der Hema und Lendu. Und weil der Hema-Chef Thomas Lubanga seine Killer-Kinder abgezogen hatte und die 1.400 Soldaten der internationalen Eingreiftruppe noch nicht vor Ort waren, schien die Chance der Lendu gut. Es waren zwischen 500 und 700 Rebellen, die Bunia und das UN-Gelände mit Granaten angriffen. Einige Granaten schlugen nur 100 Meter neben mir ein.

Die Kämpfe zwischen den Hema und den Lendu dauerten fünf Stunden, und Hema-Chef Lubanga siegte, nachdem er seine Kindersoldaten wieder in die Stadt Bunia hereingeholt hatte. Weil Lubanga jetzt mit Ruanda verbunden ist, haben die Hema wohl auch die besseren Waffen. Bei diesem Angriff wurden auf dem UN-Gelände drei Menschen angeschossen, und die uruguayischen UNO-Soldaten bekamen es ihrerseits mit der Angst zu tun und waren weder in der Lage, sich selbst noch die Flüchtlinge zu schützen.

Wenn Menschen sich in Bestien verwandeln

W.W.: Bis vor einem Jahr wurden die Hema noch von Uganda unterstützt und die Lendu von Ruanda. Wieso haben die Fronten gewechselt?

M. Bitala: Ein Hauptmotiv in afrikanischen Kriegen ist, daß sich dauernd irgendwelche Allianzen ändern. Frühere Freunde werden plötzlich zu Feinden, das kann von einem Tag auf den anderen geschehen, und die Motive sind meist sehr pragmatisch. Man will nicht auf der Seite des Verlierers stehen, man möchte seine eigene Position stärken, man will den Gegner schwächen.

Das war auch so in Ituri. Erst arbeiteten die Ugander mit den Hema zusammen, weil diese den Handel kontrollierten und auch Geld hatten. Nach dem Abzug der Ugander erkannte Ruanda die Chance, seinen Einfluß auch im Nordost-Kongo auszuweiten. Sie wollten Zugriff auf das Gold, die Edelhölzer und natürlich auch auf die vermuteten Erdölreserven. Deshalb unterstützte Ruanda auf einmal die Hema-Miliz des Thomas Lubanga. Uganda hat daraus die Konsequenz gezogen und steht nun auf der Seite der Feinde. Das bedeutet, daß Uganda sowohl Hema als auch Lendu als auch andere Milizen unterstützt. Zum einen möchte man damit den Vorstoß der Ruander zurückschlagen, zum anderen kann Uganda behaupten: Seht, seit wir nicht mehr da sind, seit wir die Besatzung aufgegeben haben, ist das Chaos im Kongo ausgebrochen. – Was natürlich eine freche Lüge ist, da schon während der ugandischen Besatzung die schlimmsten Massaker in Ituri stattgefunden haben – nur eben nicht in Bunia, sondern in den umliegenden Dörfern.

W.W.: Welche Zustände herrschen südlich von Bunia?

M. Bitala: Ich war in Beni, 150 km südlich von Bunia. Dort leben rund 130.000 Flüchtlinge aus Bunia. Ich habe noch nie eine Gegend in Afrika erlebt, in der die Menschen so massiv bewaffnet sind wie im Ost-Kongo.

W.W.: Wie leben die Menschen im Ost-Kongo überhaupt noch? Können sie überhaupt noch leben?

M. Bitala: Die Menschen in den Flüchtlingslagern haben alles verloren. In den Städten und Dörfern hat man ihre Häuser geplündert. In den Flüchtlingslagern gibt es nur sehr wenige Hilfsorganisationen. Und insofern ist es für diese Menschen eine hochdramatische Situation. Die Menschen glauben auch nicht daran, daß sich der Konflikt im Ost-Kongo lösen könnte und sie wieder in ihre Dörfer und Städte zurückkehren können. Sie haben auch überhaupt kein Vertrauen in die Eingreiftruppe. Alle sagen, daß sie nichts ändern wird.

W.W.: Immer wieder hört man von den grauenhaften Massakern in den afrikanischen Staaten. Bei dem Völkermord in Ruanda wurden 1994 ca. 800.000 Menschen in wenigen Wochen getötet, meist sogar in einer Art von Blutrausch zerhackt. Auch aus dem Kongo hört man ähnliches, Grausamkeiten, die man kaum glauben mag: zerhackte und geköpfte Menschen, herausgerissene Herzen, aufgeschlitzte Bäuche, abgehackte Gliedmaßen und Kannibalismus. Was geschieht mit diesen Tätern, die andere Menschen derart zurichten? Wieso verlieren sie jegliches Gefühl für Menschlichkeit, so daß sie anderen Menschen so etwas antun können? Warum können Menschen sich auf diese Weise in Bestien verwandeln?

M. Bitala: Ich bin kein Psychologe, aber es stimmt natürlich, daß mit die grausamsten Gemetzel der Gegenwart in Afrika stattfinden. Dennoch ist es Unsinn zu behaupten – wie das manche Kollegen und auch Wissenschaftler tun –, daß es eine spezifische Brutalität der Afrikaner gebe. Das ist undurchdacht und auch rassistisch. Dazu muß man sich nur die Massaker in Kambodscha oder auch die belgische Kolonialherrschaft in Afrika anschauen. Da haben Asiaten und Europäer wie Bestien gewütet.

Die extrem grausamen Gemetzel sind wohl deshalb möglich, weil zum einen eiskalte Kriegsherren vor allem auf Kindersoldaten setzen, die leicht manipulierbar und sehr anfällig für Allmachtsgefühle sind, zum anderen wird dieser Blutrausch auch durch Drogen verursacht. In Ituri ist das ein traditionell gebrautes Getränk, dessen Zusammensetzung ich nicht kenne. Außerdem ist dieses Schlachten auch ein Zeichen dafür, daß diese Gegend völlig außer Kontrolle geraten ist. Es gibt keine Ordnung mehr, keine staatliche Autorität, jeder kann machen, was er will. Deshalb kommt es wohl zu dieser völligen Enthemmung. Und was passiert, wenn eine Volksgruppe die andere abschlachtet, das konnte man auch in Osteuropa sehen. Da entsteht sehr, sehr schnell grenzenloser Haß.

Der Staat Kongo existiert nicht mehr

W.W.: Welche Lösung sehen Sie für den gesamten Kongo, damit dieses gegenseitige Abschlachten aufhört?

M. Bitala: Hier bin ich wirklich ratlos. Das Problem des Kongos – ein Land von der Größe Westeuropas – ist, daß es vollkommen zerstört ist. Es ist ein Staat, der nicht mehr existiert. Es gibt keine staatlichen Institutionen, es gibt keine Verwaltung, auf die man sich verlassen könnte, es gibt keine Straßen, keinen Strom, kein fließendes Wasser. Ich weiß nicht, wie man einen derart zerstörten Staat, in dem obendrein Dutzende von Milizen aufeinander einschlagen und Millionen von Menschen in die Flucht getrieben wurden, wieder zu einem harmonischen Sozialgefüge zusammenfügen kann.

W.W.: Hat Staatschef Kabila jr. überhaupt noch irgendeine Macht im Kongo?

M. Bitala: Ich habe ihn vor etwa zwei Jahren getroffen, und er machte einen sehr netten und integren Eindruck. Allerdings glaube ich nicht, daß er irgendeine Chance zum Regieren hat, schon gar nicht im Ost-Kongo, denn dort hat er überhaupt keine Machtbasis. Die verschiedenen Milizen-Chefs haben auch kein Interesse, daß der Kongo als Gesamtstaat funktioniert und alle Einnahmen aus dem Verkauf der Rohstoffe in eine Zentralkasse fließen.

Lubbers Wutanfall in Liberia

W.W.: Sie waren im Mai in Liberia. Was war der Anlaß?

M. Bitala: Der Anlaß war eine Reise des ehemaligen niederländischen Regierungschefs Ruud Lubbers, der jetzt Hochkommissar des UN-Flüchtlingshilfswerks ist und der sich über die Situation der Flüchtlinge in Liberia und den Nachbarländern erkundigen wollte. Auf dieser Reise habe ich ihn begleitet.

W.W.: Was war es für ein Gefühl, mit dem Taxi durch Monrovia zu fahren?

M. Bitala: Eigentlich war das noch ein recht entspanntes Gefühl. Nach dem langen Bürgerkrieg hatte ich es mir schlimmer vorgestellt. Es waren fast keine Milizen unterwegs, und im Vergleich zu Bunia hatte ich das Gefühl einer relativen Sicherheit. Wie ich in Monrovia erfahren habe, hatte Präsident Charles Taylor seine Milizen größtenteils aus der Stadt abgezogen und an die vielen Frontlinien geschickt, weil zwei Rebellengruppen immer mehr Geländegewinne gemacht haben.

W.W.: Welche Ziele hatte Ruud Lubbers in Liberia?

M. Bitala: Er wollte mit Taylor sprechen, wie das Flüchtlingsproblem in Liberia gelöst werden und wie man Liberia befrieden könne.

W.W.: Hat er etwas erreicht?

M. Bitala: Nein, denn es kam zum Eklat. Charles Taylor selbst erschien nicht, sondern nur sein Kabinettschef, der stellvertretende Außenminister sowie der Gesundheitsminister, und sie teilten Ruud Lubbers mit, daß Taylor leider etwas Wichtigeres zu tun hätte. Die ganze Situation führte zu einem Wutanfall von Lubbers, und er machte der liberianischen Regierung den Vorwurf, daß sie ihr eigenes Volk umbringen würde. Die Zeit des Verhandelns sei jetzt vorbei. Nach einigen Minuten des eisigen Schweigens entgegnete dann der Kabinettschef mit eisigem Lächeln: „Es ist eine Realität, daß die Realität eine Realität ist."

W.W.: Wird diese Reise irgendeine internationale Konsequenz haben?

M. Bitala: Nein, das denke ich nicht. Allerdings hat Lubbers den Sturz von Taylor gefordert, was ziemlich ungewöhnlich ist für einen Repräsentanten der UN. Das Problem ist, daß diejenigen, die Taylor bekämpfen, die gleichen Kriegsverbrechen begehen wie die Truppen Taylors.

W.W.: Welche Rebellengruppen kämpfen gegen die Regierung von Liberia?

M. Bitala: Die eine Rebellengruppe heißt LURD, eine liberianische Rebellengruppe, die von Guinea aus operiert und auch von dort unterstützt wird. Die andere Gruppe nennt sich Model, sie ist erst vor einiger Zeit entstanden, stammt aus dem Westen der Elfenbeinküste und wird dort unterstützt.

Taylor läßt sein eigenes Volk ermorden

W.W.: Um welche Rohstoffe geht es in Liberia?

M. Bitala: In Liberia geht es vor allem um Edelhölzer, weniger um Diamanten, denn in Liberia gibt es weniger Diamanten als beispielsweise in Sierra Leone.

W.W.: Gibt es seitens der UNO Handelsverbote gegenüber Liberia?

M. Bitala: Es gibt das Handelsverbot für liberianische Diamanten, außerdem ein Waffenembargo und ein Reiseverbot für die liberianische Regierung. Kein liberianisches Regierungsmitglied darf offiziell ins Ausland reisen. Das war aber kein Problem, weil sie, zumindest unter der alten Regierung der Elfenbeinküste, von dort die ivorischen Pässe bekamen. Beide Länder waren früher eng miteinander verbunden. Im Juni 2003 soll darüber entschieden werden, ob der Export von Edelhölzern aus Liberia verboten wird.

W.W.: Welche ausländischen Konzerne machen mit Liberia Geschäfte?

M. Bitala: Frankreich leugnet immer wieder die Geschäfte. Aber es sind französische Unternehmen, die an erster Stelle im Edelholzhandel tätig sind. Taylor selbst verdient in ungeheurem Ausmaße am Edelholzhandel. Sein Privatvermögen wird auf bis zu 3 Milliarden Dollar geschätzt. Dafür sind ganze Landstriche Liberias kahlgeschlagen. Obendrein hat er am illegalen Diamantenhandel aus Sierra Leone profitiert, weil er die dortigen Rebellen kontrollierte.

W.W.: Liberia hat die weltweit größte Flotte der sogenannten Billigflaggen. Wieso bedient sich gerade Deutschland dieser Flagge?

M. Bitala: Meines Wissens fahren etwa 1.200 bis 1.300 Schiffe unter liberianischer Flagge, und mehr als 400 kommen allein aus Deutschland. Taylor verdient mit diesen Billigflaggen 25–30 Millionen Dollar pro Jahr. Für die deutschen Reeder haben die Billigflaggen enorme Vorteile, denn sie sind nicht steuerpflichtig, sie brauchen keine Sozialabgaben zahlen, und die Schiffe werden von der liberianischen Regierung nicht kontrolliert.

W.W.: Mit anderen Worten: Die Verdienste aus dem Ausflaggen der Schiffe in Deutschland benutzt Taylor dazu, um sein eigenes Volk zu ermorden?

M. Bitala: Das ist mit Sicherheit so. Oder er steckt das Geld in die eigene Tasche.

Im Schlaf mit einer Machete zerstückelt

W.W.: Was geschah während des Bürgerkrieges 1990–1997 in Liberia? Wer kämpfte dort gegen wen?

M. Bitala: Damals kämpfte im Grunde jeder gegen jeden. Liberia ist ein typisches Beispiel eines afrikanischen Landes, in dem eine korrupte Clique jahrzehntelang herrschte und alle anderen Gruppen von der Macht ausschloß und die Einwohner nicht am Reichtum des Landes teilhaben ließ. 1980 beendete der 28jährige Analphabet Samuel Doe die Macht des Präsidenten William Tolbert und seiner sogenannten Congos, indem er ihn im Schlaf mit einer Machete zerstückelte. Doe herrschte zehn Jahre, war der beste Freund der USA und bekam von der Reagan-Administration etliche Millionen Dollar an Militärhilfe, weil Liberia Verbündeter der USA im Kalten Krieg war.

W.W.: Stimmt es, was man sich erzählt, daß die Ermordung von Doe auf Video aufgenommen worden ist und daß dieses Video noch heute in Monrovia zu kaufen ist?

M. Bitala: Es gibt keinen Zweifel, daß dieses Video existiert und auch heute noch in Monrovia angeboten wird. Aber ich habe es mir nicht gekauft und auch nicht angeschaut. Unter Anführung des Rebellenchefs Prince Johnson hat man Doe beide Ohren abgeschnitten, ihn dann kastriert und stundenlang zu Tode gefoltert. Alles dies soll auf dem Video zu sehen sein. Nach Does Tod begann der Bürgerkrieg in Liberia, in dem Charles Taylor – ein ehemaliger Tankstellenwart und Gefängnisausbrecher in Massachusetts – mit seinen Kinderrebellen an die Macht kam.

Straßensperren aus menschlichen Gedärmen

W.W.: Stimmen die Schauergeschichten, daß man während dieses Bürgerkrieges die Menschen zerhackt hat, ihre Köpfe auf Spieße gesteckt und Straßensperren aus menschlichen Gedärmen geflochten hat?

M. Bitala: Ja, das stimmt. Dieser Bürgerkrieg war einer der brutalsten und bizarrsten Kriege in ganz Afrika. Es war vor allem ein Krieg der Kindersoldaten. Die Kinder wurden unter Drogen gesetzt, waren bis an die Zähne bewaffnet, und sie haben ungeheure Greueltaten verübt. Dabei steckten sie oft in Priestergewändern, Hochzeitskleidern, Tierfellen oder waren mit Donald-Duck-Masken verkleidet.

W.W.: Waren diese Kindersoldaten nur eine Truppe von Charles Taylor?

M. Bitala: Nein, es gab auf allen Seiten Kindersoldaten. Im ganzen Bürgerkrieg befehligten nur wenige Erwachsene Zehntausende von Kindern. Man sollte nie vergessen, daß Afrika ein sehr junger Kontinent ist. Mehr als 50 % aller Afrikaner sind unter 18 Jahren. Wenn sich eine Rebellengruppe formiert, muß sie auf Kinder zurückgreifen, und Kinder sind sehr leicht manipulierbar.

W.W.: Zu welchen Taten hat man die Kinder angestachelt. Sollten sie gezielt bestimmte Menschen umbringen, oder haben diese Killerbanden wahllos zugeschlagen?

M. Bitala: Ich war bei keiner Rebellengruppe dabei und kenne nur die Resultate der grausigen Massenmorde. Aber es ist wohl so gewesen wie jetzt im Kongo. Dort wird den Kindern auch nicht gesagt, bringt den oder den um. Sondern diese Milizen ziehen durch die Gegend, plündern, rauben, vergewaltigen und morden. Es ist also ein Krieg der Milizen gegen Zivilisten. Ich habe mit liberianischen Flüchtlingen gesprochen und auch mit den ehemaligen Bewohnern des Ituri-Distrikts, und alle erzählen dieselben Horrorgeschichten von den Milizen, die brandschatzen, vergewaltigen, plündern und morden.

W.W.: Hatten Sie jemals die Gelegenheit, mit ehemaligen Kindersoldaten zu sprechen, die in ihrem Drogen- und Blutrausch gemordet haben?

M. Bitala: Leider war ich nicht lange genug in Liberia und konnte mit keinem der Kindersoldaten sprechen. Auch in Bunia bin ich einige Stunden nach der Bombardierung aus dem Kongo abgereist, denn ich wollte mich nicht von einem 8jährigen drogensüchtigen Kind ermorden lassen.

Ein Ideal verwandelte sich in sein Zerrbild

W.W.: Liberia hat ja eine sehr eigentümliche Entstehungsgeschichte. 1821 haben einige Amerikaner das heutige Liberia gekauft und ehemaligen Sklaven aus den USA die Freiheit geschenkt und nach Liberia verschifft. Stand zu Beginn dieses Staates ein Ideal der Menschenrechte?

M. Bitala: Ja, ein solches Ideal gab es damals. Und solche Ideale haben sich bis heute gehalten: daß einige Menschen an Menschenrechte und Nächstenliebe glauben und entsprechend etwas Gutes für Menschen tun wollen. Solche Menschen haben in der ersten Hälfte des 19. Jahrhunderts schwarze Sklaven zurück in die Heimat ihrer Vorfahren gebracht und wollten sich damit quasi bei ihnen entschuldigen. Aber als diese freigelassenen Sklaven nach Afrika kamen, riefen sie 1847 die unabhängige Republik Liberia aus und unterdrückten sämtliche Einwohner. Der von den Weißen theoretisch erdachte humanistische Gedanke, der zu Beginn dieses Staates stand, verwandelte sich in Kürze zu einem Unrechtssystem. Die ehemaligen Sklaven stolzierten mit weißen Perücken und in der Tracht der Südstaaten der USA durch Monrovia, eine Stadt übrigens, die ihren Namen von dem Präsidenten James Monroe bekommen hat. Dieses Unrechtssystem der Congos währte bis 1980.

Kindersklaven auf den Kakaoplantagen

W.W.: In der Elfenbeinküste leben zahlreiche Flüchtlinge aus Liberia. Wie viele sind es, und unter welchen Umständen leben sie dort?

M. Bitala: Ich habe zwei Flüchtlingslager im Westen der Elfenbeinküste besucht und auch eines in Ghana. Es sind etwa 200.000 Flüchtlinge in der Elfenbeinküste, die teilweise schon seit 1990, seit dem Ausbruch des Bürgerkrieges, dort leben. Genau genommen begann der Bürgerkrieg Weihnachten 1989, als Charles Taylor von der Elfenbeinküste nach Liberia einmarschierte. Die Lager der liberianischen Flüchtlinge in der Elfenbeinküste, aber auch in Sierra Leone und Guinea, werden immer wieder von Rebellen überfallen. Diese morden, rauben, vergewaltigen die Frauen und stehlen die Kinder. Es ist also ein extrem schrecklicher Zustand für alle Flüchtlinge.

W.W.: Werden aus den Flüchtlingen auch wieder Soldaten rekrutiert?

M. Bitala: Ja, von allen Seiten, sowohl von den Regierungstruppen Liberias als auch von den Rebellengruppen. Noch brisanter wird die Situation der Flüchtlinge dadurch, daß sie auch von den Regierungstruppen der Elfenbeinküste für den Krieg im eigenen Land rekrutiert werden.

W.W.: Können Sie bestätigen, daß auf den Kakaoplantagen der Elfenbeinküste Kindersklaven arbeiten, die man aus den Nachbarländern raubt?

M. Bitala: Das ist mit Sicherheit richtig. Sie werden nicht nur geraubt, sondern auch oft mit falschen Versprechungen in die Elfenbeinküste gelockt. Den Eltern wird vorgelogen, daß man ihnen z.B. die Ausbildung bezahle, daß es ihnen aber auf jeden Fall besser gehen werde als in ihrem Heimatland. Und die Eltern geben dann ihre eigenen Kinder diesen sogenannten Schleppern mit.

W.W.: Wie lange leben Sie schon in Kenia, und wie lange bleiben Sie noch?

M. Bitala: Ich lebe seit vier Jahren hier und hoffe, noch weiter hierbleiben zu können, solange meine Zeitung mit mir zufrieden ist.

Ein Kontinent stirbt

W.W.: Die 90er Jahre waren das Jahrzehnt, als die halbe Welt mit leuchtenden Augen von der Globalisierung sprach. Dabei hat man aber oft vergessen, daß mit Afrika fast ein gesamter Kontinent stirbt oder im Bürgerkrieg versinkt. Wenn man Ihre Schilderungen aus Liberia, dem Kongo und anderen Ländern hört und gleichzeitig die Politik der USA betrachtet, die mit einem enormen Aufwand gewaltsam eine neue Weltordnung verwirklichen, dann sieht man die ungeheuren Disproportionen: auf der einen Seite der Reichtum und die egoistische Interessenlage vieler westlichen

Länder, auf der anderen Seite ein Kontinent, der nur als Materiallager dient und dessen Menschen im Bewußtsein des Westens kaum eine Rolle spielen. Können Sie aus Ihrer Erfahrung sagen, was man seitens des Westens – sowohl von seiten der Staaten als auch als Privatmensch – tun kann und muß, um diesem Morden und Plündern nicht tatenlos und ohnmächtig zuzusehen?

M. Bitala: Da hat wohl niemand ein Patentrezept. Die Grundfrage lautet, welche Chancen hat Afrika, ein Kontinent, auf dem sich sehr viele Länder in Auflösung befinden oder schon wie Somalia, Kongo, Sudan oder Liberia zerfallen sind. Diese Staaten baut auch keine UN-Truppe mehr auf, kein moralischer Appell und keine Sonntagsrede zu Demokratie und Menschenrechten. Da sind Jahrzehnte nötig, um eine Infrastruktur zu schaffen und allein schon die Menschen auszubilden, von denen der größte Teil keine Schule von innen gesehen hat. Es wäre schon eine immense Aufgabe, diese Länder zu befrieden, auch das ist keine Angelegenheit von ein paar Monaten.

Nehmen wir allein das Beispiel Kongo. Glauben Sie wirklich, daß 1.400 EU-Soldaten den Ituri-Distrikt befrieden können, noch dazu, wenn diese gar nicht das Mandat dazu haben? Um allein den Kongo zu befrieden, bräuchte es mehrere Zehntausend UN-Truppen mit einem robusten Mandat. Ich bin sicherlich kein Militarist, aber meine Reisen nach Bunia, Goma oder Kisangani haben mir gezeigt, daß man da wirklich aufräumen muß. Da müssen Kriegsverbrecher wie Thomas Lubanga festgenommen und vor Gericht gestellt werden, da müssen die Milizen gewaltsam entwaffnet werden, da müssen die Soldaten der Eingreiftruppe zeigen, wer der Stärkere ist. Nur so läßt sich das Abschlachten beenden und die Zivilbevölkerung schützen. Aber das würde zu einem europäischen oder UN-Protektorat führen, und das ist natürlich politisch nicht durchsetzbar.

Diejenigen aber, die derzeit im Kongo die Fäden ziehen, haben kein Interesse an Frieden, ebensowenig wie Ruanda und Uganda, die Kongo-Plünderer. Ich bin nach vier Jahren Afrika wirklich pessimistisch, was die Zukunft angeht. Kein europäisches Land, auch nicht die USA bringen Milliarden für einen Kontinent auf, an den sie nicht glauben, ebenso ist niemand bereit, wirklich eine schlagkräftige Truppe in den Kongo oder nach Liberia zu schicken. Das wäre für viele amerikanische und europäische Soldaten das Todesurteil. Und warum sollte sich der Westen stärker engagieren, wenn er von den Reichtümern Afrikas auch so profitiert?

Das einzige, was vielleicht helfen könnte, wäre enormer politischer Druck durch die Öffentlichkeit, weil darauf jede westliche Regierung empfindlich reagiert. Aber meine Erfahrung zeigt mir, daß kein Europäer und kein Amerikaner für Afrika demonstriert. Die meisten Menschen interessieren sich nicht dafür, was hier passiert. Aber dieses Chaos wird irgendwann auch auf andere Kontinente überschwappen.

Johannes Rogalla von Bieberstein
Die These von der Verschwörung 1776–1945
Philosophen, Freimaurer, Juden, Liberale und Sozialisten als Verschwörer gegen die Sozialordnung
216 S., kt. EUR 17,– / ISBN 3-926841-36-2

Jimmy Carter
Frieden schaffen im Gespräch
Ein Impuls für die nächste Generation
206 S., kt. EUR 17,– / ISBN 3-926841-71-0

Carola Cutomo
Medialität, Besessenheit, Wahnsinn
188 S., kt. EUR 11,– / ISBN 3-926841-19-2

Hans-Diedrich Fuhlendorf
Rückkehr zum Paradies oder Erbauen des Neuen Jerusalem?
Geschichtsbetrachtungen in apokalyptischer Zeit
352 S., kt. EUR 20,– / ISBN 3-926841-37-0

Wolfgang Gädeke
Anthroposophie und die Fortbildung der Religion
448 S.
Leinen, EUR 25,– / ISBN 3-926841-23-0
kt. EUR 19,– / ISBN 3-926841-24-9

Ludger Helming-Jacoby
Zeugnissprüche
und Sprüche aus dem Hauptunterricht einer Waldorfschule
2. Aufl., 188 S., kt. EUR 15,–
ISBN 3-926841-95-8

Dieter Hornemann
Geheimnisvolles Afrika
Anthroposophische Arbeit im Urwald
102 S., 32 farb. Abb., kt. EUR 14,–
ISBN 3-926841-60-5

Johannes Kiersch
Fragen an die Waldorfschule
Neuauflage Herbst 2003, ca. 160 S., kt. ca. EUR 15,– / ISBN 3-926841-33-8

Peter Krause
Das Judasproblem
Von den spirituellen Hintergründen der Gewalt
128 S., kt. EUR 11,– / ISBN 3-926841-38-9

Peter Krause
Feuer in Tschernobyl
Die Ukraine nach dem SuperGAU
168 S., 37 farb. Abb., kt. EUR 15,–
ISBN 3-926841-58-3

Peter Krause, Faustus Falkenhahn (Hg.)
Einsam – gemeinsam
Jugend im Gespräch
192 S., kt. EUR 12,– / ISBN 3-926841-43-5

Ernst-Martin Krauss
Holzwege, Steinwege ...
Erlebnisse mit Elementarwesen
92 S., Großformat, 13 farb. Abb., gebunden, EUR 29,– / ISBN 3-926841-35-4

Henning Kullak-Ublick (Hg.)
Erziehung zur Freiheit – in Freiheit
Aktion mündige Schule
160 S., 15 farb. Abb., kt. EUR 10,–
ISBN 3-926841-94-X

Andreas Meyer (Hg.)
Seele und Geist
Ansätze zu einer spirituellen Seelentherapie
160 S., kt. EUR 14,– / ISBN 3-926841-47-8

Hans Philippsen
Götter, Hexen und Naturgeister
Sagen und Sagenhaftes der Insel Föhr
144 S., 16 farb. Abb., kt. EUR 13,–
ISBN 3-926841-84-2

Sidney Saylor Farr
Tom Sawyers Nah-Todeserfahrung und die Wandlung seines Lebens
2. Aufl., 204 S., kt. EUR 17,–
ISBN 3-926841-82-6

Wolfgang Weirauch
Im Spiegel der Finsternis
Roman für Jugendliche und Erwachsene. Ab 13 Jahren.
252 S., geb. EUR 17,– / ISBN 3-926841-86-9

Verena Staël von Holstein, Friedrich Pfannenschmidt (Hg.)
Gespräche mit Müller
Feinstofflicher Austausch mit Geistwesenheiten. Band 1 und 2
Band 1: 324 S., geb. EUR 22,–
ISBN 3-935679-11-4
Band 2: 344 S., geb. EUR 22,–
ISBN 3-935679-12-2

FH 11
Über Tod und Sterben
4. Aufl., 232 S., kt. EUR 15,–
ISBN 3-926841-11-7

FH 13
Hexen, New Age, Okkultismus
3. Aufl., 196 S., kt. EUR 13,–
ISBN 3-926841-08-7

FH 14
Erneuerung der Religion
Die Christengemeinschaft, Sakramente, Kirche und Kultus
4. Aufl., 184 S., kt. EUR 12,–
ISBN 3-926841-07-9

FH 15
Waldorfschule und Anthroposophie
3. Aufl., 132 S., kt. EUR 8,–
ISBN 3-926841-00-1

FH 16
Kulturvergiftung: Rauschgift, Sucht und Therapie
2. Aufl., 228 S., kt. EUR 12,–
ISBN 3-926841-21-4

FH 17
Kulturvergiftung: Alkohol
2. Aufl., 160 S., kt. EUR 12,–
ISBN 3-926841-34-6

FH 18
Biologisch-dynamische Landwirtschaft, Ökologie, Ernährung
2. Aufl., 184 S., kt. EUR 13,–
ISBN 3-926841-03-6

FH 19
Musik
2. Aufl., 184 S., kt. EUR 12,–
ISBN 3-926841-06-0

FH 20
Sexualität, Aids, Prostitution
2. Aufl., 170 S., kt. EUR 12,–
ISBN 3-926841-09-5

FH 22
Erkenntnis und Religion
Zum Verhältnis von Anthroposophischer Gesellschaft und Christengemeinschaft
132 S., kt. EUR 12,– / ISBN 3-926841-13-3

FH 23
Engel
3. Aufl., 196 S., 9 farb. Abb., kt. EUR 15,–
ISBN 3-926841-15-X

FH 24
Direkte Demokratie / 1789–1989
240 S., kt. EUR 12,– / ISBN 3-926841-16-8

FH 25
Rechtsleben und soziale Zukunftsimpulse
Von der Dreigliederungsidee Rudolf Steiners zur Volksgesetzgebung
244 S., kt. EUR 12,– / ISBN 3-926841-17-6

FH = Flensburger Hefte

FH 26
Michael
Januskopf Bundesrepublik
184 S., 8 farb. Abb., kt. EUR 12,–
ISBN 3-926841-22-2

FH 27
Strafprozeß, Strafvollzug, Resozialisierung
224 S., kt. EUR 12,– / ISBN 3-926841-20-6

FH 28
Naturwissenschaft und Ethik
204 S., kt. EUR 12,– / ISBN 3-926841-25-7

FH 29
Freie Schule
248 S., kt. EUR 13,– / ISBN 3-926841-28-1

FH 31
Biographiearbeit
5. Aufl., Herbst 2003, ca. 192 S., 7 farb. Abb., kt. EUR 15,– / ISBN 3-926841-31-1

FH 32
Anthroposophen und Nationalsozialismus
168 S., kt. EUR 12,– / ISBN 3-926841-32-X

FH 33
Destruktive Kulte, schwarze Magie, Sexualmagie
232 S., kt. EUR 14,– / ISBN 3-926841-40-0

FH 34
Alte und neue Seelenfähigkeiten
192 S., kt. EUR 13,– / ISBN 3-926841-41-9

FH 35
Die Christengemeinschaft heute
Anspruch und Wirklichkeit
212 S., kt. EUR 13,– / ISBN 3-926841-42-7

FH 36
Schwangerschaftsabbruch
212 S., kt. EUR 14,– / ISBN 3-926841-44-3

FH 37
Indianer
212 S., 6 farb. Abb., kt. EUR 14,–
ISBN 3-926841-45-1

FH 38
Konfliktbewältigung
2. Aufl., 220 S., 10 farb. Abb., kt. EUR 14,–
ISBN 3-926841-50-8

FH 39
Christus
184 S., 16 farb. Abb., kt. EUR 14,–
ISBN 3-926841-51-6

Siehe auch die folgende Seite.

FH 40
Ausländerhaß, Nationalismus, Rassismus
188 S., 13 farb. Abb., kt. EUR 14,–
ISBN 3-926841-52-4

FH 41
Anthroposophie und Rassismus
212 S., kt. EUR 14,– / ISBN 3-926841-54-0

FH 42
Sind wir noch zu retten?
Zerstörung oder Verwandlung der Erde?
224 S., 26 farb. Abb., kt. EUR 14,–
ISBN 3-926841-56-7

FH 43
Gebet heute
168 S., kt. EUR 14,– / ISBN 3-926841-57-5

FH 44
Scheidung – warum?
Partnerschaftsprobleme und ihre Bewältigung
2. Aufl., 228 S., 11 farb. Abb., kt. EUR 15,–
ISBN 3-926841-59-1

FH 45
Hüter der Schwelle
Der Mensch am Abgrund
172 S., kt. EUR 14,– / ISBN 3-926841-61-3

FH 46
Jugendideale
208 S., kt. EUR 14,– / ISBN 3-926841-62-1

FH 47
Übungen zur Selbsterziehung
2. Aufl., 216 S., 16 farb. Abb., kt. EUR 15,–
ISBN 3-926841-65-6

FH 48
Angst
188 S., 16 farb. Abb., kt. EUR 14,–
ISBN 3-926841-66-4

FH 49
Depression
200 S., 8 farb. Abb., kt. EUR 14,–
ISBN 3-926841-67-2

FH 50
Erziehung
188 S., 8 farb. Abb., kt. EUR 14,–
ISBN 3-926841-68-0

FH 51
Nah-Todeserfahrungen
Rückkehr zum Leben
2. Aufl., 180 S., kt. EUR 15,–
ISBN 3-926841-72-9

www.flensburgerhefte.de

FH 52
Auferstehung
Von der Gegenwart Christi
168 S., 8 farb. Abb., kt. EUR 15,–
ISBN 3-926841-73-7

FH 53
Gedächtnis und Erinnerung
184 S., kt. EUR 15,– / ISBN 3-926841-74-5

FH 54
Ernährungsfragen
176 S., kt. EUR 15,– / ISBN 3-926841-75-3

FH 55
Naturgeister
Vom Wirken der Elementarwesen
2. Aufl., 192 S., 16 farb. Abb., kt. EUR 15,–
ISBN 3-926841-76-1

FH 56
Über Reinkarnation und Karma
Erfahrungen früherer Erdenleben
188 S., kt. EUR 15,– / ISBN 3-926841-78-8

FH 57
Die Welt im Umbruch
Globalisierung und Kampf aller gegen alle
196 S., 29 farb. Abb., kt. EUR 15,–
ISBN 3-926841-79-6

FH 58
Wirkungen der Musik
204 S., kt. EUR 15,– / ISBN 3-926841-80-X

FH 59
Umgang mit dem Sterben
204 S., 8 farb. Abb., kt. EUR 15,–
ISBN 3-926841-81-8

FH 60
Die Impulse des Bösen am Jahrtausendende
196 S., kt. EUR 15,– / ISBN 3-926841-83-4

FH 61
Die Hintergründe von 666
196 S., 8 farb. Abb., kt. EUR 15,–
ISBN 3-926841-85-0

FH 62
Arbeitslosigkeit
Weg ins Ungewisse
184 S., kt. EUR 15,– / ISBN 3-926841-87-7

FH 63
Feldzug gegen Rudolf Steiner
Über O.T.O.-, Rassismusvorwürfe und Angriffe auf die Waldorfschulen
240 S., kt. EUR 15,– / ISBN 3-926841-88-5

FH 64
Liebe – Die Sonne der Welt
200 S., 8 farb. Abb., kt. EUR 15,–
ISBN 3-926841-90-7

FH 65
Doppelgänger
Der Mensch und sein Schatten
228 S., 8 farb. Abb., kt. EUR 15,–
ISBN 3-926841-91-5

FH 66
Hellsehen
Der Blick über die Schwelle
192 S., kt. EUR 15,– / ISBN 3-926841-92-3

FH 67
Esko Jalkanen – der Heiler aus dem Norden
Vom Zauber finnischer und baltischer Kultur
184 S., 19 farb. Abb., kt. EUR 15,–
ISBN 3-926841-89-3

FH 68
Liebe Leben
Homosexualität und die Vielfalt der Lebensformen in Zeiten der Individualisierung
192 S., kt. EUR 15,– / ISBN 3-926841-93-1

FH 69
Islamische Impressionen
Brücken zwischen Orient und Okzident
228 S., 12 farb. Abb., kt. EUR 15,–
ISBN 3-926841-96-6

FH 70
Träume
Was wollen sie uns sagen?
192 S., kt. EUR 15,– / ISBN 3-926841-97-4

FH 71
Einblicke in die Anthroposophie
200 S., kt. EUR 15,– / ISBN 3-926841-99-0

FH 72
Es ist an der Zeit
Aspekte der Anthroposophie
216 S., kt. EUR 15,– / ISBN 3-935679-00-9

FH 73
Eurythmie
Aufbruch oder Ende einer jungen Kunst?
204 S., 12 farb. Abb., kt. EUR 15,–
ISBN 3-935679-01-7

FH 74
Abgründe und Chancen in Zeiten des Egoismus
192 S., kt. EUR 15,– / ISBN 3-935679-02-5

FH 75
Einsamkeit
Wege des Ich
216 S., 20 farb. Abb., kt. EUR 15,–
ISBN 3-935679-04-1

FH 76
Kampf der Kulturen?
Eine andere Welt ist möglich
204 S., kt. EUR 15,– / ISBN 3-935679-06-8

FH 77
Gegen das Elend der Welt
Eine Reise nach Afghanistan
200 S., 16 farb. Abb., kt. EUR 15,–
ISBN 3-935679-07-6

FH 78
Familie im Wandel
192 S., kt. EUR 15,– / ISBN 3-935679-08-4

FH 79
Was die Naturgeister uns sagen
Im Interview direkt befragt
3. Aufl., 208 S., kt. EUR 15,–
ISBN 3-935679-09-2

FH 80
Neue Gespräche mit den Naturgeistern
2. Aufl., 196 S., kt. EUR 15,–
ISBN 3-935679-10-6

FH 81
Die neue Weltordnung
Der Irak-Krieg und seine Folgen
200 S., kt. EUR 15,– / ISBN 3-935679-13-0

So 1
Partnerschaft und Ehe
5. Aufl., 212 S., kt. EUR 15,–
ISBN 3-926841-04-4

So 2
Das Geheimnis der EAP
212 S., kt. EUR 9,– / ISBN 3-926841-05-2

So 4
Partnerschaft und Ehe II – Briefe
2. Aufl., 72 S., kt. EUR 8,–
ISBN 3-926841-14-1

So 5
Volkssouveränität und Volksgesetzgebung
Die Kernpunkte der Demokratiefrage
338 S., kt. EUR 14,– / ISBN 3-926841-18-4

So 7
Kunst
368 S., 25 farb. Abb., kt. EUR 16,–
ISBN 3-926841-26-5

So = Flensburger Hefte Sonderhefte

So 8
Anthroposophen in der Zeit des deutschen Faschismus
164 S., kt. EUR 12,– / ISBN 3-926841-27-3

So 9
Zehn Jahre real-existierendes freies Geistesleben
Zur Geschichte der Gädeke-Studie
92 S., kt. EUR 12,– / ISBN 3-926841-39-7

So 10
Biographiearbeit II
Grundlagen, Praxis, Ausbildungen
2. Aufl., 184 S., 8 farb. Abb., kt. EUR 15,–
ISBN 3-926841-48-6

So 12
Schwarze und weiße Magie
Von Satan zu Christus
2. Aufl., 184 S., kt. EUR 14,–
ISBN 3-926841-55-9

So 13
Waldorfschulen in Not
244 S., kt. EUR 14,– / ISBN 3-926841-63-X

So 14
Mensch und Computer
156 S., kt. EUR 14,– / ISBN 3-926841-64-8

So 16
Die Schande Europas
Der Krieg auf dem Balkan
200 S., kt. EUR 15,– / ISBN 3-926841-70-2

So 17
Ita Wegman und die Anthroposophie
Ein Gespräch mit Emanuel Zeylmans
216 S., kt. EUR 16,– / ISBN 3-926841-77-X

So 18
Erfahrungen im Umgang mit Tod und Sterben
Beiträge von Leserinnen und Lesern
180 S., kt. EUR 15,– / ISBN 3-926841-98-2

So 19
Die Welt am Abgrund
Jeder Mensch eine Bombe?
200 S., kt. EUR 15,– / ISBN 3-935679-03-3

So 20
Wortgetreu und unverfälscht?
Haben wir in der Gesamtausgabe Texte Rudolf Steiners?
76 S., kt. EUR 8,– / ISBN 3-935679-05-X

Abo- und Bezugsbedingungen s. Impressum, 2. Umschlagseite. Alle Titel auch im Buchhandel erhältlich. Preisänderungen vorbehalten.